위험회피회계

위험회피회계

윤 순 석 저

전남대학교출판부

*머리말

회계투명성이 경제발전과 국제 간 자본 이동 및 거래에 영향을 많이 미치는 시대에 우리는 살고 있다. 우리나라는 1997년과 2008년 두 차례에 걸쳐 큰 값을 치루면서 회계투명성의 중요성을 그 어느 나라보다도 뼈저리게 느꼈다. 이와 함께 종전에는 크게 각광을 받지 못하던 회계분야가 아주 중요한 자본주의의 인프라 중 하나라는 사고를 많은 사람들이 갖게 되었다.

우리나라는 2011년부터 국제회계기준(International Financial Reporting Standards, IFRS)을 전면적으로 도입하도록 되어 있다. 국제회계기준을 적용해야 하는 회사는 모든 상장회사와 비상장금융회사들이며, 국제회계기준의 적용이 강제화 되지 않은 비상장회사도 선택에 의하여 국제회계기준을 사용할 수 있도록 허용된다. 국제회계기준을 도입하면서 가장 우리에게 어려움을 줄 것으로 예상되는 회계기준이 금융상품회계기준서(IAS39)이며, 그 중에서도 위험회피회계(hedge accounting)는 가장 어려운 분야로 보고 있다. 회계기준서는 그 내용에 대해서 상세히 설명하는 것이 아니라 적용해야할 규정만을 제시하는 까닭에 기준서의 내용이 난해하기 이를 데 없다. 특히 우리가 일상적으로 경험하지 못하는 금융상품, 파생상품 및 이들을 이용한 위험회피회계는 난이도에 있어서 최고라고 할 수 있다. 불행인지 다행인지 모르지만 저자는 국제회계기준서를 국문으로 번역할 때 한국회계기준원의 회계기준위원으로 봉사하였다. 저자를 포함한 모든 회계기준위원과 실무 및 학계에 종사하는 회계분야 종사자들이 한결같이 느끼는 것이 위험회피회계를 포함한 회계기준서39의 난해함이었다. 이에 저자는 회계기준서의 번역에 참여한 죄로 가장 난해하다고 생각되는 위험회피회계를 조금이나마 실무에서 쉽게 이용할 수 있도록 만들어야겠다는 생각으로 이 책을 집필하기로 결심하였다. 이미 번역된 부분이 있으니 책으로 만드는 일이 아주 어렵지는 않을 것으로 생각을 했었으나 큰 착각이었다는 것을 얼마가지 않아 깨달았다. 갈수록 난해함의 정도가 가중되었다는 것이 솔직한 심정이다. 그래도 중도에서 포기할 수는 없었다. 집필을 시작한 후에 틈틈이 시간을 내어 거의 1년여에 가까운 시점에 탈고를 할 수 있었다. 그러나 아직도 너무 부족한 것이 많다는 것을 솔직히 실토한다.

본서의 내용은 국제회계기준서를 중심으로 쓴 것임을 밝힌다. 또 본서에 소개한 예시들의 상당부분이 국제회계기준서에서 실무적용지침 또는 적용사례를 그대로 또는 약간 각색하여 사용한 것임을 밝혀둔다. 다만 이들을 읽기 쉽고 또 때로운 추가적인 설명을 덧붙이는 노력을 하였음을 밝힌다. 앞으로도 개정을 통하여 더욱 쉽게 고쳐나가고, 예시들을 보완할 예정이다.

아무쪼록 부족한 책이지만 이 책이 실무, 학계 및 이용자 집단에게 유용한 책이 될 수 있었으면 하는 조그만 희망을 가져본다. 독자 및 동료로부터 많은 질책과 격려를 부탁드린다.

2010년 12월

저자 윤순석

*목차

제1장 파생상품의 이해

제2장 위험회피회계의 개요

제3장 위험회피대상항목

제4장 위험회피수단

제5장 공정가치위험회피회계

제6장 현금흐름위험회피

제7장 위험회피효과

* 예시목차

제1장 파생상품의 이해

파생상품을 이해하기 위해서는 일반인들이 통상적으로 알고 있고 주로 거래하는 현물거래와 구분하여 이해할 필요가 있다. 현물거래(spot transactions)란 현재시점에 현금 또는 현금청구권(예, 외상매출금 등)을 인수하면서 현물을 인도하거나 현물을 인수하면서 현금을 지급하거나 지급하기로 약정한 거래를 의미한다.

파생상품(derivatives)은 기초자산(underlying assets) 또는 본원자산(primary assets)에 내포된 고유위험을 계약당사자 간에 이전시키는 효과를 갖는 권리와 의무를 발생시키는 상품을 말한다. 파생상품의 시작시점에 권리를 가진 계약당사자는 기초자산에 내포된 고유위험을 잠재적으로 유리한 조건으로 전가할 수 있는 권리를 가지며, 의무를 가진 계약당사자는 기초자산에 내포된 고유위험을 잠재적으로 불리한 조건으로 부담하는 의무를 지게 된다. 파생상품의 거래목적은 두 가지인데 하나는 위험회피목적(hedging purpose)이고 다른 하나는 거래목적(trading purpose)이다. 거래목적은 시세차익을 목적으로 하기 때문에 투기목적이라고 부르기도 한다.

파생상품은 선도계약, 선물계약, 옵션 및 스왑 등을 총칭하는 표현이다. 이들에 대해 간략하게 검토하기로 하자.[1)]

1) 파생상품에 대한 더 자세한 소개는 김석진 외 "글로벌시대 파생상품의 이해"(2007)를 참조하기 바란다. 본서의 제1장 앞부분의 상당부분을 이 책에서 발췌 · 요약하였음을 밝힌다.

1. 선도거래

선도거래(forward transaction)는 매매당사자가 미래의 특정시점에 특정상품을 미리 결정한 가격으로 교환하기로 한 거래이다. 즉, 현재시점에서는 거래조건에 관한 계약만 하고 실제 상품의 인수도와 대금의 결제는 미래에 정해진 시점에 이루어지는 계약을 말한다. 선도거래는 계약당사자 간에 이루어지기 때문에 사적인 거래로서 거래상품이 표준화되어 있지 않고, 계약기간 중 반대매매가 없이 결제시점에 거래상품의 인도와 대금지불이 이루어진다.

선도거래는 거래당사자가 자신이 원하는 인도 및 인수조건을 스스로 선택할 수 있다는 장점이 있다. 그러나 선도거래는 사적인 거래이기 때문에 자신의 거래조건을 정확하게 충족시켜주는 거래상대방을 찾기가 쉽지 않으며, 거래상대방이 거래를 이행하지 않을 위험도 있다.

[예시1-1] 선도거래

A사는 3개월 후에 수출대금 10만달러를 받기로 되어있다. A사는 수출대금을 받을 시점에 달러화 대비 원화의 환율이 상승할 것을 우려하여 수출대금을 회수하기로 되어있는 3개월 후에 10만달러를 달러 당 1,100원에 양도하기로 선도계약하였다. 선도계약시의 현물환율은 달러당 1,100원이고, 수출대금의 회수 및 선도계약의 결산 시의 환율은 1,050이었다. 이 경우 A사는 선도계약으로 달러화 대비 원화의 강세에 따른 손실 5,000,000원(100,000달러 × 50원)을 회피할 수 있다. 만약 달러와 대비 원화가 약세가 된 경우에는 선도계약으로 손실을 보게 된다.

2. 선물거래

2.1 선물거래의 의의

선물거래(futures transaction)는 미래의 특정 시점에 수량, 품질 등 거래조건이 거래소에 의해 표준화되어 있는(standardized) 특정상품을 미리 정해진 가격으로 인수도하기로 한 거래를 의미한다. 선물매도자는 결제 시에 미리 정해진 대가를 받고 거래대상상품을 인도할 의무를 가진다. 선물매수자는 거래대상상품을 인수하고 미리 정해진 가격의 대금을 지급할 의무를 가진다. 선물을 매도한 것을 short position이라고 하고, 선물을 매입한 것을 long position이라고 한다.

2.2 선도거래와 선물거래의 비교

선물거래는 선도거래에 비하여 몇 가지 특징이 있다. 첫째, 거래소가 있다. 둘째, 상품이 표준화되어 있다. 셋째, 계약만료 이전에 언제든지 반대매매를 통해 선물거래 포지션을 해소할 수 있다. 넷째, 선물의 가격변화에 대한 손익을 거래당사자간에 매일 정산한다. 이와 같이 매일의 시가변화에 따른 정산제도를 특히 mark-to-market(시가정산)이라고 한다. 다섯째, 선물거래의 거래당사자가 거래의 이행을 담보하기 위하여 증거금(margin money)을 납부한다.

선도거래와 선물거래의 차이를 요약하면 〈표 1-1〉과 같다.

〈표 1-1〉 선도거래와 선물거래의 차이

구분	선도거래	선물거래
거래장소	장외거래	거래소
거래조건	거래자간 협상	표준화(거래단위, 품질, 만기 등)
거래방식	거래자간 협상	공개호가 또는 전자경매방식
거래상대	거래상대방을 확인한 후 거래	(장내중개인을 통하므로) 거래상대방을 모름
가격형성	계약시 한 차례	매일 형성
일일정산	없음	있음
증거금	증거금이 없거나 있더라도 일부에 해당	모든 거래당사자가 증거금 납부
인수도	대부분 만기에 실물 인수도	만기일 전에 반대매매가 일반적
규제	자율규제	정부, 협회, 거래소 등에서 규제

2.3 선물거래의 종류

선물거래는 크게 상품선물과 금융선물로 나눈다. 상품선물(commodity futures)은 농산물, 축산물, 임산물, 비철금속, 에너지, 귀금속 등의 1차상품이 주 대상이며 표준화할 수 있는 것들이다.

금융선물(financial futures)은 주가지수선물, 금리선물, 통화선물 등이 대상이 된다.

가장 일반적으로 거래되는 선물 중의 하나인 미국달러선물의 상품을 소개하면 〈표 1-2〉와 같다.

〈표 1-2〉 미국달러선물의 상품명세

구 분	미국달러선물
거래대상	미국달러(USD)
거래단위	USD50,000
결제월	당월물 포함 연속 3개월 3, 6, 9, 12월
가격의 표시	원/USD(소수점 둘째 자리까지 표시)
최소가격변동폭	0.1원, 1tick = 5,000원(USD50,000 × 0.1원)
최종거래일 및 만기일	최종결제일 직전 2영업일
최종결제일	결제월 세 번째 수요일
최종결제방법	인수도결제

미국달러 선물의 경우 거래단위가 USD50,000로 표준화되어 있으며, 가격의 표시는 USD 대비 원화로 표시되며 소수점 둘째 자리까지 표시한다. 최소가격변동폭은 0.1원이며 최소거래단위가 USD50,000이므로 한 거래의 최소가격변동폭(tick)은 5,000원이 된다.

[예시1-2] 통화선물 매수

A사는 2개월 후에 미국에서 수입한 원재료 대금 USD100,000을 지급해야 한다. 선물환율시세표가 다음과 같다.

현물환율	1,100원
2월물	1,105원
3월물	1,110원

A사는 2개월 후에 수입대금을 지급해야하므로 3월물 선물계약을 1USD당 1,100원에 2계약(USD100,000)을 매수하였다.

수입대금의 결제시에 현물환율이 1USD당 1,115원이 되었다. A사는 선물거래로 USD100,000을 매수하였으므로 선물환율인 111,000천원을 지불하고 USD100,000을 수령하여 수입대금을 지불하였다. 만약 선물환율을 매입하지 않았더라면 A사는 현물환율인 1,115원을 적용하여 111,500천원을 지급하였을 것이지만, 헤징을 통하여 500천원을 절약할 수 있었다.

[예시1-3] 통화선물 매도

A사는 상품을 매출한 대가 USD100,000을 5개월 후에 받기로 되어 있다. 선물환율 시세표가 다음과 같다.

현물환율	1,100원
3월물	1,090원
6월물	1,080원

A사는 선물시세표를 보고 달러화가 약세가 될 가능성이 높다고 판단하여 1,080천원의 매출액을 확보하기 위하여 6월물 미달러화를 선물매도하였다. 상품수출대가를 결제한 시점의 현물환율은 더욱 하락하여 1,050원이 되었다. 선물매도를 통하여 상품수출대가로 받은 USD100,000을 받아 1,080천원을 확보함으로써 달러하락에 따른 손실 3,000천원((1,080-1,050) × USD100,000)을 회피할 수 있었다.

3. 옵션

3.1 옵션의 의의

옵션(option)이란 계약당사자 간에 정하는 바에 따라 일정한 기간 내에 특정한 가격으로 상품이나 금융자산 등의 기초자산(underlying assets)을 살 수 있는 권리 또는 팔 수 있는 권리를 말한다. 옵션거래에는 옵션매도자 또는 옵션발행자(option writer)와 옵션매수자(option buyer)가 있다. 옵션매도자는 옵션계약에서 정한 기초자산을 양도하거나 매수해야하는 의무를 부담하는 대가로 프리미엄을 받으며, 옵션매수자는 프리미엄을 지불한 대가로 옵션을 행사할 수 있는 권리, 즉, 선택권을 사는 것이다.

[그림 1-1] 옵션거래의 구조

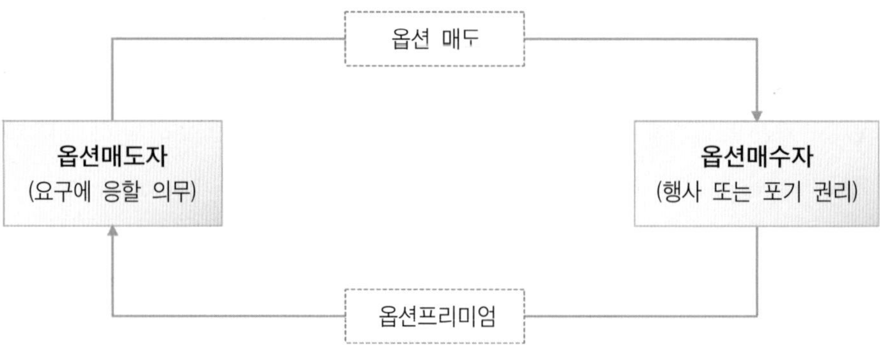

3.2 옵션거래와 선물거래의 비교

옵션거래와 선물거래의 주된 차이점은 선물거래는 대상상품 자체를 매매하지만 옵션은 대상상품을 매도하거나 매수할 권리를 매매한다는 점이다. 또한 선물거래는 대상상품을 매도 또는 매수해야할 의무가 있지만 옵션은 권리를 꼭 행사해야하는 것이 아니라 권리의 행사가 불리할 경우에는 행사하지 않고 포기할 수 있다는 점이다. 또한 옵션거래에서는 매도자는 매수자가 권리를 행사하면 필히 이에 응할 의무를 부담하지만, 매수자는 옵션을 행사할 의무는 없고 권리를 포기하면 그만이다. 옵션매수자의 손실은 지급한 프리미엄으로 한정되어 있지만, 옵션을 행사함으로써 얻는 이익에는 상한이 없다. 이에 비해 선물거래에서는 거래당사자가 시세가 예상된 방향으로 움직이는 경우 이익이 있지만 반대 방향으로 움직이는 경우 손실을 보게 된다.

3.3 콜옵션

옵션의 대표적인 종류에는 콜옵션, 풋옵션 및 칼라옵션이 있으며, 그 외에도 다양한 형태의 옵션이 발달되어 있다.

콜옵션은 일정한 기간 내에 미리 정해진 가격(행사가격)으로 기초자산을 살 수 있는 권리를 말한다. 콜옵션의 매도자는 프리미엄(콜옵션의 가격)을 받는 대신 콜옵션의 매수자가 매수권을 행사한 경우 이에 응할 의무가 있다. 따라서 콜옵션을 일정한 프리미엄을 주는 대가로 거래한 결과 기초자산의 가격변동에 따른 위험차원에서 보았을 때 매수자는 항상 유리한 입장에서 있고, 매도자는 불리한 입장에 있다.

콜옵션은 기초자산을 살 수 있는 권리이기 때문에 기초자산의 가격이 미리 정해진 행사가격을 초과하는 것을 내가격(in-the-money)상태라고 하고, 내가격상태인 경우 권리의 행사로 이익을 기대할 수 있다. 반대로 기초자산의 가격이 행사가격을 하회하는 것을 외가격(out-of-the-money)상태하고 하며, 외가격상태인 경우 권리를 행사하는 것이 불리하기 때문에 권리를 행사할 이유가 없다. 내가격상태이면 권리를 행사하는 것이 유리하지만 권리의 행사로 얻을 이익이 콜옵션을 매수할 때 지급한 프리미엄을 초과할 때야 비로소 콜옵션의 거래에 따른 이익을 볼 수 있다. 따라서 콜옵션의 행사에서 얻은 이익이 콜옵션에 대한 프리미엄 지급금액과 일치한 점이 손익분기점(break-even point)이 되고, 손익분기점을 초과하여 기초자산의 가격이 형성되었을 때 콜옵션의 거래에 의한 이익을 실현할 수 있다.

[예시1-4] 콜옵션

A는 시가가 10,000원인 S주식 10주를 소유하고 있다. A는 B에게 앞으로 3개월 간의 옵션행사 기간 내에 S주식 10주를 주당 15,000원에 살 수 있는 권리를 5,000원에 판매하였다.

3개월 간의 옵션행사 기간 내에 주가가 15,000원 이상이 되면 B는 권리를 행사하여 차익을 남길 것이고, 주가가 15,000원 미만인 경우에는 권리를 행사하지 않을 것이다. A는 옵션이 행사되지 않는 경우 5,000원이라는 고정된 이익을 얻고, 옵션이 행사되는 경우에는 행사시점의 시가에서 행사가격(15,000원)을 차감한 차액에 10주를 곱한 금액에 프리미엄을 차감한 금액의 손실을 감수해야 한다. 이와 반대로 옵션매수자인 B는 옵션이 행사되지 않을 경우 프리미엄만큼의 손실이 발생하며, 옵션이 행사될 경우 옵션행사시점의 시가에서 행사가격을 차감한 금액에 10주를 곱한 금액에서 다시 프리미엄을 차감한 금액을 이익으로 향유하게 된다.

콜옵션거래의 매도자는 프리미엄만큼의 고정수익 대신에 매수자가 옵션을 행사할 경우 상한이 제한되지 않은 손실을 보는 손익구조를 갖는다. 이에 비해 옵션매수자는 프리미엄만큼의 고정손실을 하한으로 하고, 옵션을 행사하면 상한이 없는 이익을 볼 수 있는 손익구조를 갖는다.

[그림 1-2]는 콜옵션의 손익구조를 보여주고 있다.

[그림 1-2]의 (a)에서 보듯이 콜매수자는 기초자산의 가격이 행사가격 미만일 경우에는 콜옵션프리미엄(C)만큼 손실을 보기 때문에 기초자산의 가격이 행사가격이 도달할 때 까지는 권리를 행사하지 않을 것이다. 이 영역이 외가격(out-of-the-money)상태이며 권리포기영역에 해당한다. 한편, 기초자산의 가격이 행사가격 이상이면 권리를 행사할 것이다. 콜옵션이 권리행사영역에 있으면 내가격(in-the-money)상태이다. 콜옵션이 내가격 상태일 때 옵션의 행사로 인한 이익(기초자산의 가격 – 행사가격)이 프리미엄으로 지급한 금액과 일치한 지점이 손익분기점(break-even point)이 되며, 기초자산의 가격이 손익분기점을 상회할 경우에 콜옵션의 행사로 이익을 보게 된다. 한편, 기초자산의 가격이 행사가격

을 초과한 지점부터 콜매수손익선은 기초자산의 가격변동과 정확하게 비례하기 때문에 콜매수손익선은 45도선을 따르게 된다.

[그림 1-2] 콜옵션의 손익구조

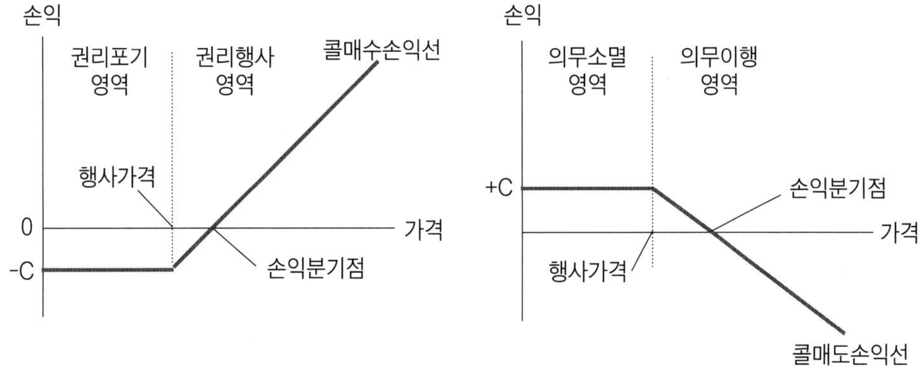

(a) 콜매수 **(b) 콜매도**

[그림 1-2]의 (b)는 콜매도자의 손익을 보여주고 있으며, 모든 면에서 (a)와 같지만 효과는 반대이다. 따라서 추가적인 설명은 생략한다.

3.4 풋옵션

풋옵션(put option)은 일정한 기간 내에 미리 정해진 가격으로 기초자산을 팔 수 있는 권리이다. 콜옵션이 살 수 있는 권리이고, 풋옵션을 팔 수 있는 권리라는 차이를 제외하고 기본개념은 동일하다. 따라서 추가적인 설명은 생략하고 예시를 살펴보기로 하자.

[예시1-5] 풋옵션

A는 시장가격이 10,000원인 S사의 주식 10주를 보유하고 있다. A는 B에게 앞으로 3개월 간의 옵션행사 기간 내에 S주식 10주를 주당 9,000원에 살 수 있는 권리를 5,000원에 판매하였다.

3개월 간의 옵션행사 기간 내에 주가가 9,000원 미만이 되면 B는 권리를 행사하여 차익을 남길 것이고, 주가가 9,000원 이상인 경우에는 권리를 행사하지 않을 것이다. A는 옵션이 행사되지 않는 경우 5,000원이라는 고정된 이익을 얻고, 옵션이 행사되는 경우에는 행사가격(9,000원)에서 행사시점의 시가를 차감한 차액에 10주를 곱한 금액에 다시 프리미엄을 가산한 금액의 손실을 감수해야 한다. 이와 반대로 옵션매수자인 B는 옵션이 행사되지 않을 경우 프리미엄만큼의 손실이 발생하며, 옵션이 행사될 경우 행사가격에서 옵션행사시점의 시가를 차감한 금액에 10주를 곱한 금액에 다시 프리미엄을 차감한 이익을 보게 된다.

이제 풋옵션의 손익구조를 [그림 1-3]을 통해 살펴보기로 하자.

[그림 1-3] 풋옵션의 손익구조

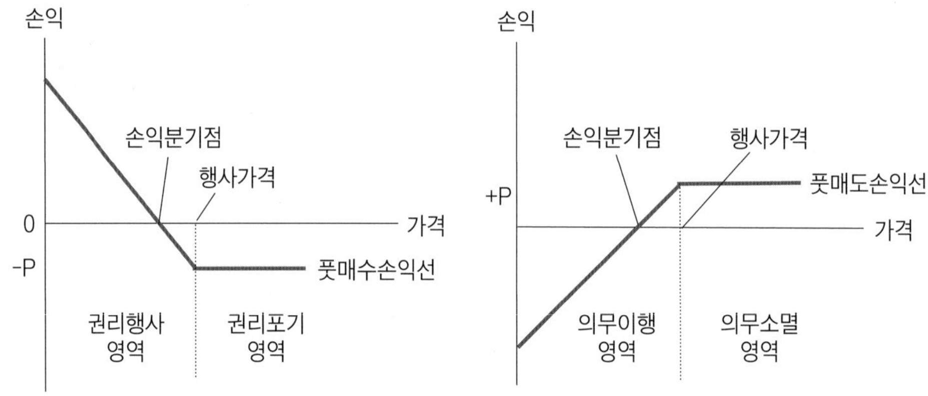

(a) **풋매수** (b) **풋매도**

[그림 1-3]의 (a)에서 보듯이 풋매수자는 기초자산의 가격이 행사가격 이상일 경우에는 풋옵션프리미엄(P)만큼 손실을 보기 때문에 행사가격미만으로 하락할 때 까지는 권리를 행사하지 않을 것이다. 이 영역이 외가격(out-of-the-money) 영역이며 권리포기영역이 된다. 한편, 기초자산의 가격이 행사가격 미만으로 하락하면 권리를 행사할 것이다. 풋옵션의 권리행사영역(그림1-3에서는 0부터 행사가격 사이)이 내가격(in-the-money)영역이 된다. 풋옵션이 내가격 상태일 때

옵션의 행사로 인한 이익(행사가격－기초자산의 가격)이 프리미엄으로 지급한 금액과 일치한 지점이 손익분기점(break-even point)이 되며, 기초자산의 가격이 손익분기점을 하회할 경우에 풋옵션의 행사로 이익을 보게 된다. 한편, 행사가격이 기초자산의 가격을 하회한 지점부터 풋매수손익선은 기초자산의 가격변동과 정확하게 비례하기 때문에 풋매수손익선은 역45도선을 따르게 된다.

[그림 1-3]의 (b)는 풋매도자의 손익을 보여주고 있으며, 모든 면에서 (a)와 같지만 효과는 반대이다. 따라서 추가적인 설명은 생략한다.

3.5 칼라옵션

칼라옵션(collar option)은 콜옵션과 풋옵션을 결합한 옵션을 말한다.[2] 즉, 콜옵션을 매수하고 풋옵션을 매도하거나, 콜옵션을 매도하고 풋옵션을 매수하는 등의 결합을 말한다. 이 경우 두 가지 옵션의 매도와 매수에서 주고 받은 프리미엄의 순액이 양인가 음인가에 따라 칼라옵션의 결합효과가 순매도상태인지 순매입상태인지를 결정한다. 예컨대, 콜옵션의 매도에서 받은 프리미엄이 풋옵션의 매수에 지급한 프리미엄을 초과하면 칼라옵션은 콜옵션의 순매도와 같이 취급한다. 칼라옵션이 순매도인지 순매수인지를 구분하는 것이 의미가 있는 이유는 옵션을 매수한 경우에만 위험회피회계(hedge accounting)에서 위험회피수단(hedging instruments)으로 사용될 수 있기 때문이다.

3.6 행사시점에 따른 옵션의 종류

옵션은 기초상품에 따라 상품옵션, 금융옵션 및 선물옵션으로 구분한다. 한편, 옵션은 행사시점에 따라 아메리칸옵션과 유러피언옵션으로 구분한다. 아메리칸옵션(american option)은 언제라도 권리행사가 가능한 반면, 유러피언옵션(european option)은 최종거래일에 한정하여 권리를 행사할 수 있다는 점이 가

2) 칼라옵션은 다른 종류의 옵션에서도 유사한 개념으로 사용된다. 예컨대, 2차파생상품인 Cap(가격상한)과 Floor(가격하한)를 결합한 것도 칼라옵션의 일종이다. Cap과 Floor에 대한 설명은 파생상품에 관한 전문서적을 참조하기 바란다. 김석진 · 김태혁 · 차명준 · 정성창 · 김민호 · 김희호(2007) 글로벌시대팡생상품의 이해 (도서출판 청람)

장 주요한 차이이다. 이런 주요한 차이에서 비롯된 기타 차이로서는 아메리칸옵션은 프리미엄이 상대적으로 높은 반면, 유러피언옵션은 프리미엄이 상대적으로 낮은 편이다. 또 권리행사의 가능성 차원에서 보면 아메리칸옵션이 상대적으로 높고, 유러피언옵션은 상대적으로 낮다. 포지션의 해소차원에서 보면 아메리칸옵션은 언제라도 포지션 해소가 가능하며, 유러피언옵션은 포지션 해소 기회가 한정된다.

〈표 1-3〉 아메리칸옵션과 유러피언옵션

구 분	아메리칸옵션	유러피언옵션
권리행사	언제라도 가능	거래최종일에 한정
프리미엄	상대적으로 높음	상대적으로 낮음
권리행사 가능성	높음	낮음
포지션 해소	언제라도 가능	해소기회가 한정됨

3.7 옵션가격의 구성요소

옵션은 내재가치와 시간가치를 구성요소로 한다. 내재가치(intrinsic value)는 옵션의 행사가격과 기초자산의 시장가격과의 차이를 말한다.

콜옵션의 경우에는 기초자산의 가격이 행사가격을 초과할 때 내재가치가 양의 값을 가지며, 기초자산의 가격이 행사가격에 미달할 때는 콜옵션을 행사하지 않을 것이기 때문에 내재가치는 영(0)의 값을 가진다. 이에 비해 풋옵션의 경우에는 옵션의 행사가격이 기초자산의 가격에 미달할 때 내재가치가 양의 값을 가지며, 옵션의 행사가격이 기초자산의 가격을 상회할 때는 풋옵션을 행사하지 않을 것이기 때문에 내재가치는 영(0)의 값을 가진다. 다른 말로 표현하면 옵션이 내가격(in-the-money)이면 내재가치가 양의 값을 갖고, 옵션이 외가격(out-of-the-money)이면 내재가치는 영의 값을 갖는다. 한편, 기초자산의 시장가격과 옵션의 행사가격이 동일하면 등가격(at-the-money)이라고 한다.

시간가치(time value)는 외재가치라고도 부르는데, 만기까지 남은 기간과 음의 관계를 갖는다. 즉, 만기까지 기간이 길게 남으면 시간가치는 높고, 만기가 가까워질수록 시간가치는 낮아진다. 시간가치의 최저값은 0이며, 시간가치는 음의 값을 갖지 않는다. 시간가치는 권리행사가격에서 최대가 되는데, 이는 향후 내재가치를 가질 수 있다는 기대를 나타내기 때문이다. 그리고 시간가치는 권리행사가격에서 멀어질수록 감소한다.

[예시1-6] 내재가치와 시간가치

기초자산이 주가지수이고 행사가격(K)이 185라고 하자. 콜옵션의 가격인 프리미엄(C)은 내재가치와 시간가치의 합이다. 현물가격과 행사가격의 차이가 내재가치이기 때문에 행사가격의 움직임과 콜옵션의 현재가치에 따라 내재가치와 시간가치가 결정된다.

행사가격	현물가격	콜옵션의 현재가치	내재가치	시간가치
181	175	0.75	0	0.75
	179	0.85	0	0.85
	181	1.05	0	1.05
	185	4.35	4	0.35
	190	9.15	9	0.15

3.8 옵션의 가격결정 요소

옵션의 가격에 영향을 미치는 주요 요소들은 기초자산의 가격, 행사가격, 기초자산 가격의 변동성, 만기일까지의 기간, 이자율 등으로 다양하다. 여기에서는 콜옵션을 중심으로 이들 요소들이 옵션의 가격결정에 미치는 영향을 검토하기로 하자.

(1) 기초자산의 가격과 행사가격

옵션의 가격(프리미엄)은 기초자산의 가격과 행사가격의 차이인 내재가치와 밀접하게 관련되어 있다. 기초자산의 가격이 행사가격을 초과하는 경우에 콜옵션은 내가격(in-the-money) 상태가 되며 내재가치(intrinsic value)를 갖는다. 특히 기초자산의 가격이 행사가격을 초과하면 옵션의 내재가치는 기초자산의 가격변동과 완벽한 정비례적 관계(45도선을 따르는 선형관계)를 갖는다. 그러나 기초자산의 가격이 행사가격을 밑도는 경우에는 옵션은 외가격(out-of-the-money) 상태가 되어 내재가치는 영(0)의 값을 갖는다. 따라서 외가격상태에 있는 옵션의 현재가치는 시간가치로만 구성된다.

(2) 기초자산가격의 변동성

기초자산가격의 변동성과 옵션의 가격은 정의 관계를 갖는다. 옵션의 성격 상 가격의 변동성이 커야 옵션의 행사가능성이 커지기 때문이다. 콜옵션의 경우에는 기초자산의 가격이 행사가격을 초과할 때 행사가능성이 높아지고, 풋옵션의 경우에는 기초자산의 가격이 행사가격을 하회할 때 행사가능성이 높아진다. 따라서 두 옵션 모두 기초자산가격의 변동성과 옵션의 가치는 정의 관계를 갖는다. 기초자산가격의 변동성이 증가하면 옵션의 프리미엄이 상승하고, 기초자산가격의 변동성이 감소하면 프리미엄이 하락하는 관계를 갖는다. 그래서 옵션이 내가격상태이면 기초자산가격의 변동성이 높고, 외가격상태이면 기초자산가격의 변동성이 낮아진다.

(3) 잔여만기

옵션의 프리미엄은 만기일까지의 잔여기간과 정의 관계를 갖는다. 즉, 잔여기간이 짧을수록 옵션의 프리미엄은 작아지고, 잔여기간이 길수록 옵션의 프리미엄은 커진다. 왜냐하면 옵션의 잔여기간이 길수록 옵션이 내가격상태가 될 확률이 높아져서 행사가능성이 높아지기 때문이다.

3.9 옵션의 가격결정모형

가장 대표적으로 사용되는 옵션의 가격결정모형에는 블랙숄즈모형과 이항모형이 있다. 이들을 간략하게 살펴보고 의미를 파악하기로 한다.

(1) 블랙숄즈옵션가격결정모형

Black and Scholes(1973)는 몇 가지 기본가정[3] 하에 다음과 같은 블랙숄즈옵션가격결정모형(Black-Scholes Option Pricing Model)을 제시하였다.

콜옵션의 이론가격:

$$C = S \times N(d_1) - e^{-rT} \times N(d_2) \qquad (1)$$

풋옵션의 이론가격:

$$P = -S \times N(-d_1) + e^{-rT} \times K \times N(d_2) \qquad (2)$$

여기에서, $N(\cdot)$ = 정규분포확률

$d_1 = \{\ln(S/K) + (r + \sigma^2/2)T\}/(\sigma T^{1/2})$

$d_2 = \{\ln(S/K) + (r - \sigma^2/2)T\}/(\sigma T^{1/2}) = d_1 - \sigma T^{1/2}$

ln = 자연로그

e = 자연대수

S = 기초자산의 현물가격

K = 옵션의 행사가격

T = 만기까지의 잔여기간(연단위)

r = 무위험이자율

σ^2 = 기초자산가격의 분산(연단위)

식(1)에 따르면 콜옵션의 가격은 기초자산의 현물가격, 행사가격, 무위험이자율, 만기까지의 잔여기간, 기초자산가격의 변동성인 것을 알 수 있다. 개별요소들이 콜옵션과 가지는 관계가 정(+)의 관계인지 부(-)의 관계인지를 살펴보기로 하자.

---

3) 기초자산이 주식이라고 보고 기본가정은 다음과 같다.
(1) 주가는 연속적으로 변동한다.
(2) 주가변동성이 시간의 경과에 따라 일정하다.
(3) 무위험이자율은 일정하다.
(4) 배당이 없으며 유러피언옵션이다.
(5) 거래비용과 세금은 없으며 공매(short-selling)에 대한 제한도 없다.
(6) 주가의 분포는 대수정규분포(log-normal distribution)를 따른다.

첫째, 콜옵션의 가격은 기초자산의 현물가격(S)과 정(+)의 관계를 갖는다. 그 이유는 현물가격이 높을수록 옵션이 내가격상태가 되어 행사될 확률이 높아지기 때문이다.

둘째, 콜옵션의 가격은 옵션의 행사가격(K)과 부(-)의 관계를 갖는다. 그 이유는 행사가격이 높으면 옵션이 내가격상태가 될 확률이 낮아지기 때문이다.

셋째, 콜옵션의 가격은 잔여만기일과 정(+)의 관계를 갖는다. 그 이유는 만기일이 길수록 기초자산의 가격이 행사가격을 초과할 기회가 많아지기 때문이다.

넷째, 콜옵션의 가격은 기초자산의 수익률분산(변동성)과 정(+)의 관계를 갖는다. 분산이 크다는 것은 기초자산의 가격이 행사가격을 초과하여 상승하거나 하락할 가능성이 크다는 것을 의미한다. 따라서 변동성이 큰 경우 옵션이 행사될 가능성이 높아진다.

다섯째, 콜옵션의 가격은 무위험이자율과 정(+)의 관계를 갖는다. 이자율이 높아지면 행사가격의 현재가치를 감소시켜 기초자산의 가격과 행사가격의 차이가 커지기 때문이다.

블랙숄즈옵션모형에 근거하여 옵션가격의 결정요인이 콜옵션과 풋옵션의 가격결정에 미치는 영향을 요약하면 〈표 1-4〉와 같다.

〈표 1-4〉 옵션가격의 결정요인

가격결정 요인	변화	옵션가격(프리미엄)의 변화	
		콜옵션(C)	풋옵션(P)
기초자산의 현물가격(S)	증가(+)	증가(+)	감소(-)
옵션의 행사가격(K)	증가(+)	감소(-)	증가(+)
잔여만기(T)	증가(+)	증가(+)	증가(+)
기초자산의 가격변동성(σ^2)	증가(+)	증가(+)	증가(+)
무위험이자율(r)	증가(+)	증가(+)	감소(-)

(2) 이항옵션가격결정모형

이항옵션가격결정모형(Binomial Option Pricing Model)[4]은 옵션가격에 영향

4) 이항옵션가격결정모형은 Cox, Ross and Rubinstein(1979)이 제안하였다.

을 미치는 유일한 확률변수는 기초자산가격이며, 기초자산의 가격은 현재시점을 기준으로 일정한 비율로 상승하거나 하락하는 이항분포를 따른다는 가정에 근거하고 있다.

기초자산가격(S)이 다음 기에 상승하는 비율을 u라고 하고 하락하는 비율을 d라고 하자. 기초자산가격이 상승한 경우의 기초자산가격을 S_u, 하락한 경우의 기초자산가격을 S_d라고 하자. 그러면 다음 기의 기초자산의 가격은 다음과 같이 표현할 수 있다.[5)]

$$S \begin{cases} S_u = (1+u) \times S \\ S_d = (1-d) \times S \end{cases}$$

이항옵션가격결정모형에서는 현재가격이 C인 유러피언콜옵션의 다음 기의 가격은 다음과 같이 표현할 수 있다.

$$C \begin{cases} C_u = \max\{(1+u)S-K],\ 0\} \\ C_d = \max\{(1-d)S-K],\ 0\} \end{cases}$$

즉, 기초자산의 가격이 상승할 때는 상승한 기초자산의 가격인 (1+u)S에서 행사가격인 K를 차감한 금액과 0 중에 큰 값이 콜옵션의 프리미엄이 된다. 반면에 기초자산의 가격이 하락한 경우에는 하락한 기초자산의 가격인 (1-d)S에서 행사가격인 K를 차감한 금액과 0 중에서 큰 값이 콜옵션의 프리미엄이 된다.

[예시1-7] 이항옵션가격결정모형 - 1기간 모형

기초자산의 현물가격(S) = 100, 행사가격(K) = 100, 가격상승비율(u) = 10%, 가격하락비율(d) = 8%라고 하면, 다음 기의 S와 C는 다음과 같이 결정된다.

---

5) 다기간이항옵션가격결정모형에 대해서는 파생상품에 대한 전문서적을 참조하기 바란다. 김석진 외 상게서 참조.

$$S \begin{cases} S_u = (1+u) \times S = (1+0.1)100 = 110 \\ S_d = (1-d) \times S = (1-0.08)100 = 92 \end{cases}$$

$$C \begin{cases} C_u = \max\{(1+u)S-K],\ 0\} = \max\{110-100,\ 0\} = 10 \\ C_d = \max\{(1-d)S-K],\ 0\} = \max\{92-100,\ 0\} = 0 \end{cases}$$

---

4. 스왑

스왑거래(swap transaction)는 거래당사자가 대상상품을 미리 정해진 조건으로 서로 교환하는 것을 말한다. 스왑거래가 가장 일반적으로 이루어지는 대상은 이자스왑, 베이시스스왑, 통화스왑, 크로스통화스왑, 자산스왑 등이 있다.

4.1 이자스왑

이자스왑(interest swap)은 거래당사자가 원금의 교환 없이 동일한 통화의 이자지급만 서로 교환하는 거래를 말한다. 가장 일반적인 이자스왑은 고정이자(fixed interest)와 변동이자(floating interest)의 교환이다. 이자스왑은 이자쿠폰을 제시하면 이자를 지급하는 이자의 성격을 반영한다는 점에서 쿠폰스왑(coupon swap)이라고도 부른다.

이자율의 등락과 채권의 공정가치의 변동은 역의 관계를 갖는다. 고정이자지급조건으로 회사채를 발행하였는데 시장이자율이 하락하면 회사채의 평가액이 높아져서 부채의 장부금액이 높아짐에 따라 공정가치평가손실이 발생할 위험에 노출된다. 반대로 같은 조건의 회사채에 대한 시장이자율이 상승할 경우 회사채의 평가액이 낮아지고 장부금액이 낮아짐에 따라 공정가치평가이익이 발생한다. 한편, 만약에 변동금리로 회사채를 발행하면 이자율의 등락에 따라 현금흐름이 높아지거나 낮아질 위험에 노출된다. 즉, 시장이자율이 높아지면 더 많은 이자비용을 부담하게 되며, 시장이자율이 낮아지면 이자비용을 경감하게 된다. 따라서 기업은 공정가치변동위험을 회피하고 현금흐름위험을 감수하거나, 현금흐름위험을 회피하고 공정가치변동위험을 감수하는 것 중에서 선택하여야 한다. 즉,

위험관리(risk management)란 공정가치위험과 현금흐름위험 중에서 선택해야 하기 때문에 위험선택(risk selection)의 문제이다.

[예시1-8] 위험선택

[사례1] 공정가치위험회피

A사는 처음에 10% 고정이자로 채권을 발행하여 자금을 차입하였다. A사는 이자가 하락하면 채권의 공정가치가 증가하여 손실을 입을 위험에 노출되어 있다. 변동이자율이 10% 이하로 하락할 것이라는 기대를 갖고 있는 A사는 이자하락에 따른 공정가치 평가손실을 회피하기 위하여 B은행에게 변동이자(6개월 LIBOR[6] + 0.5%)를 지급하고, 고정이자 10%를 받는 조건의 스왑거래를 하였다. 실제로 변동이자가 10% 이하에 형성되는 경우 A사는 이자스왑을 통하여 공정가치평가손실을 회피할 수 있다.

[사례2] 현금흐름위험회피

C사는 처음에 6개월 LIBOR + 0.5%의 변동금리로 채권을 발행하여 자금을 차입하였다. C사는 변동금리가 상승하면 더 많은 이자를 지급해야 하는 현금흐름위험에 노출되어 있다. C사는 변동이자율 상승을 회피하기 위하여 D은행에게 고정이자 10%를 지급하고 6개월 LIBOR + 0.5%의 변동금리를 수취하는 조건의 스왑거래를 하였다. 실제로 변동이자인 6개월 LIBOR금리가 9.5% 이상으로 상승하면 C사는 이자스왑을 통하여 현금흐름위험을 회피할 수 있다.

4.2 베이시스스왑

베이시스스왑(basis swap)은 각기 다른 변동이자 지급조건을 상호교환하는 거래를 말한다. 베이시스스왑이란 이자율 차이가 basis point(100분의 1 퍼센트를 의미)로 표시되기 때문에 이자율 차이를 활용한 스왑이라는 점에서 베이시스스왑이라고 부른다.

6) LIBOR는 London Inter-Bank Offered Rate의 약자로서 런던상업은행들의 콜금리로서 대표적인 기준금리로 사용되고 있다. 이와 유사한 금리로서 아시아권의 기준금리로서 SIBOR(Singapore Inter-Bank Offered Rate)가 있으며, 미국의 경우에는 우량회사에 적용하는 우대금리(prime rate)가 있다.

[예시1-9] 베이시스스왑

A사는 6개월 LIBOR조건으로 차입하였다. A사는 예상으로는 미국의 우대금리(prime rate)가 앞으로 더 하락할 것으로 예상하고 있다. 따라서 B은행과 LIBOR 이자를 받고 미국 우대금리를 지급하는 조건으로 교환거래를 할 수 있다. 만약 예상한 것처럼 미국의 우대금리가 더 낮아지는 경우 A사는 이익을 볼 수 있으며, 반대의 경우에는 손실을 감수해야 한다.

4.3 통화스왑

통화스왑(currency swap)은 보유외화자산의 수익률을 높이거나 외화자금조달시 차입자가 각기 유리한 국제금융시장에서 채권을 발행한 후 필요한 통화로 교환함으로써 차입비용을 절감하거나 장기차입에 따른 환율 및 금리변동 위험을 회피하는 등의 목적으로 이용 된다

가장 단순한 형태의 통화스왑은 거래상대방과 약정된 환율로 미래 특정시점에 원금만 교환하는 스왑이다. 이러한 종류의 스왑은 선도거래 또는 선물거래와 동일한 기능을 갖는다.

다른 종류의 통화스왑은 원금교환과 이자교환을 결합하는 것이다. 이러한 통화스왑은 거래상대방에게 이자를 지급하기 전에 이자현금흐름을 상계하지 않는데 그 이유는 이자가 서로 다른 통화로 표시되어 있기 때문이다. 각 거래당사자가 거래 상대방의 입장에서 자금을 차입하는 것이기 때문에 이러한 통화스왑을 back-to-back 차입이라고도 부른다.

또 다른 종류의 통화스왑은 동일한 규모와 만기를 가진 차입금에 대한 이자지급현금흐름을 교환하는 것이다. 교환되는 현금흐름이 다른 통화로 표시되어 있기 때문에 상계할 수 없다. 예를 들어, 미달러화 표시 고정금리를 지급하고 유로화 표시 변동금리를 수취하는 스왑이 통화스왑의 한 예이다. 이런 종류의 스왑을 크로스커런시(교차통화)이자율스왑(cross-currency interest swap) 또는 크로스커런시스왑(cross-currency swap)이라고 한다.

통화스왑은 두 가지 용도로 주로 사용된다. 그 하나는 차입조건이 좋은 차입금을 확보하는 것(통화를 불문하고 가장 유리한 이자율로 자금을 빌린 후에 통화스왑을 통하여 원하는 통화로 표시된 차입금을 스왑하는 것)이며, 다른 하나는 환율변동에 대한 위험을 회피하는 것이다.

외환위험을 회피하기 위하여 통화스왑을 이용하는 예를 들어보자.

[예시1-10] 통화스왑

A사는 한국소재 기업인데 미달러화 표시된 자금을 차입할 필요가 있으며, B사는 미국소재 기업인데 동일한 금액을 한국 원화로 표시된 자금을 차입할 필요가 있다. 이 경우 A사와 B사는 다음과 같은 거래를 함으로써 외환위험노출을 줄일 수 있다.

만약 A사는 이미 달러화로 자금을 차입한 상태이고 B사는 원화로 자금을 차입한 상태라고 하자. 양사는 이자현금흐름만을 교환함으로써 환위험노출을 줄일 수 있다. 즉, A사는 B사가 지급해야할 원화 표시 이자를 지급하고, B사는 A사가 지급해야할 미달러화 표시 이자를 지급하는 스왑을 하였다. 그 결과 각 회사는 자기소재국의 통화로 차입비용을 부담함으로써 환율변동위험을 회피할 수 있다.

한편, A사와 B사는 차입이 상대적으로 유리한 자국통화로 자금을 차입한 후 원금만을 교환함으로써 서로 필요한 외화를 확보하는 것도 통화스왑이 된다.

이상에서 살펴본 네 가지 종류의 파생상품을 요약하면 〈표 1-5〉와 같다.

〈표 1-5〉 파생상품의 요약

구분	계약의 형태	기초변수
스왑	이자율스왑	이자율
	통화스왑	환율
	일반상품스왑	일반상품가격
	지분스왑	지분가격(타 기업의 지분)
	신용스왑	신용등급, 신용지수 또는 신용가격
	총수익스왑	준거자산의 총공정가치 및 이자율

구분	계약의 형태	기초변수
옵션	매수 또는 매도된 국채옵션	이자율
	매수 또는 매도된 통화옵션	환율
	매수 또는 매도된 일반상품옵션	일반상품가격
	매수 또는 매도된 주식옵션	지분가격(타 기업의 지분)
선물	정부채권연계 금리선물(국채선물)	이자율
	통화선물	환율
	일반상품선물	일반상품가격
	정부채권연계 이자율선도(국채선도)	이자율
선도	통화선도	환율
	일반상품선도	일반상품가격
	지분선도	지분가격(타 기업의 지분)

5. IAS39의 파생상품의 정의

파생상품은 다음 세 가지 특성을 모두 충족하는 금융상품 또는 기타계약을 의미한다.

(1) 기초변수(underlying variable)의 변동에 따라 가치가 변동한다. 기초변수는 이자율, 금융상품가격, 일반상품가격, 환율, 가격 또는 비율의 지수, 신용등급이나 신용지수 또는 기타 변수를 말한다. 다만, 비금융변수의 경우에는 계약의 당사자에게 특정되지 아니하여야 한다.

(2) 최초 계약시 순투자금액이 필요하지 않거나 시장요소의 변동에 유사한 영향을 받을 것으로 기대되는 다른 유형의 계약보다 적은 순투자금액이 필요하다.

(3) 미래에 결제된다.

상기 항목들은 파생상품의 정의를 일반적으로 충족시키는 계약의 예이다. 상기의 예가 모든 파생상품을 망라한 것은 아니며, 기초변수가 있는 계약은 모두 파생상품이 될 수 있다. 그러나 금융상품이 파생상품 계약의 정의를 충족시키더라도, 파생상품 계약이 기후파생상품(IAS39 문단AG1 참조)이거나 일반상품(commodity)과 같은 비금융항목을 매수하거나 매도하는 계약(IAS39 문단5와 문단AG10 참조) 또는 자기지분상품으로 결제하는 계약(IAS 32 문단21~24 참조)인 경우에는 IAS39의 특별 규정이 적용된다. 따라서 기업은 파생상품이 갖고 있는 다른 특성들의 유무를 파악하여 특별 규정의 적용 여부를 결정하여야 한다.

이자율스왑에서 거래당사자가 서로 이자금액을 지급(총액 결제)하는지 또는 순액으로 결제하는지는 파생상품 여부의 결정에 영향을 미치지 않는다.

[예시1-11] 파생상품의 정의: 이자율스왑의 결제방법[7]

A사는 X사와 8%의 고정금리를 지급하고, 매분기마다 3개월 LIBOR에 기초하는 변동금리를 수취하는 이자율스왑계약을 체결하였다. 고정 및 변동금액은 100백만원의 명목금액(notional amount)에 기초하여 결정된다. 두 기업은 당해 명목금액을 교환하지는 않는다. A사는 매분기에 8%와 3개월 LIBOR의 차이에 기초하여 결정된 순액의 현금을 수수한다. 또한 결제는 총액기준으로 이루어질 수도 있다. 이자율스왑에서 거래당사자가 이자금액을 총액결제하는지 또는 순액결제하는지가 파생상품여부의 결정에 영향을 미치는가?

[해석]

이 계약은 그 가치가 기초변수(LIBOR)의 변동에 따라 변하고, 최초 계약시 순투자금액이 없으며, 미래에 결제되기 때문에, 결제방법(총액결제 또는 차액결제)과 무관하게 파생상품의 정의를 충족한다.

고정금리를 지급하고, 변동금리를 수취하는 이자율스왑의 최초 계약시점에 기업이 의무(고정금리의 지급)를 선급하는 경우도 있다. 이와 같은 이자율스왑도 파생상품에 해당한다. 최초인식시점에 고정금리를 선급하면 파생상품에 해당한다. 그러나 최초인식시점 후에 고정금리의 지급의무를 선급하는 경우에는 기존의 스왑은 종료되고 새로운 금융상품이 발생되는 것으로 보며, 새로운 계약은 IAS39를 적용한다.

---

7) IAS39 실무적용지침B.3 참조

[예시1-12] 파생상품의 정의: 이자율스왑의 최초 계약시 또는 그 후에 고정이자율 지급의무를 선급하는 경우[8]

S사가 C사와 고정금리를 지급하고 변동금리를 수취하는 이자율스왑(명목금액 100백만원, 만기 5년)계약을 체결하였다. 스왑의 변동금리는 매분기마다 3개월 LIBOR에 따라 재설정되며, 고정금리는 연 10%이다. 최초 계약시점에 S사는 스왑계약에 따라 고정금리를 지급해야 하는 의무에 해당하는 50백만원(100백만원 × 10% × 5년)을 시장이자율로 할인하여 선급하였으며, 스왑의 계약기간 중 100백만원에 대해 매 분기마다 3개월 LIBOR에 기초하여 재설정되는 변동이자를 수취할 권리를 보유한다. 이와 같은 이자율스왑도 파생상품에 해당하는가?

[해석]

이러한 이자율스왑의 경우 최초 계약시점의 순투자금액은 변동이자의 계산기초가 되는 명목금액보다 상당히 적으며, 변동금리부 사채와 같이 시장요소의 변동에 유사한 영향을 받을 것으로 기대되는 다른 유형의 계약보다 적은 순투자금액을 필요로 한다. 따라서 이 계약은 IAS39의 '최초 계약시 순투자금액이 필요하지 않거나, 시장요소의 변동에 유사한 영향을 받을 것으로 기대되는 다른 유형의 계약보다 적은 순투자금액이 필요하다'는 조건을 충족한다. S사가 미래에 이행할 의무가 없지만, 계약의 최종적 결제는 미래에 이루어지고, LIBOR의 변동에 따라 당해 계약의 가치가 변동한다. 따라서 이 계약은 파생상품계약이다.

변동금리를 지급하고, 고정금리를 수취하는 이자율스왑의 최초 계약시점 또는 그 후에 기업이 변동금리를 지급할 의무를 선급하는 경우에는 당해 이자율스왑이 파생상품에 해당되지 않는다. 변동금리를 지급하고 고정금리를 수취하는 이자율스왑에서 지급의무를 최초 계약시점에 선급하는 경우 당해 이자율스왑은 파생상품이 아니다. 또한 이자율스왑의 최초 계약시점 후에 변동금리지급의무를 선급하는 경우에는 더 이상 파생상품의 정의를 충족하지 못한다. 이와 같은 이자율스왑의 선지급이 파생상품이 될 수 없는 이유는 당해 스왑이 확정된 현금흐

8) IAS39 실무적용지침B.4 참조

름을 가지는 채무상품의 현재가치와 대등한 금액을 대여하는 것과 실질적으로 같은 효과를 갖기 때문이다. 이러한 선급금액은 파생상품의 조건 중 '최초 계약시 순투자금액이 필요하지 않거나, 시장요소의 변동에 유사한 영향을 받을 것으로 기대되는 다른 유형의 계약보다 적은 순투자금액이 필요하다'는 요건을 충족하지 못한다.

[예시1-13] 파생상품의 정의: 변동금리를 지급하고, 고정금리를 수취하는 이자율스왑에서 변동금리의 지급의무를 선급하는 경우9)

S사가 C사와 변동금리를 지급하고 고정금리를 수취하는 이자율스왑(명목금액 100백만원, 만기 5년)계약을 체결하였다. 스왑의 변동금리는 매분기마다 3개월 LIBOR에 따라 재설정되며, 고정금리는 연 10%이다. 최초 계약시점에 S사는 현행 시장이자율로 스왑의 변동금리 지급의무를 선급하고, 매년 100백만원에 대한 10%의 고정금리를 수취할 권리를 보유한다. 이 스왑에서 변동금리를 선지급한 경우 스왑이 파생상품의 정의를 충족하는가?

[해석]

이 계약에 따른 매년의 현금유입액은 연간 확정 현금흐름을 갖는 연금 금융상품의 현금유입액과 같은데 이는 S사가 스왑의 계약기간 동안 매년 10백만원을 수취할 것을 알 수 있기 때문이다. 그러므로 다른 모든 조건이 동일하다면, 계약의 최초 투자액은 확정 연금으로 구성된 다른 금융상품의 최초 투자액과 동일해야 한다. 따라서 변동금리를 지급하고 고정금리를 수취하는 이자율스왑의 최초 계약시 순투자액은 시장상황의 변동에 유사한 영향을 받는 비파생상품 계약에서 요구되는 투자액과 동일하다. 이러한 이유로 당해 스왑은 파생상품 조건 중 '최초 계약시 순투자금액이 필요하지 않거나, 시장요소의 변동에 유사한 영향을 받을 것으로 기대되는 다른 유형의 계약보다 적은 순투자금액이 필요하다'는 조건을 충족하지 못한다. 그러므로 이 계약은 파생상품으로 회계처리하지 아니한다. 변동이자 지급의무를 선급함에 따라 S사가 C사에게 대여금을 제공한 것과 실질적으로 같은 효과가 발생한다.

9) IAS39 실무적용지침B.5 참조

[예시1-14] 파생상품의 정의: 대여금의 상계[10]

A은행은 B사에게 5년간 고정금리로 대여하는 동시에 B사는 A은행에게 동일한 금액을 5년간 변동금리로 대여한다. A은행과 B사의 상계약정에 따라 대여시점에 수수되는 원금은 없다. 이러한 계약은 IAS39의 파생상품에 해당하는가?

[해석]

파생상품에 해당한다. 이 계약은 파생상품의 정의를 충족한다. 즉, 기초변수가 존재하고, 최초 계약시 순투자금액이 필요하지 않거나, 시장요소의 변동에 유사한 영향을 보일 것으로 기대되는 다른 유형의 계약보다 적은 순투자금액이 필요하며, 미래에 결제된다. 두 자금대여계약의 효과는 최초 계약시 순투자금액이 필요 없는 이자율스왑과 동일하다. 비파생상품 거래들이 실질적으로 파생상품과 동일한 결과를 가져오는 경우에는 거래들을 병합하여 파생상품으로 회계처리한다. 이러한 결과를 가져오는 것으로 판단할 수 있는 지표의 예는 다음과 같다.

- 거래들이 동시적으로 서로를 고려하여 체결된다.
- 거래들의 상대방이 동일하다.
- 거래들이 동일한 위험과 관련되어 있다.
- 거래들을 구분하여 설계할 명백한 경제적 이유 또는 실질적 사업목적이 존재하지 않으며 단일의 거래로는 그러한 목적을 달성할 수도 없었을 것이다.

이 예시에서 은행A와 B사가 상계약정을 체결하지 아니하였다 하더라도 당해 거래들은 파생상품에 해당된다. 이는 IAS39에서 파생상품의 정의가 차액결제를 요구하지 않기 때문이다.

[예시1-15] 파생상품의 정의: 행사될 것으로 기대되지 아니하는 옵션[11]

IAS39 문단9에 따르면 파생상품은 금융상품이 '미래에 결제된다'는 것을 요구한다. 예를 들어, 옵션이 외가격(out-of-the money) 상태이기 때문에 행사될 것으로 기대되

10) IAS39 실무적용지침B.6 참조

11) IAS39 실무적용지침B.7 참조

지 않기 때문에 미래에 결제되지 않을 것으로 판단된다. 이러한 경우에도 파생상품의 정의를 충족하는가?

[해석]

충족한다. 옵션은 행사시점 또는 만기에 결제된다. 대가의 추가적인 교환이 없이 만기에 소멸하는 것도 결제의 한 형태이다.

[예시1-16] 파생상품의 정의: 매출규모에 근거한 외환계약[12]

기능통화가 한국 원화인 A사가 유로화로 표시된 제품을 프랑스에서 판매하고 있다. A사는 투자은행과 고정환율로 유로화를 한국원화로 환전하는 계약을 체결하였다. 계약에 따라 A사는 프랑스에서의 매출규모에 기초하여 유로화를 송금하여야 하며, 유로화는 1,650원의 확정환율로 한국원화와 교환될 것이다. 이러한 계약이 파생상품에 해당하는가?

[해석]

파생상품에 해당한다. 당해 계약의 경우 환율과 매출규모로 구성되는 2개의 기초변수가 존재하고, 지급규정이 있으며, 당해 계약의 최초 계약시 순투자금액이 필요하지 않거나, 시장가격 변동에 유사한 영향을 받을 것으로 기대되는 다른 유형의 계약보다 적은 순투자금액이 필요하다. IAS39에서는 매출규모에 기초하는 파생상품을 적용범위에서 제외하지 않는다.

선도계약(forward contract)이라고 해서 항상 파생상품이 되는 것은 아니다. 예컨대, 1년 후에 선도가격으로 주식을 매수하는 선도계약을 체결하면서, 최초 계약시점에 주식의 현행가격에 기초하여 지급의무를 선급할 수 있다. 이러한 경우에 당해 선도계약은 '최초 계약시 순투자금액이 필요하지 않거나, 시장요소의 변동에 유사한 영향을 받을 것으로 기대되는 다른 유형의 계약보다 적은 순투자금

12) IAS39 실무적용지침B.8 참조

액이 필요하다'는 조건을 충족하지 못하기 때문에 파생상품에 해당하지 않는다.

[예시1-17] 파생상품의 정의: 선도계약의 선급[13)]

A사는 1년 후에 T기업 보통주 1백만주를 매수하는 선도계약을 체결하였으며, T주식에 대한 현행 시장가격과 1년 후의 선도가격은 각각 주당 50원과 55원이다. A사는 최초 계약시 선도계약에 대하여 50백만원을 선급하여야 한다. 이와 같은 선도계약이 파생상품이 될 수 있는가?

[해석]

파생상품에 해당하지 않는다. 선도계약의 최초 순투자금액인 50백만원은 기초자산인 1백만주에 적용되는 선도금액인 55백만원(55원 × 1백만주)보다 적다. 그러나 최초 계약시 순투자금액은 시장요소의 변동에 유사한 영향을 받는 다른 유형의 거래에 필요한 투자금액과 거의 동일하다. 그 이유는 최초 계약시 T주식을 순투자금액과 동일한 가격인 50원에 매수할 수 있기 때문이다. 따라서 선급한 선도계약은 파생상품의 조건 중 최초 계약시 순투자금액에 관한 요건을 충족하지 아니한다.

[예시1-18] 파생상품의 정의: 최초 계약시 순투자금액[14)]

선물계약과 거래소에서 거래되는 매도옵션과 같은 파생상품에는 증거금(margin money)이 필요하다. 증거금은 최초 계약시 순투자금액에 해당하는가?

[해석]

증거금은 파생상품에 대한 최초 계약시 순투자금액의 일부가 아니다. 증거금은 거래상대방 또는 청산소에 대한 일종의 담보이며, 현금, 유가증권 또는 그 밖의 유동성이 높은 특정 자산의 형태를 가질 수 있다. 증거금은 별도로 회계처리가 필요한 별도의 자산이다.

---

13) IAS39 실무적용지침B.9 참조

14) IAS39 실무적용지침B.10 참조

6. 우리나라 파생상품 시장 현황

〈표 1-6〉은 2008년과 2009년도 우리나라 파생상품 거래현황을 보여주고 있다. 장내거래는 연도별 거래총액을 나타내고 있으며, 장외거래는 각 연도별 3분기까지의 누적거래총액을 나타내고 있다.

〈표 1-6〉 우리나라 파생상품 거래현황 (단위 : 십억원)

구분			2008년	2009년
장내	주가지수상품	코스피200 선물	6,237,160	7,650,392
		코스피200 콜옵션	133,170	126,239
		합계	6,524,585	7,909,389
	채권금리상품	3년 국채선물	1,702,638	2,209,619
		합계	1,703,092	2,209,619
	통화상품	미국달러선물	373,384	684,095
		합계	386,877	696,037
	선물옵션	**합계**	8,614,554	10,828,685
장외	주식	주식선도	2,076	1,338
		주식스왑	25,934	5,153
		주식옵션	107,808	59,704
		합계	135,818	66,195
	이자율	이자율선도	123,739	134,350
		이자율스왑	1,803,295	1,824,089
		이자율옵션	208,656	144,445
		합계	2,135,690	2,102,884
	통화	통화선도	6,553,723	7,381,400
		통화스왑	456,334	261,333
		통화옵션	261,890	44,184
		합계	7,271,947	7,686,917

자료: 한국거래소 및 금융감독원

(주) 장내거래는 각 연도별 연간거래총액을 나타내며, 장외거래는 각 연도별 3분기까지의 거래누적액을 나타내고 있다.

장내파생상품거래를 보면 주가지수상품이 대부분을 차지하고 있다. 좀더 구체적으로 보면 주가지수상품이 전체 파생상품거래의 약 73%(2008년)에서 76%(2009년)를 차지하고 있다. 통화상품은 전체 파생상품거래의 약 4.5%(2008년)에서 6.4%(2009년)를 차지하고 있으며, 그 중 대부분이 미국달러화 선물이다.

한편, 장외거래의 경우에는 통화선도계약이 가장 높은 비중을 보이고 있다. 이는 우리나라 수출기업들이 달러화 수출대금에 대해 달러화가 약세로 반전하는 위험을 회피하고자 선매도하는 거래를 많이 하고 있다는 것을 의미한다. 또한 장외시장에서는 이자율스왑거래도 상당히 이루어지고 있다는 것을 보여주고 있다. 한편, 장외시장에서 거래되는 주식관련 파생상품은 아주 미미한 수준에 불과하며, 특히 장내거래와 비교할 경우 아주 작은 금액이라는 것을 알 수 있다.

제2장 위험회피회계의 개요

이 장에서는 국제회계기준에서 정하고 있는 위험회피회계에 대하여 요약하여 살펴보기로 한다. 그리고 제3장부터는 위험회피회계에 관해 구체적으로 설명하기로 한다.

제1절 위험회피회계의 기본 개념

위험회피회계는 고도의 전문적인 지식을 필요로 하는 분야이다. 따라서 기본 개념에 대한 이해가 선행되어야 한다. 이를 위하여 먼저 위험회피회계의 의의, 필요성, 관련된 용어, 파생상품 등에 대해 먼저 살펴보고, 회계처리에 대해 알아보기로 하자.

1.1 위험회피회계의 의의 및 필요성

위험회피회계(hedge accounting)에서는 위험회피수단과 위험회피대상항목의 공정가치 변동에 따른 손익의 상쇄효과를 인식한다(IAS39 문단85). 따라서 위험회피의 유형의 지정, 위험회피회계의 적용요건, 위험회피대상항목의 지정 및 공정가치 변동, 위험회피수단의 지정 및 공정가치 변동, 위험회피효과의 측정, 위험회피대상과 위험회피수단의 공정가치 변동에 대한 회계처리, 공시 등에 대한 회계처리가 주요 관심사이다.

선도계약이 비교적 이해하기 쉬운 파생상품이다. 따라서 여기에서는 선도계약을 사례로 이용하여 위험회피회계가 적용되지 않는 경우의 문제점을 지적하고 이 문제가 위험회피회계의 적용으로 어떻게 해결되는가를 살펴보기로 하자.

아주 간단한 예제를 통하여 선도계약에 대한 회계처리를 살펴보기로 하자.

A사는 20×1년 1월 1일에 자본금 1,000,000원으로 시작한 회사이다. 따라서 20×1년 1월 1일의 개시 재무상태표는 다음과 같다.

〈표 2-1〉 개시 재무상태표

자산	
재고자산	1,000,000원
자본	
보통주자본금	1,000,000원

A사는 개업과 동시에 조달된 자본 전체를 재고자산의 매입에 즉각 사용했다고 하자. 3개월 후에 재고자산의 공정가치가 100,000원이 상승하였으며, A사는 선도계약(forward contract)을 통하여 이익을 확정시키기로 하였다. 선도계약에 따르면 향후 일정시점 후에 재고자산의 가격변동에 관계없이 재고자산을 1,100,000원에 판매하기로 확정하였다. 따라서 재고자산의 가격이 상승하면 선도계약은 손실을 가져오고, 재고자산의 가격이 하락하면 선도계약을 이익을 가져온다. 선도계약의 계약 시에 선도계약의 가치는 0원이다. 20×1년 12월 31일에 재고자산의 가치가 1,075,000으로 하락했다고 하자. 그러면, 20×1년 12월 31일에 선도계약의 가치는 25,000원이 된다. 따라서 재고자산의 가치는 25,000원이 하락하고 선도계약의 가치는 25,000원이 증가하여 위험회피대상인 재고자산과 위험회피수단인 선도계약의 가치변동이 정확하게 상쇄된다.

〈표 2-2〉 거래의 상세 내역

일자	거래내역	금액
20×1.01.01	재고자산의 매입	1,000,000원
20×1.03.31	재고자산의 가치	1,100,000원
20×1.03.31	선도계약을 통한 재고자산 판매가격 확정	
20×1.12.31	재고자산의 가치	1,075,000원
20×1.12.31	선도계약의 가치	25,000원

여기에서 회계 상 이슈는 20×1년 12월 31일자 재무상태표가 어떻게 보고되어야 하는가이다. IAS2(재고자산)의 문단28에 따르면 재고자산의 가치는 저가법(원가와 순실현가능가치 중 적은 금액)에 따라 평가되어야 한다. 따라서 이 경우 재고자산의 가치가 원가보다 높기 때문에 원가인 1,000,00원에 보고되어야 한다. 선도계약은 IAS39(금융상품)의 종전 기준에 따르면 대차대조표에 표시하지 않아도 됐었다.

이 재고자산이 20×2년 2월 28일에 선도계약에 따라 1,100,000원에 판매되었다고 하자. 그러면 판매가격 1,100,000원과 원가 1,000,000원의 차이인 100,000원이 이익으로 인식된다. 그러나 재고자산은 재무상태표에 원가(1,000,000원)에 보고되기 때문에 실현주의(realization principle) 개념에 따라 판매이전에는 이익을 인식할 수 없다. IAS39 이전에는 선도계약은 미이행계약(executory contract)이기 때문에 재무상태표에 인식하지 않았었다. 따라서 실현주의에 따라 재고자산 가격증가도 인식하지 않고, 미이행계약인 선도계약도 인식하지 않기 때문에 재고자산 가치 증가를 인식하지 않은 것이 아무런 문제가 없었다. 그러나 일부 회계담당자들이 이익을 상향조정하기 위해 재고자산의 가격하락은 인식하지 않고 선도계약의 이익은 인식하는 창의적인 생각을 하였다고 하자. 20×1년 12월 31일에 선도계약의 가치가 25,000원 상승하였다는 것을 활용하여 선도계약을 처분하여 이익 25,000원을 이익으로 보고하였다고 하자.[1] 따라서 선도계약을

1) 만약에 선도계약이 손실이었다면 이를 처분하지 않음으로써 손실을 인식하지 않았을 것이다.

처분한 경우와 처분하지 않은 경우의 재무상태표는 〈표 2-3〉처럼 비교할 수 있다.

〈표 2-3〉 IAS39 이전의 자의적인 회계처리에 따른 기말 재무상태표 비교

	선도계약의 미처분	선도계약의 처분
자산		
재고자산	1,000,000원	1,000,000원
현금		25,000원
자본		
보통주자본금	1,000,000원	1,000,000원
이익잉여금		25,000원

IAS39가 제정되기 전에는 선도계약과 같은 파생상품이 있는 경우 회계장부를 조작할 기회가 있다는 것이 문제였다. 특히 경영자 및 임원의 보상이 회계 상의 성과에 달려 있는 경우에는 〈표 2-3〉에서 알 수 있듯이 이익과 재무상태를 좋게 보고할 수 있는 기회를 파생상품이 제공한다는 것이다. 이런 문제를 해결하기 위해서 IAS39에서는 모든 파생상품을 공정가치로 평가하도록 요구하였다. 그러나 IAS39에서 요구하는 회계기준과 기존 다른 기준서에서 요구하는 회계기준 사이에 일관성이 결여된 부분이 있다. 예컨대, IAS2(재고자산)에서는 재고자산 회계처리에 대한 규정이 변화가 없기 때문에 위험회피 대상인 재고자산의 가치 변화는 인식하지 않으면서, 위험회피수단인 파생상품은 공정가치로 재무상태표에 보고되어야 한다. 따라서 상충되는 회계기준이 병존하게 된 것이다. 회계기준서 간의 이러한 불일치는 소위 인위적 변동성(artificial volatility)이라는 현상을 초래하였다. 이러한 결과는 〈표 2-4〉에서 볼 수 있는 것처럼 파생상품은 공정가치로 평가하여 재무상태표와 당기손익으로 보고하고, 재고자산은 원가로 평가하는 불일치를 보이고 있다.

〈표 2-4〉 IAS39 이후 기말 재무상태표 (20×1년 12월 31일)

	파생상품인식후의 금액
자산	
재고자산	1,000,000원
선도계약	25,000원
자본	
보통주자본금	1,000,000원
이익잉여금	25,000원

〈표 2-4〉를 액면그대로 해석하면 선도계약이 위험회피가 아니라 투기목적으로 이루어져서 선도계약의 가치가 상승하여 이를 이익으로 인식한 것으로 오해하기 쉽다. 환언하면 IAS39의 아쉬운 점은 위험회피대상인 재고자산의 가치감소(1,100,00원에서 1,075,000원으로 감소)에 따른 손실 25,000원은 인식하지 않고, 파생상품인 선도계약의 가치증가(0원에서 25,000원으로 증가)만 인식함에 따라 위험회피대상과 위험회피수단의 연계성을 보고하지 못한다는 점이다. 그 결과 재무보고에 인위적 변동성이 초래되며, 정보이용자들을 오도할 가능성이 있다는 점이다.

A사가 예정대로 20×2년 2월 28일에 선도계약에 따라 재고자산을 1,100,000원에 판매하였다면, 20×2년에 작성한 재무상태표는 〈표 2-5〉와 같을 것이다. 따라서 20×1년 12월 31일에 작성한 기말재무상태표는 선도계약에 의해서 확정된 20×2년 2월 28일의 재무상태표의 모습을 충실히 반영하지 못한다는 것을 알 수 있다.

〈표 2-5〉 기말 재무상태표 (20×2년 2월 28일)

	파생상품인식후의 금액
자산	
현금	1,100,000원
자본	
보통주자본금	1,000,000원
이익잉여금	100,000원

1.2 위험회피회계와 주요 용어의 정의

(1) 위험회피대상항목

위험회피대상항목(hedged items)은 ① 공정가치(fair value)나 미래현금흐름(future cash flows)의 변동위험에 노출되어 있으며, ② 위험회피대상으로 지정된, ③ 자산 또는 부채, 확정계약, 발생가능성이 매우 높은 예상거래 및 해외사업장에 대한 순투자를 말한다(IAS39 문단78~84, 문단AG98~AG101).

위험회피대상항목은 공정가치변동위험, 현금흐름변동위험 등에 노출되어 있어야 한다. 또한 위험회피대상으로 지정되어 있어야 한다. 이는 위험회피대상으로 인정을 받기 위해서는 사전에 문서화(documentation)를 통하여 공정가치변동위험 또는 현금흐름변동위험에 노출되어 있다는 사실과 이를 회피하기 위하여 위험회피수단을 정하여 위험회피관계를 설정한다는 사실을 명시하여야 한다. 그리고 위험회피대상항목은 현재 인식되어 있는 기존 자산 또는 부채는 물론 거래상대방과 구매 또는 판매계약을 이행할 것을 확정한 확정계약과, 발생가능성이 아주 높은 예상거래를 포함한다. 또한 해외사업장을 가지고 있는 경우 해외사업장에 대한 순투자(즉, 자본)가 위험회피대상이 될 수 있다.

(2) 확정계약

확정계약(firm commitment)은 미래의 특정시기에 특정 수량의 거래대상을 특정 가격으로 교환하기로 하는 구속력 있는 약정을 의미한다. 거래를 이행하지 않을 경우 확정계약으로부터 얻을 수 있는 혜택보다 더 큰 손실을 볼 수 있는 계약으로서 법적, 계약적 또는 해석적인 차원에서 취소 또는 불이행이 없을 것으로 예상되는 계약을 의미한다.

(3) 예상거래

예상거래(forecast transaction)는 이행해야 하는 구속력은 없으나, 향후 발생할 것으로 예상되는 거래를 의미한다. 특히 예상거래는 단순한 가능성이 있는 거래가 아니라 발생할 가능성이 아주 높은 거래를 의미한다.

(4) 위험회피수단

위험회피수단(hedging instrument)은 공정가치 변동이나 현금흐름의 변동이 지정된 위험회피대상항목(hedged items)의 공정가치나 현금흐름의 변동을 상쇄할 것으로 기대하여 지정한 파생상품(derivatives) 또는 비파생금융자산(또는 비파생금융부채)을 의미한다. 다만, 비파생금융자산 및 비파생금융부채는 환율변동위험을 회피하기 위한 경우에만 가능하다(IAS39 문단72~77, 문단AG94~AG97). 따라서 환율변동위험 회피 목적 이외의 위험회피수단이 되기 위해서는 파생상품이어야 한다.

(5) 위험회피효과

위험회피효과(hedge effectiveness)란 회피대상위험으로 인한 위험회피대상항목의 공정가치의 변동이나 현금흐름의 변동이 위험회피수단의 공정가치나 현금흐름의 변동으로 상쇄되는 정도를 나타낸다(IAS39 문단AG105~AG113). 위험회피효과의 측정은 그 효과성에 따라 회계처리가 달라지기 때문에 중요성을 가진다. 예컨대 현금흐름위험회피에서 효과적인 부분은 기타포괄손익(other comprehensive income, OCI)으로 회계처리하고 비효과적인 부분은 당기손익(profit and loss)으로 회계처리하는 등 회계처리가 달라진다.

1.3 위험회피회계와 파생상품

위험회피의 수단으로 가장 많이 사용되는 것이 파생상품이다. 따라서 위험회피회계를 이해하기 위해서는 파생상품에 대한 이해가 필수적이다. 파생상품에 대해서 좀더 상세하게 알기 위해서는 제1장을 참조하기 바라며, 이해를 돕기 위하여 부연설명하면 파생상품(derivative)은 다음의 세 가지 특성을 모두 가진 금융상품이나 기타계약을 말한다.

① 기초변수의 변동에 따라 가치가 변동한다.

기초변수(underlying variables)는 이자율(interest rate), 금융상품가격(financial instrument price), 일반상품가격(commodity price), 환율(foreign exchange rate),

가격 또는 비율의 지수(index of prices or rates), 신용등급이나 신용지수(credit rating or credit index) 또는 기타 변수를 말한다. 다만, 비금융변수의 경우에는 계약의 당사자에게만 국한되지 않아야 한다.

② 최초 계약시 순투자금액(net investment)이 필요하지 않거나 시장요소의 변동에 유사한 영향을 받을 것으로 기대되는 다른 유형의 계약보다 적은 순투자금액이 필요하다.

③ 미래에 결제된다. 현물거래의 경우에는 거래시점에 바로 현금으로 결제되거나 외상매출의 경우에는 외상기간의 종료시점에 결제된다. 그러나 선물거래의 경우에는 대상상품과 현금을 미래에 거래당사자간에 서로 교환한다.

제2절 위험회피의 유형 및 위험회피의 선택

2.1 위험회피의 유형

국제회계기준에서는 위험회피회계로 인정받기 위해서는 먼저 위험회피관계를 지정한 다음에 위험회피회계를 적용하도록 하고 있다. 위험회피관계(hedging relationships)는 다음과 같은 유형으로 구분한다(IAS39 문단86).

(1) 공정가치위험회피(fair value hedge)란 특정위험으로 인하여 당기손익에 영향을 줄 수 있는 것으로서, 인식된 자산이나 부채 또는 미인식된 확정계약(firm commitment)의 전체 또는 일부의 공정가치 변동에 대한 위험회피를 말한다. 즉, 공정가치위험회피는 인식된 자산이나 부채 또는 확정계약에 대해서만 적용할 수 있으며, 예상거래에는 적용할 수 없다.

(2) 현금흐름위험회피(cash flow hedge)란 특정위험으로 인하여 당기손익에 영향을 줄 수 있는 것으로서, 인식된 자산이나 부채 또는 발생가능성이 매우 높은 예상거래(forecast transactions)의 현금흐름 변동에 대한 위험회피를 말한다. 인식된 부채에서 발생한 미래현금흐름의 변동의 예로는 변동금리부 채무상품에서 발생한 미래이자지급액을 들 수 있다.

이미 인식된 자산이나 부채의 외화위험회피에 공정가치위험회피회계 또는 현금흐름위험회피회계를 적용할 수 있다. 그러나 예상거래는 공정가치위험회피회계를 적용할 수 없으며, 현금흐름위험회피회계를 적용할 수 있다.

(3) 해외사업장순투자의 위험회피는 IAS21에서 정의하고 있는 순투자에 대한 위험회피를 의미한다. IAS21 문단8에서는 해외사업장에 대한 순투자를 "해외사업장의 순자산에 대한 보고기업의 지분 해당 금액"으로 정의하고 있으며, 해외사업장은 "보고기업과 다른 국가에서 또는 다른 통화로 영업활동을 하는 종속기업, 관계기업, 조인트벤처나 지점"으로 정의하고 있다.

공정가치위험회피의 예를 들면 이자율 변동으로 인한 고정금리부 채무상품의 공정가치 변동위험을 회피하는 경우이다. 이러한 위험회피는 채무상품의 발행자나 보유자가 적용할 수 있다.

현금흐름위험회피의 예를 들면 변동금리조건 채무상품을 고정금리조건 채무상품으로 전환하기 위하여 스왑을 사용하는 경우이다.

확정계약의 위험회피(예: 고정가격으로 석유를 구입하기로 하는 미인식 확정계약과 관련된 석유가격 변동에 대한 위험회피)는 공정가치의 변동에 대한 위험회피이다. 따라서 이러한 위험회피는 공정가치위험회피이다. 그러나 확정계약의 외화위험(foreign currency risks) 에 대한 위험회피는 선택적으로 현금흐름위험회피로 회계처리할 수 있다.

2.2 위험회피의 선택

대출금(차입금)에 대한 위험회피회계는 유사한 성격이 있기 때문에 회계담당자로서는 가끔 현금흐름위험회피를 적용해야 하는지 공정가치위험회피를 적용해야 하는지 망설여질 때가 있을 것이다. 대체적으로 회사가 고정금리부 대출금(차입금)을 변동금리부대출금(차입금)으로 전환하면 공정가치위험회피회계를 적용하고, 그 반대의 경우에는 현금흐름위험회피회계를 적용하면 된다.

공정가치위험회피회계에서는 시장이자율이 변동함에 따라 재무상태표에 보고된 고정금리부대출금(차입금)의 공정가치가 변화하게 된다. 반대로 변동이자부 대출금(차입금)은 시장이자율이 변동되더라도 공정가치가 변화하지 않는다. 따라서 변동이자부 대출금(차입금)은 시장이자율에 대한 변화하는 현금흐름의 위험을 회피하기 위하여 고정이자로 이자수익을 확정시키는 방안이 사용된다.

[그림 2-1] 공정가치 위험회피(A)와 현금흐름 위험회피(B)

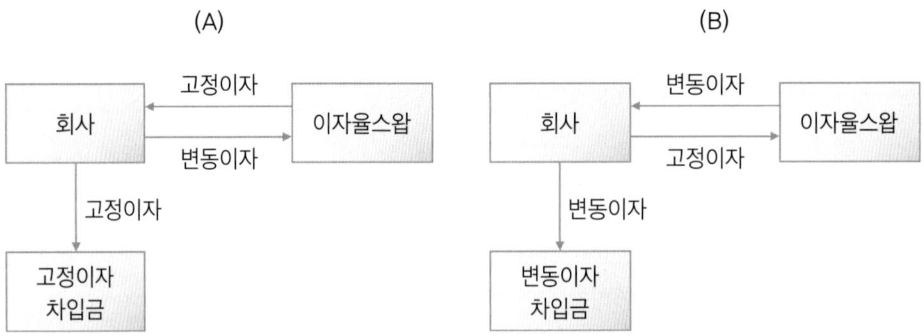

[그림 2-1]의 A는 공정가치 위험회피 개념을 보여주고 있고, B는 현금흐름 위험회피 개념을 보여주고 있다. 즉, 공정가치 위험회피에서는 고정이자를 변동이자로 변환시키는 것이고, 현금흐름 위험회피는 변동이자를 고정이자로 변환시키는 것이다. 따라서 위험회피는 결국 공정가치 위험과 현금흐름 위험 중에서 하나를 선택하는 문제이다. 즉, 공정가치 위험을 회피하면 현금흐름 위험을 선호하는 결과를 초래하며, 현금흐름 위험을 회피하면 공정가치 위험을 선호하는 결과를 초래한다.

제3절 위험회피 회계처리

3.1 위험회피회계의 적용요건

다음의 요건을 모두 충족하는 위험회피관계에 대해서만 위험회피회계를 적용할 수 있다(IAS39 문단88).

(1) 위험회피의 개시시점에 위험회피관계, 위험관리목적 및 위험회피전략을 공식적으로 지정하고 문서화(formal designation and documentation)해야 한다. 이 문서에는 위험회피수단, 위험회피대상항목, 회피대상위험의 성격 및 회피대상위험으로 인한 위험회피대상항목의 공정가치나 현금흐름의 변동위험을 위험회피수단이 상쇄하는 효과를 평가하는 방법 등을 포함해야 한다.

(2) 회피대상위험으로 인한 공정가치나 현금흐름의 변동을 상쇄하는 데 있어 높은 위험회피효과(IAS39 문단AG105-AG113 참조)를 기대할 수 있어야 한다. 이러한 기대는 최초의 공식적인 문서에 포함된 특정 위험회피관계의 위험관리전략과 일관성이 있어야 한다.

(3) 현금흐름위험회피에서 위험회피대상 예상거래(forecast transaction)는 발생가능성이 매우 높아야 하며, 궁극적으로 당기손익에 영향을 미치는 현금흐름 변동에 노출되어 있어야 한다.

(4) 위험회피효과를 신뢰성 있게 측정할 수 있어야 한다. 즉, 회피대상위험으로 인한 위험회피대상항목의 공정가치나 현금흐름과 위험회피수단의 공정가치를 신뢰성 있게 측정할 수 있어야 한다(공정가치 결정을 위한 지침은 IAS39 문단46과 47 및 문단AG80과 AG81 참조).

(5) 위험회피효과를 위험회피기간에 계속적으로 평가하며 위험회피로 지정된 재무보고기간 전체에 걸쳐 실제로 높은 위험회피효과가 있었는지 결정하여야 한다.

3.2 공정가치위험회피의 회계처리

공정가치위험회피(fair value hedge)의 일반적인 회계처리는 다음과 같다.

① 위험회피수단(hedging instruments)으로 지정된 파생상품(derivatives)의 재측정에 따른 공정가치의 변동을 당기손익으로 인식한다. 비파생금융상품(non-derivative financial instruments)을 위험회피수단으로 지정한 경우에는 IAS 21(환율변동효과)에 따라 측정한 장부금액의 변동 중 외화요소를 당기손익으로 인식한다. 환율은 외화의 가격을 의미하며, 환율의 변동은 공정가치의 변

동과 동일한 개념이다. 따라서 환율변동효과를 당기손익으로 인식하는 것은 공정가치변동을 당기손익으로 인식하는 것과 동일하다.

② 회피대상위험으로 인한 위험회피대상항목(hedged items)의 손익은 위험회피대상항목의 장부금액을 조정하며 당기손익으로 인식한다. 이러한 조정은 원가로 측정하는 위험회피대상항목에도 적용한다. 위험회피대상항목이 기타포괄손익인식금융자산인 경우에도 회피대상위험으로 인한 손익은 당기손익으로 인식한다.

1.1에서 소개된 사례에 공정가치 위험회피회계를 적용한 경우를 살펴보기로 하자. 즉, 20×1년 12월 31일 현재 위험회피대상인 재고자산이 아직 판매되지 않았고, 위험회피수단인 선도계약이 처분되지 않은 상태에서 공정가치 위험회피회계가 재무상태표와 손익계산서에 어떻게 보고되는지를 살펴보기로 하자. 20×1년 12월 31일 현재 파생상품인 선도계약의 가치가 상승하여 25,000원의 이익이 발생했다. 위험회피회계를 적용하면 위험회피대상인 재고자산이 판매될 때까지 위험회피수단인 파생상품에서 발생한 이익의 인식을 이연시킬 수 있다. 즉, 회사로서는 대응개념을 적용할 수 있다. 공정가치 위험회피회계 기준에 따르면 회사는 인위적 변동성을 제거하기 위하여 위험회피대상인 재고자산의 가치변동을 인식할 수 있다. 이렇게 회계처리한 경우와 공정가치회계를 적용하지 않은 경우의 기말 재무상태표를 비교하면 〈표 2-6〉과 같다.

〈표 2-6〉 위험회피회계 비적용과 공정가치위험회피회계 적용: 기말 재무상태표

(20×1년 12월 31일)

	위험회피회계 비적용	IAS39 공정가치회계 적용
자산		
재고자산	1,000,000원	975,000원
선도계약	25,000원	25,000원
자본		
보통주자본금	1,000,000원	1,000,000원
이익잉여금	25,000원	

〈표 2-6〉에 따르면 국제회계기준에서 파생상품을 공정가치로 재무상태표에 보고하면서 파생상품의 공정가치 변동에 따른 손익을 성급하게 손익으로 인식하지 않도록 하고자 하는 노력을 엿볼 수 있다. 그러나 불행하게도 한 가지 문제점을 해결하고자 하는 노력이 다른 문제점을 초래했다는 것을 알 수 있다. 재무상태표에 재고자산이 975,000원에 보고되는데 원가인 1,000,000원에서 선도계약의 공정가치 변동 25,000원을 차감한 금액이라는 것을 알 수 있다. 그러나 이 금액은 재고자산의 원가(1,000,000원)도 아니고 공정가치(1,075,000원)도 아님을 알 수 있다.

요컨대, 파생상품이 위험회피회계의 적용요건을 충족시키는 경우 파생상품은 공정가치로 재무상태표에 보고하고 공정가치변동에 따른 손익은 당기손익으로 인식해야 한다. 그러나 인위적인 변동성을 제거하기 위해서 위험회피대상인 기초자산의 장부금액을 조정할 수 있다.

현실적으로는 완전위험회피란 달성하기 어렵다. 위험회피대상에 완벽하게 대응되는 위험회피수단을 찾기가 우선 어렵다. 앞의 사례에서 파생상품의 공정가치는 22,500원 상승한 반면 재고자산의 공정가치는 25,000원 하락했다고 하자. 그러면 상쇄되지 못한 부분인 2,500원은 비효과적인 부분이 되며, 회계기준에 따르면 위험회피거래에서 비효과적인 부분은 즉각 당기손익에 반영하도록 되어 있다.

〈표 2-7〉은 이러한 현상을 보여주고 있다. 위험회피대상인 재고자산은 25,000원 감소한 것을 보여주어야 하며, 파생상품은 공정가치인 22,500원에 보고되어야 한다. 그리고 차이인 2,500원은 당기손익에 반영되어야 한다.

만약, 회사가 공정가치 위험회피거래를 하지 않았다면 재무상태표가 어떻게 달라질 것인가? 그렇다면 이익잉여금에 -2,500원을 보고하지 않을 것이다. 실제에 있어서는 선도계약으로 인해 22,500원의 이익이 발생하였음에도 불구하고 2,500원의 손실을 보고하도록 되어 있다는 점이다. 이 점이 현행 위험회피회계 기준서의 맹점을 나타내고 있다.

〈표 2-7〉 공정가치위험회피의 비효과적인 부분 보고: 재무상태표(20×1년 12월 31일)

	IAS39 공정가치 위험회피 적용
자산	
재고자산	975,000원
선도계약	22,500원
자본	
보통주자본금	1,000,000원
이익잉여금	-2,500원

만약에 재고자산의 공정가치는 25,000원 감소한 반면에 선도계약의 공정가치는 27,000원 증가했다면 이익잉여금은 2,000원이 보고될 것이다. 즉, 이익잉여금은 파생상품이 위험회피대상자산을 100% 따라가지 못함에 따라 발생하는 것으로서 공정가치 위험회피가 비효과적인 부분을 나타낸다.

3.3 현금흐름위험회피의 회계처리

현금흐름위험회피(cash flow hedge)의 경우에는 위험회피가 효과적인지 아닌지를 측정해야하며 효과성 여부에 따라 다음과 같이 회계처리한다.

① 위험회피수단의 손익 중 위험회피에 효과적인 부분은 기타포괄손익으로 인식한다.

② 위험회피수단의 손익 중 비효과적인 부분은 당기손익으로 인식한다.

앞에서 살펴본 것처럼 공정가치 위험회피회계에 대한 대안으로서 현금흐름위험회피회계가 있다. 현금흐름 위험회피회계는 파생상품은 공정가치로 재무상태표에 보고함과 동시에 당기손익의 인위적인 변동성을 제거하기 위하여 고안된 것이다. 공정가치 위험회피회계와 현금흐름 위험회피회계의 주요 차이점은 공정가치 위험회피회계의 주된 목적이 기존에 인식된 자산과 부채에 대해 위험회피회계를 적용하는 것이며, 현금흐름 위험회피회계의 주된 목적은 불확실한 미래 현금흐름에 대해 위험회피회계를 적용하는 것이다. 그러나 항상 그런 것은 아니지만 때로는 기업이 공정가치 위험회피회계나 현금흐름 위험회피회계를 선택적으로 사용할 수 있다. 이론상으로는 위험회피회계 방법의 선택이 손익에 영향을 미치지 않아야 하지만, 현실에 있어서는 종종 손익에 영향을 미칠 수 있다.

앞에서 살펴본 재고자산 사례의 경우 재고자산의 공정가치 변동위험을 회피하는 것이 아니라 재고자산의 판매에서 얻게 될 현금흐름위험을 회피할 수 있다. 현금흐름 위험회피회계에서는 파생상품에서 발생하는 손익을 기타포괄손익누계액이라는 계정에 임시적으로 저장하여 둘 수 있다. 이는 발생한 손익을 인식은 하되 당기순손익의 결정에 포함시키지는 않는다는 것을 의미하기 때문에 이연손익(deferred profit and loss)으로 취급하는 것이다. 파생상품에서 발생한 손익으로서 당기손익에 포함시키지 않은 손익은 위험회피대상자산이 처분되는 시점에 손익으로 인식한다.

〈표 2-8〉은 앞의 사례에 현금흐름 위험회피회계를 적용할 경우 20×1년 12월 31일 현재 재무상태표가 어떻게 보고되는지를 보여주고 있다. 비교상의 편의를 위해 위험회피회계를 적용하지 않는 경우, 공정가치위험회피회계를 적용하는 경우 및 현금흐름위험회피회계를 적용하는 경우를 비교하고 있다.

〈표 2-8〉 위험회피회계에 따른 재무상태표의 비교(20×1년 12월 31일)

	위험회피회계 비적용	공정가치 위험회피회계 적용	현금흐름 위험회피회계 적용
자산			
재고자산	1,000,000원	975,000원	1,000,000원
선도계약	25,000원	25,000원	25,000원
자본			
보통주자본금	1,000,000원	1,000,000원	1,000,000원
이익잉여금	25,000원	-	-
기타포괄손익누계액	-	-	25,000원

〈표 2-8〉에서 쉽게 알 수 있듯이 공정가치 위험회피회계와 현금흐름 위험회피회계에는 크게 두 가지 차이점이 있다. 첫째, 현금흐름 위험회피회계에서는 위험회피대상항목(여기에서는 재고자산)의 보고금액을 조정하지 않는다는 점이다. 이에 반해 공정가치 위험회피회계에서는 위험회피대상항목의 보고금액을 조정한다. 둘째, 현금흐름 위험회피회계에서는 기타포괄손익누계액 계정을 이용하여 파생상품에서 발생하는 손익을 임시로 저장한 후 위험회피대상항목이 처분된 시점에 손익으로 인식한다는 점이다. 이에 반해 공정가치 위험회피회계에서는 파생상품에서 발생한 손익만큼을 기초자산의 보고액에서 조정하는 대신 기타포괄손익누계액 계정을 이용하지 않는다.

현금흐름 위험회피회계에서는 20×2년 2월 28일에 재고자산이 그 당시의 공정가치인 1,075,000원에 판매되어 매출액으로 기록된다. 그리고 매출원가는 재고자산의 원가인 1,000,000원이 인식된다. 그 결과 매출총이익 75,000원이 인식되고 여기에 기타포괄손익누계액의 재분류금액인 25,000원을 더하여 이익 100,000원이 재고자산의 판매시점에 인식된다.

3.3 현금흐름 위험회피회계에서의 위험효과성

현금흐름 위험회피회계에서는 기타포괄손익누계액 계정에 포함될 수 있는 금액을 파생상품의 가치변동액과 위험회피대상항목의 가치변동액 중 적은 금액으로 한정하고 있다. 따라서 위험회피대상항목의 공정가치변동액과 파생상품의 공정가치변동액 중 어느 것이 크냐에 따라 재무상태표와 손익계산서에 미치는 영향이 다르게 된다.

이해를 돕기 위해서 앞의 사례를 이용하되 두 가지 경우를 가정해보자. 첫째, 20×1년 12월 31일 현재 파생상품인 선도계약의 가치는 22,500원 상승하고 위험회피대상인 재고자산의 가치는 25,000원 하락한 경우와, 둘째, 선도계약의 가치는 27,000원 상승하고 재고자산의 가치는 25,000원 하락한 경우를 가정해보자.

〈표 2-9〉 현금흐름 위험회피의 효과성 비교: 재무상태표(20×1년 12월 31일)

	가정1: 파생상품의 가치는 22,500원 상승하고 위험회피대상자산의 가치는 25,000원 하락	가정2: 파생상품의 가치는 27,000원 상승하고 위험회피대상자산의 가치는 25,000원 하락
자산		
재고자산	1,000,000원	1,000,000원
선도계약	22,500원	27,000원
자본		
보통주자본금	1,000,000원	1,000,000원
이익잉여금	-	2,000원
기타포괄손익누계액	22,500원	25,000원

가정1의 경우에는 파생상품의 가치 상승이 위험회피대상자산의 가치 하락에 비해 작기 때문에 둘 중 작은 금액인 22,500원을 기타포괄손익으로 인식한다. 그러나 가정2의 경우에는 둘 중 작은 금액인 25,000원을 기타포괄손익으로 인식하고, 2,000원은 비효과적인 부분으로 취급하여 당기손익으로 인식해야 하기 때문에 이익잉여금이 그 만큼 증가한다. 즉, 가정1의 경우에는 기타포괄손익누계액으로 인식한 금액과 선도계약의 증가금액이 동일하기 때문에 이익잉여금에 영향을 미치지 않는다. 그러나 가정2에서는 선도계약의 공정가치는 27,000원 증가한 반면 기타포괄손익누계액은 25,000원 증가하기 때문에 그 차액을 이익잉여금으로 인식한다.

요컨대, 현금흐름 위험회피회계에서는 파생상품이 위험회피대상항목보다 성과가 좋지 않은 경우에는 두 금액 중 작은 금액이 기타포괄손익누계액으로 반영되기 때문에 위험회피회계에서 비효과적인 부분이 인식되지 않는다. 그러나 파생상품이 위험회피대상항목보다 성과가 좋은 경우에는 위험회피회계에서 비효과적인 부분이 당기손익으로 인식되어야 한다. 한편, 공정가치 위험회피회계에서는 파생상품의 가치가 위험회피대상항목의 가치보다 더 상승하거나 더 하락하거나에 관계없이 항상 비효과적인 부분이 인식된다. 이를 비교해서 요약하면 〈표 2-10〉과 같다.

〈표 2-10〉 위험회피회계의 비효과적인 부분

	비효과적인 부분의 회계처리	
	공정가치 위험회피	현금흐름 위험회피
파생상품의 가치증가 > 위험회피대상항목의 가치감소	당기손익으로 인식	당기손익으로 인식
파생상품의 가치증가 < 위험회피대상항목의 가치감소	당기손익으로 인식	당기손익으로 인식 않음

3.4 해외사업장순투자의 위험회피

해외사업장순투자(net investments in foreign operations)의 위험회피(IAS21에 따라 순투자의 일부로 회계처리하는 화폐성항목의 위험회피 포함)는 현금흐름위험회피와 같이 위험회피가 효과적인지 아닌지를 측정해야 하며 효과성 여부에 따라 다음과 같이 현금흐름위험회피와 유사하게 회계처리한다(IAS39 문단 102).

(1) 위험회피수단의 손익 중 위험회피에 효과적인 부분(IAS39 문단88 참조)은 기타포괄손익으로 인식한다.

(2) 위험회피수단의 손익 중 비효과적인 부분은 당기손익으로 인식한다.

위험회피수단의 손익 중 위험회피에 효과적이어서 기타포괄손익으로 인식한 부분은 향후 해외사업장의 처분시점에 재분류조정으로 자본에서 당기손익으로 재분류한다(IAS1 참조).

3.5 금융상품이 위험회피대상항목인 경우

금융상품을 위험회피대상항목으로 지정할 수 있다. 금융상품이 위험회피대상항목인 경우 현금흐름이나 공정가치변동 전체에 대해 지정할 수도 있지만 일부에 국한하여 지정할 수도 있다. 예를들어 현금흐름 중 특정현금흐름만을 지정할 수도 있고 전체현금흐름변동의 일정비율만을 지정할 수도 있다. 마찬가지로 특정항목의 공정가치변동만을 지정할 수도 있고, 전체공정가치변동의 일정비율만을 위험회피대상으로 지정할 수 있다.

3.6 예상거래 및 확정거래가 위험회피대상항목인 경우

예상거래(forecast transactions)가 현금흐름위험회피대상항목인 경우 향후 비금융자산이나 비금융부채를 인식할 수 있다. 또한 비금융자산이나 비금융부채에 대한 예상거래가 확정계약(firm commitments)이 된다면 공정가치위험회피회계를 적용할 수 있다. 이러한 경우에는 위험회피거래의 효과를 기타포괄손익으로 인식한다. 당해 비금융자산이나 비금융부채가 당기손익에 영향을 미치는 회계기간에 기타포괄손익으로 인식된 관련 손익을 재분류조정으로 당기손익으로 재분류하거나 관련 자산이나 부채의 최초 원가 또는 장부금액에 포함하는 회계정책을 선택하여 일관성 있게 적용할 수 있다.

제3장 위험회피대상항목

제1절 적격위험회피대상항목

1.1 위험회피대상항목에 대한 일반원칙

위험회피대상항목(hedged items)은 이미 인식된 자산이나 부채(assets or liabilities), 미인식 확정계약(firm commitments), 발생가능성이 매우 높은 예상거래(forecast transactions) 또는 해외사업장순투자(net investments in foreign operations)가 될 수 있다(IAS39 문단78). 이들은 다음과 같이 개별항목별, 집합(유사한 위험특성을 가진 경우) 또는 포트폴리오 중 일부의 형태로 위험회피대상항목이 될 수 있다. 다만, 포트폴리오가 위험회피대상이 될 수 있는 경우는 이자율위험회피에서 이자율 위험만[1)]을 회피대상위험으로 공유하고 있는 금융자산이나 금융부채 포트폴리오에 한정된다.

1.2 위험회피대상의 항목별 판단

이제 위험회피대상항목이 될 수 있는지를 주요 개별 항목별로 판단해보기로 한다.

---

1) 신용위험, 환율변동위험 또는 중도상환위험 등은 포트폴리오에 대해 적용할 수 있는 위험회피대상이 되지 못한다.

(1) 만기보유금융자산

대여금 및 수취채권과는 달리 만기보유금융자산은 이자율위험이나 중도상환위험에 대하여 위험회피대상항목이 될 수 없다. 만기보유금융자산은 이자율의 변동으로 인한 공정가치나 현금흐름의 변동에 관계없이 만기까지 보유할 의도가 있는 자산이기 때문이다. 그러나 환율변동위험이나 신용위험에 대해서는 만기보유금융자산도 위험회피대상항목이 될 수 있다(IAS39 문단79).

(2) 사업결합 확정계약

사업결합에서 사업을 취득하기로 하는 확정계약은 위험회피대상항목이 될 수 없다. 다만, 사업을 취득하기로 한 확정계약은 외화위험에 대하여는 위험회피대상항목으로 지정할 수 있다. 사업을 취득하기로 한 확정계약이 위험회피대상항목이 될 수 없는 이유는 외화위험이 아닌 다른 회피대상위험은 개별적으로 식별할 수도 없고 측정할 수도 없기 때문이다. 외환위험을 제외한 다른 위험은 특정위험이 아닌 일반적인 사업위험으로 보아야 한다(IAS39 문단AG98).

(3) 지분법적용투자주식

지분법적용투자주식은 공정가치위험회피의 대상항목이 될 수 없다. 그 이유는 지분법이 투자주식의 공정가치 변동이 아닌 피투자기업의 손익 중 투자기업의 지분을 당기손익으로 인식하는 방법이기 때문이다. 마찬가지로, 종속기업에 대한 투자주식은 공정가치위험회피의 대상항목이 될 수 없다. 그 이유는 연결이 투자주식의 공정가치 변동이 아닌 종속기업의 손익을 당기손익으로 인식하기 때문이다. 해외사업장순투자의 위험회피는 지분법적용투자주식 및 종속기업투자주식의 공정가치위험회피와는 다르다. 해외사업장순투자에 대한 위험회피는 투자지분의 공정가치 변동에 대한 공정가치위험회피가 아니라 외화위험의 회피이다. 따라서 해외사업장순투자는 환율변동에 대하여 위험회피대상항목이 될 수 있다(IAS39 문단AG99).

(4) 연결실체 내의 거래

위험회피회계의 목적상 기업의 외부당사자와 관련된 자산, 부채, 확정계약 또는 발생가능성이 매우 높은 예상거래만을 위험회피대상항목으로 지정할 수 있다. 연결실체 내의 개별기업사이의 거래는 연결실체 내의 개별기업의 개별재무제표나 별도재무제표에서 위험회피대상항목으로 지정할 수 있으나, 연결재무제표에서는 위험회피대상항목으로 지정할 수 없다. 다만, IAS21 '환율변동효과'에 따라 연결재무제표에서 전부 제거되지 않는 외환손익에 노출되어 있다면, 연결실체 내의 화폐성항목(예: 종속기업 사이의 채무와 채권)의 외화위험은 연결재무제표에서 위험회피대상항목으로 지정할 수 있다. IAS21에 의하면, 연결실체 내의 화폐성항목이 서로 다른 기능통화를 갖는 연결실체 내의 개별기업 사이에서 거래되는 경우, 연결실체 내의 화폐성항목의 외환손익이 연결재무제표에서 전부 제거되는 것은 아니다. 또 예상거래가 당해 거래를 체결한 기업의 기능통화가 아닌 통화로 표시되며 외화위험이 연결당기손익에 영향을 미친다면, 발생가능성이 매우 높은 연결실체 내 예상거래의 외화위험은 연결재무제표에서 위험회피대상항목으로 지정할 수 있다(IAS39 문단80).

연결실체내 예상거래의 외화위험이 서로 상쇄되지 않아 연결당기손익에 영향을 미친다면, 그 연결실체내 거래는 위험회피대상항목이 될 수 있다. 이러한 거래의 예로는 연결실체의 외부당사자에게 재고자산을 매도할 예정인데 이를 위하여 연결실체내 기업 간 재고자산의 예상매출이나 매입이 있는 경우를 들 수 있다. 마찬가지로, 유형자산을 제조하는 연결실체내의 한 기업이 유형자산을 영업에 사용할 연결실체내 다른 기업에게 매도하는 연결실체내 예상거래도 연결당기손익에 영향을 미칠 수 있다. 예를 들어, 연결실체내 예상거래가 매입기업의 기능통화가 아닌 통화로 표시된다면, 매입기업이 그 유형자산을 감가상각하고, 유형자산의 최초인식 금액이 변경될 수 있기 때문에 이러한 경우가 발생할 수도 있다.

연결실체내 예상거래의 외화위험이 서로 상쇄되어 연결당기손익에 영향을 미치지 않는다면, 그 연결실체내 거래는 위험회피대상항목이 될 수 없다. 이러한 거래의 예로는 관련된 외부거래가 없는 경우의 연결실체내 기업 간 로열티, 이자 또는 경영자문수수료의 지급을 들 수 있다(IAS39 문단AG99A).

연결실체내 예상거래에 대한 위험회피가 위험회피회계의 적용조건을 충족한다면, IAS39 문단95(1)에 따라 기타포괄손익으로 인식한 손익은 위험회피대상거래의 외화위험이 연결당기손익에 영향을 미치는 기간에 재분류조정으로 자본에서 당기손익으로 재분류한다(IAS39 문단AG99B).

1.3 회피대상위험의 범위

기업은 위험회피관계에서 위험회피대상항목의 현금흐름이나 공정가치의 모든 변동을 위험회피대상으로 지정할 수 있다. 또한 위험회피대상항목의 현금흐름이나 공정가치의 변동 중 특별히 지정된 가격이나 그 밖의 변수를 초과하거나 미달하는 변동(일방의 위험)만을 지정할 수도 있다. 예를 들어, 기업은 일반상품(commodity)[2]의 예상매입에서 가격 상승으로 인한 미래 현금흐름의 변동성을 회피대상위험으로 지정할 수 있다. 그러한 상황에서는 특정 수준을 초과하는 가격 상승으로 인한 현금흐름의 손실만이 지정된다. 시간가치는 당기손익에 영향을 주는 예상거래의 구성요소가 아니기 때문에 매입옵션의 시간가치는 회피대상위험에 포함되지 않는다(IAS39 문단86(2), AG99BA).

제2절 위험회피대상항목 지정

2.1 금융항목에 대한 위험회피

위험회피대상항목이 금융자산이나 금융부채인 경우 위험회피효과를 측정할 수 있다면, 당해 금융자산이나 금융부채의 현금흐름이나 공정가치의 일부(예: 선택된 하나 이상의 계약상 현금흐름, 그 현금흐름의 일부 또는 공정가치의 일정 비율)에 관련된 위험에 대하여만 위험회피대상항목으로 지정할 수도 있다(IAS39 문단81).

---

2) 일반상품(commodity)이란 1차상품 또는 필수품을 지칭하는 상품을 말한다. 곡물, 원유, 광물, 설탕, 커피원두 등과 같이 표준화가 가능하고 누가 생산하는가에 관계없이 품질의 차별화가 안 되는 또는 대체가능한 1차상품이 대표적인 일반상품에 해당한다.

예를 들면, 이자부자산이나 이자부부채의 이자율위험 중 식별가능하고 구분하여 측정할 수 있는 부분을 회피대상위험으로 지정할 수 있다. 예컨대, 위험회피대상 금융상품의 전체 이자율위험 중 무위험이자율요소 또는 기준금리요소를 회피대상위험으로 지정할 수 있다.

[예시3-1] 이종통화표시 이자율스왑(cross-currency interest rate swap)[3]

기능통화가 한국 원화인 A사는 미국 달러화표시부채(5년 만기, 변동금리 지급)와 영국 파운드화표시 받을어음(10년 만기, 고정금리 수취)을 보유하고 있다. A사는 이러한 자산과 부채의 환율변동위험과 이자율변동에 따른 공정가치변동위험을 회피하기 위해 이종통화표시 이자율스왑(cross-currency interest rate swap)을 체결하여, 미국 달러화 변동금리를 수취하고, 영국 파운드화 고정금리를 지급하며, 5년 후에 원금에 해당하는 미국 달러화와 영국 파운드화를 교환한다. A사는 미국 달러화와 영국 파운드화 모두 외화임에도 불구하고 이러한 스왑을 외화위험과 이자율위험에 대한 공정가치위험회피수단으로 지정할 수 있는가?

[해석]

지정할 수 있다. 위험회피효과가 측정될 수 있다면, 위험의 일부 요소에 대하여 위험회피회계를 적용할 수 있다(IAS39 문단81). 또한, 회피대상위험을 명확하게 식별할 수 있고, 각 위험회피효과를 제시할 수 있으며, 위험회피수단과 각 회피대상위험 사이의 구체적인 지정관계를 확인할 수 있다면, 하나의 위험회피수단을 복수 형태의 위험을 회피하는데 지정할 수 있다(IAS39 문단76). 따라서 당해 스왑을 영국 파운드화 표시 수취채권의 최초 5년 동안의 영국 이자율변동위험과 영국 파운드화와 미국 달러화 간의 환율변동위험에 대한 공정가치위험회피수단으로 지정할 수 있다. 스왑은 공정가치로 측정하며 공정가치의 변동은 당기손익으로 인식한다. 이러한 수취채권의 장부금액은 수익률곡선에서 최초 5년간 영국 이자율의 변동으로 인한 공정가치의 변동을 인식하여 조정한다. 이러한 수취채권과 미지급채무는 IAS21에 따라 현물환율로 재측정되며, 이에 따른 장부금액의 변동은 당기손익으로 인식한다.

3) IAS39 실무적용지침F.2.18 참조

금융자산이나 금융부채에서 발생하는 현금흐름의 일부를 위험회피대상항목으로 지정한다면, 그 지정부분은 당해 자산이나 부채의 전체 현금흐름보다 작아야 한다.

[예시3-2] 현금흐름의 일부를 위험회피대상항목으로 지정[4]

유효이자율이 LIBOR - 1%인 부채를 보유하고 있다. 이 경우 (1) 원금과 LIBOR 이자의 합계에 상당하는 부채의 부분과 (2) -1%로 구분하여 위험회피대상항목으로 지정할 수 없다. 그러나 금융자산이나 금융부채 전체의 모든 현금흐름을 위험회피대상항목으로 지정하고, 하나의 특정 위험(예: LIBOR의 변동으로 인한 변동위험)에 대해서만 위험회피할 수도 있다. 예를 들면, 유효이자율이 LIBOR - 1%인 금융부채의 경우, 부채 전체(원금과 LIBOR - 1% 이자의 합계)를 위험회피대상항목으로 지정할 수 있으며, LIBOR의 변동으로 인한 당해 부채의 공정가치나 현금흐름의 변동을 위험회피할 수 있다.

금융자산이나 금융부채 포트폴리오의 이자율위험에 대한 공정가치위험회피에 한하여, 개별 금융자산이나 금융부채가 아닌 특정 통화의 일정 금액(예: 원화, 엔화, 달러, 유로, 파운드 등)을 위험회피대상항목으로 지정할 수 있다. 위험관리목적상 금융자산 또는 금융부채 포트폴리오는 금융자산과 금융부채를 포함할 수 있다. 이 경우 위험회피대상항목으로 지정되는 금액은 금융자산이나 금융부채가 아니라 금융자산의 일정 금액이나 금융부채의 일정 금액이다. 그러나 금융자산과 금융부채를 상계한 순액(net amount)을 위험회피대상항목으로 지정할 수 없다. 위험회피대상으로 지정된 금액과 관련된 이자율위험의 일부를 회피할 수도 있다. 예를 들면, 중도상환이 가능한 금융자산(prepayable assets)이 포함된 포트폴리오 위험회피의 경우, 계약에 따라 이자율이 재조정(repricing)[5]되는

4) IAS39 문단 AG99C 참조

5) 변동이자율 조건의 금융자산과 부채는 주기적으로 또는 정해진 기간마다 이자율을 재조정하도록 되어 있다. 이자율의 재조정된다는 것은 해당 금융자산 또는 부채의 공정가치를 변하게 만든다.

시점('계약상 재조정시점')이 아닌 이자율이 재조정될 것으로 예상되는 시점('예상 재조정시점')을 기준으로 회피대상이자율 변동으로 인한 공정가치 변동위험을 회피할 수 있다. 위험회피대상항목을 예상 재조정시점을 기준으로 지정하면, 회피대상이자율 변동이 예상 재조정시점에 미치는 효과는 위험회피대상항목의 공정가치 변동을 결정할 때 반영한다. 따라서 중도상환이 가능한 금융자산이 포함된 포트폴리오를 중도상환을 할 수 없는 파생상품으로 위험회피하게 되면, 회피대상 포트폴리오에 포함된 항목의 예상중도상환일이 수정되거나, 실제 중도상환일이 예상 중도상환일과 다른 경우 비효과적인 부분이 발생한다(IAS39 문단 81A).

고정금리조건 금융상품이 발행된 후 일정 기간이 경과된 시점에서 위험회피를 시작하였고 그 사이에 이자율이 변동되었다면, 당해 금융상품의 계약상 이자율보다 높은 기준금리에 상당하는 부분을 위험회피대상항목으로 지정할 수 있다. 이러한 지정은 최초로 위험회피대상항목으로 지정하는 시점에 당해 금융상품을 매입하였다는 가정에서 계산된 유효이자율보다 기준금리가 낮은 경우에 가능하다.

[예시3-3] 계약상금리를 초과하는 기준금리 상당부분의 위험회피[6)]

기준금리인 LIBOR가 4%일 때, 고정금리부 금융자산 100원을 유효이자율 6%로 매입하고 일정 기간 이후(LIBOR가 8%로 상승하고, 당해 자산의 공정가치가 90원으로 하락한 시점)에 공정가치위험회피를 시작하였다. 만약 당해 금융자산을 최초로 위험회피대상항목으로 지정하는 시점에 매입하였더라면, 당해 금융자산의 공정가치는 90원이었을 것이며 유효이자율은 9.5%이었을 것으로 계산된다고 하자.

[해석]

금융자산을 위험회피대상항목으로 지정한 시점에 기준금리(LIBOR)가 8%이고 유효이자율은 9.5%로서 기준금리가 유효이자율보다 낮으므로 (1) 계약상 이자 현금흐름과

6) IAS39 문단AG99D 참조

(2) 현재 공정가치(90원)와 만기 상환금액(100원)의 차이로 구성되는 LIBOR 8%에 해당하는 부분을 위험회피대상항목으로 지정할 수 있다.

기업은 금융상품의 공정가치 또는 현금흐름의 전체 변동 이외에도 일부를 지정할 수 있다(IAS39 문단81). 예를 들면 다음과 같다(IAS39 문단AG99E).

(1) 금융상품의 모든 현금흐름을 (모든 위험이 아닌) 일부 위험으로 인한 현금흐름이나 공정가치의 변동에 대해 지정할 수 있다.

(2) 금융상품의 현금흐름의 (전부가 아닌) 일부를 모든 위험이나 일부 위험만으로 인한 현금흐름이나 공정가치의 변동에 대해 지정할 수 있다. 즉, 금융상품의 현금흐름의 '일부'를 모든 위험이나 일부 위험만으로 인한 변동에 대해 지정할 수 있다.

위험회피회계의 적용조건을 충족하기 위해서는 지정된 위험이 금융상품의 별도로 식별가능한 구성요소이어야 하며, 지정된 위험의 변동으로 인한 전체 금융상품의 현금흐름 또는 공정가치의 변동이 신뢰성 있게 측정될 수 있어야 한다. 예를 들면 다음과 같다(IAS39 문단AG99F).

(1) 무위험이자율이나 기준이자율의 변동으로 인한 공정가치의 변동에 대해 위험회피된 고정금리부 금융상품의 경우, 무위험이자율이나 기준이자율은 일반적으로 금융상품의 별도로 식별 가능한 구성요소이며 신뢰성 있게 측정 가능하다고 간주된다.

(2) 아래 (3)의 요건을 충족하지 않는 한 인플레이션은 별도로 식별할 수 없으며 신뢰성 있게 측정가능하지 않아 금융상품의 위험이나 일부로 지정될 수 없다.

(3) 인식된 인플레이션연계채권[7]의 현금흐름 중 계약상 명기된 인플레이션 부분이 그 금융상품의 여타 현금흐름에 영향을 주지 않는다면, 그 인플레이션 부분은 별도로 식별가능하며 신뢰성 있게 측정가능하다.

7) 내재파생상품을 분리하여 회계처리해야 하는 요구사항이 없다고 가정한다.

2.2 비금융항목에 대한 위험회피

위험회피대상항목이 비금융자산이나 비금융부채라면, (1) 외화위험(foreign currency risks)만을 위험회피대상으로 지정하거나 (2) 전체 위험(all risks)을 위험회피대상으로 지정한다. 그 이유는 외화위험이 아닌 다른 특정위험으로 인한 현금흐름 변동부분이나 공정가치 변동부분을 구분하여 측정하는 것이 어렵기 때문이다(IAS39 문단82).[8)]

대표적인 금융상품 중의 하나인 회사채는 시장이자율의 변동에 따라 공정가치가 변화지만 다른 요소(신용위험 등)에 의해서도 공정가치가 변화한다. 시장이자율 변동이 회사채의 가격에 미치는 효과와는 달리, 비금융자산이나 비금융부채의 구성요소의 가격변동이 당해 비금융항목의 가격에 미치는 효과는 일반적으로 예측할 수 없으며 개별적으로 측정할 수 없다. 따라서 비금융자산이나 비금융부채는 그 항목 전체나 외화위험에 대해서만 위험회피대상항목이 된다. 예를 들면, 위험회피수단과 위험회피대상항목의 조건이 서로 다르더라도(예: 브라질산 커피의 예상매입거래를 유사한 조건으로 컬럼비아산 커피를 매입하기로 하는 선도계약을 이용하여 위험회피하는 경우), 높은 위험회피효과를 기대할 수 있는 등 위험회피관계적용요건(IAS39 문단88)을 모두 충족한다면 위험회피관계를 지정할 수 있다. 이때 위험회피관계의 위험회피효과를 개선할 수 있다면, 위

---

8) IAS39에서 비금융항목의 위험 중 외화위험 이외의 위험을 회피대상위험으로 지정할 수 있도록 해야 한다는 외부검토의견이 있었다. IASB는 이러한 지정을 허용하지 않기로 결정하였다. 비금융위험회피대상항목의 일부에 대한 현금흐름이나 공정가치의 변동은 분리하여 측정하기가 어려운 경우가 많다. 더욱이 외화위험 이외의 위험을 회피하고자 비금융자산과 비금융부채의 일부를 위험회피대상항목으로 지정할 수 있다면, 비효과적인 부분이 전혀 발생하지 않도록 자산이나 부채의 일부를 지정할 수 있다. 이럴 경우 IASB가 고수해왔던 위험회피대상항목의 식별과 위험회피효과 평가에 관한 원칙에 상충된다.

IASB는 위험회피대상항목이 시장에서 거래되는 계약에 기초한 표준적인 항목이 아닌 경우에는 비금융항목 전체가 위험회피대상이 될 수 있다고 보았다. 이러한 관점에서 IASB는 위험회피대상항목과 위험회피수단이 1:1의 비율이 아닌 다른 위험회피비율일 경우 기대위험회피효과를 극대화할 수 있다고 보았다. 그리하여 기대위험회피효과를 극대화하는 위험회피비율을 결정하는 방법에 관한 지침을 포함하기로 결정하였다.

험회피수단의 금액은 위험회피대상항목의 금액보다 크거나 작을 수 있다. 예를 들면, 위험회피대상항목(예: 브라질산 커피 거래)과 위험회피수단(예: 컬럼비아산 커피 거래)의 통계적인 관계를 설정하기 위하여 회귀분석을 수행할 수 있다. 두 변수(브라질산 커피와 컬럼비아산 커피의 단위당 가격) 사이에 통계적으로 유의한 관계가 있다면, 기대위험회피효과를 최대화할 수 있는 위험회피비율을 설정하기 위하여 회귀선의 기울기를 사용할 수 있다. 예를 들면, 회귀선의 기울기가 1.02라면, 위험회피수단 1단위에 위험회피대상항목 0.98단위를 기초로 한 위험회피비율(hedge ratio)이 기대위험회피효과를 극대화한다. 그러나 이러한 위험회피관계는 위험회피기간에 당기손익으로 인식하여야 하는 비효과적인 부분을 발생시킬 수 있다(IAS39 문단AG100).

2.3 집단에 대한 위험회피

유사한 자산이나 유사한 부채를 집합으로 구성하여 위험회피대상항목으로 지정할 수 있다. 유사한 자산이나 유사한 부채를 집합으로 구성하여 위험회피대상항목으로 지정하고자 할 경우, 그 집합에 포함된 개별 자산이나 개별 부채는 지정된 회피대상위험과 동일한 위험에 노출되어 있어야만 한다. 또한, 집합에 포함된 개별 항목의 회피대상위험으로 인한 공정가치 변동은 집합 전체의 회피대상위험으로 인한 공정가치 변동에 거의 비례하는 것으로 볼 수 있어야 한다(IAS39 문단83).

위험회피수단(또는 유사한 위험회피수단의 집합)과 위험회피대상항목(또는 유사한 위험회피대상항목의 집합)의 공정가치 변동이나 현금흐름의 변동을 비교하여 위험회피효과를 평가하여야 한다. 따라서 위험회피수단을 특정 위험회피대상항목이 아닌 전체 순포지션(예: 유사한 만기를 갖는 모든 고정금리부 금융자산과 고정금리부 금융부채의 순액)과 비교하는 것은 위험회피회계의 적용요건을 충족하지 못한다(IAS39 문단84).

특정 위험회피대상항목이 아닌 전체 순포지션(예: 유사한 만기를 갖는 모든 고정금리부 금융자산과 고정금리부 금융부채의 순액)은 위험회피회계의 적용조건을 충족하지 못한다. 그러나 기초항목 중 일부를 위험회피대상항목으로 지정함으로써 순포지션의 위험회피관계에 대하여 위험회피회계를 적용한 경우의 손익효과와 거의 동일한 효과를 달성할 수 있다. 예를 들면, 유사한 위험과 조건을 가진 자산 100원과 부채 90원을 보유하고 있으며, 순노출액 10원을 위험회피하고자 한다면, 이러한 자산 중 10원을 위험회피대상항목으로 지정할 수 있다. 이러한 지정방법은 자산과 부채가 고정금리조건 금융상품으로서 공정가치위험회피이거나 자산과 부채가 변동금리조건 금융상품으로서 현금흐름위험회피인 경우에 사용할 수 있다. 마찬가지로, 외화 100으로 매입하기로 하는 확정계약과 외화 90으로 매도하기로 하는 확정계약을 보유하고 있다면, 파생상품을 취득하여 외화 100의 확정매입계약 중 외화 10에 대하여 위험회피수단으로 지정함으로써 순액인 외화 10을 위험회피할 수 있다(IAS39 문단AG101).

2.4 파생상품에 대한 위험회피

파생상품은 위험회피수단으로 이용될 수 있지만, 위험회피대상으로 지정될 수 없는 것이 원칙이다. 파생상품이 위험회피수단으로 지정되지 않는 경우는 투기목적으로 보유하고 있는 것으로 보아 공정가치로 평가하고, 공정가치변동에 따른 손익은 당기손익으로 인식한다. 다만, 한 가지 예외로 매입옵션의 공정가치위험회피목적으로 매도옵션이 사용되는 경우가 있는데, 이 경우에는 매입옵션이 공정가치위험회피대상이 될 수 있다(IAS39 문단AG94).

[예시3-4] 파생상품을 위험회피대상항목으로 지정할 수 있는지의 여부[9)]

공정가치위험회피 또는 현금흐름위험회피에서 파생상품(독립적인 파생상품과 분리인식하는 내재파생상품 포함)을 위험회피대상항목으로 지정할 수 있는가? 예를 들어, 변동금리를 지급하고 고정금리를 수취하는 이자율선도계약(Forward Rate Agreement)

9) IAS39 실무적용지침F.2.1 참조

과 고정금리를 지급하고 변동금리를 수취하는 이자율선도계약 간에 현금흐름위험회피관계를 지정할 수 있는가?

[해석]

지정할 수 없다. 효과적인 위험회피수단으로 지정된 파생상품 이외의 모든 파생상품은 항상 단기매매항목으로 간주하여 공정가치로 평가하고 관련 손익은 당기손익으로 인식하여야 한다(IAS39 문단9).

2.5 발행예정 채무상품에 대한 위험회피

발행 예정 고정금리 채무상품에 대하여 위험회피회계를 적용할 수 있다. 위험회피관계적용요건(IAS39 문단88)을 충족한다면, 당기손익에 영향을 미칠 것으로 예상되며 발생가능성이 매우 높은 예상거래(forecast transactions)는 현금흐름위험회피 대상이 될 수 있다. 회사가 사채를 발행하기로 하는 경우 사채의 발행을 결정한 시점부터 사채를 발행하는 시점까지의 기간 동안 장기 이자율의 변동위험을 회피할 필요가 있다. 이자율이 상승하게 되면, 최초의 기대에 비하여 사채는 높은 이자율로 발행되거나 높은 할인율 또는 낮은 할증률로 발행되고, 높은 이자율에 의한 이자의 지급이나 발행가액의 감소는 통상적으로 위험회피수단에서의 이익에 의하여 상쇄된다. 만약 장기 이자율이 하락하게 되면, 최초의 기대에 비하여 사채는 낮은 이자율로 발행되거나 낮은 할인율 또는 높은 할증률로 발행되고, 낮은 이자율에 의한 이자의 지급이나 발행가액의 증가는 통상적으로 위험회피수단에서의 손실에 의하여 상쇄된다.

[예시3-5] 현금흐름위험회피: 발행이 예정된 고정금리 채무상품[10)]

A사는 사채의 차환, 운영자금의 조달 또는 그 밖의 다양한 목적으로 주기적으로 사채를 발행하고 있다. 2000년 8월에 A사는 7년 만기 사채 200백만원을 2001년 1월에

10) IAS39 실무적용지침F.2.2 참조

발행하기로 결정하였다. A사는 과거자료에 기초한 상관관계 연구를 통하여 7년 만기 국채가 A사의 발행 예정 사채와 높은 상관관계가 있다고 판단하고 사채 한 단위에 대한 국채 선물 0.93계약을 위험회피비율로 가정하였다. 이에 따라 A사는 발행 예정인 사채의 위험을 회피하기 위하여 186백만원의 7년 만기 국채 선물을 매도하였다. 2000년 8월부터 2001년 1월까지 이자율이 상승된 상황에서 매도선물은 사채발행일인 2001년 1월에 청산되었으며, 1.2백만원의 이익이 발생하였다. 이러한 이익은 상승된 사채이자의 지급을 상쇄하는 방식으로 사채의 존속기간에 걸쳐 당기손익에 영향을 미칠 것이다. A사는 발행 예정 사채의 현금흐름위험회피를 위하여 국채선물을 위험회피수단으로 지정할 수 있는가?

[해석]

이자율위험에 노출된 발행 예정 사채에 대한 현금흐름위험회피는 현금흐름위험회피회계의 적용요건을 충족한다. 따라서 국채선물을 발행예정 사채의 현금흐름위험회피수단으로 지정할 수 있다.

2.6 미인식 자산 또는 부채에 대한 위험회피

자산 또는 부채가 위험회피대상이 되기 위해서는 이미 자산 또는 부채로 인식되어 있어야 한다. 즉, 자산성이 있더라도 미인식 경우에는 위험회피대상이 될 수는 없다. 대표적인 예로서 핵심예금을 들 수 있다.

핵심예금(core deposit)은 만기가 없는 요구불예금, 저축예금, 기업자유예금 등의 저원가성 예금을 일컫는다. 은행으로서는 무이자 또는 아주 낮은 이자를 부담하면서 활용할 수 있는 자금이라는 점에서 초과이익을 창출할 수 있는 무형자산의 성격을 갖는다. 예컨대 법원공탁금을 특정은행에 예탁하도록 되어 있는 경우 해당 은행으로서는 무이자로 활용할 수 있는 자금원이 되기 때문에 핵심예금에 해당한다.

[예시3-6] 위험회피회계: 핵심예금무형자산성 항목[11]

공정가치변동위험에 노출되어 있는 무형자산성핵심예금(core deposit)에 대하여 위험회피회계의 적용이 가능한가?

[해석]

무형자산성핵심예금 항목이 내부적으로 창출된 것인지 또는 취득된 것(예: 사업결합의 일부)인지에 따라 다르다.

내부적으로 창출된 무형자산성핵심예금 항목은 IAS 38에 따라 무형자산으로 인식하지 않으므로 인식된 자산이 아니라는 점에서 위험회피대상항목으로 지정할 수 없다.

무형자산성핵심예금 항목을 관련되는 예금과 함께 취득하고 IAS38 문단21의 무형자산에 관한 인식요건을 충족한다면, 무형자산성핵심예금 항목은 무형자산(또는 관련되는 취득 예금 포트폴리오의 일부)으로 분리하여 인식하여야 한다. 핵심예금 무형자산이 별도로 인식되고 위험회피효과를 신뢰성 있게 측정할 수 있다면 위험회피대상항목으로 지정할 수 있다. 최초의 인식시점 외에는 핵심예금 무형자산의 공정가치를 신뢰성 있게 측정하는 것은 종종 어렵기 때문에, 위험회피효과를 신뢰성 있게 측정해야 한다는 요건(IAS39 문단88(4))을 충족할 가능성은 낮다.

2.7 예상거래에 대한 위험회피

예상거래는 발생할 확률이 매우 높은 경우에 위험회피대상이 될 수 있다. 특히 수출기업들은 상품을 외화표시로 판매하기로 한 경우 미래 환율의 변동에 따른 현금흐름위험을 회피하기 위하여 외화선도거래 및 외화차입금 등을 이용하는 것이 일반적이다. 이런 경우에는 미래 예상되는 수출대금의 회수가 위험회피대상이 되며, 외화선도거래 및 외화차입금 등을 위험회피수단으로 지정할 수 있다. 기업이 미래의 모든 매출을 신뢰성 있게 예상할 가능성은 낮다. 다만, 예상되는 매출의 일부, 통상 단기에 발생할 것으로 예상되는 매출의 경우에는 '발생가능성이 매우 높을 것'을 요구하는 요건을 충족할 수 있다.

11) IAS39 실무적용지침F.2.3 참조

[예시3-7] 일련의 예상 외화매출에 대한 위험회피[12)]

확정계약은 아니지만 미래에 발생할 것으로 예상되는 일련의 외화매출에 대한 위험회피수단으로 외화차입금을 지정하고자 하는 경우 위험회피회계를 적용할 수 있는가?

[해석]

매출이 발생할 가능성이 매우 높으면 위험회피회계를 적용할 수 있다. IAS39 문단 86(2)에 따르면 예상되는 매출에 대하여 현금흐름위험회피의 적용이 가능하다. 예를 들어, 항공사는 다양한 통화별 매출을 추정하기 위하여 과거의 경험자료와 경제자료에 기초한 정교한 모형을 사용할 수 있다. IAS39 문단88에서 요구하는 바와 같이, 미래의 일정 기간 동안 특정 통화의 예상매출의 발생가능성이 매우 높다는 것을 보여줄 수 있다면, 외화차입금을 일련의 미래 예상매출에 대한 현금흐름위험회피수단으로 지정할 수 있다. 외화차입금의 손익 중 위험회피에 효과적인 부분은 미래 예상매출이 발생할 때까지 기타포괄손익으로 인식한다.

2.8 일체형 현금흐름 위험회피

기업이 여러 목적으로 하나의 거래 또는 계약을 체결하는 경우가 있다. 이러한 거래를 일체형(all in one)거래하고 할 수 있다. 예컨대 단기차익목적, 중개이익목적 또는 위험회피목적으로 계약을 체결할 수 있다.

보다 구체적으로 일체형 현금흐름 위험회피에 해당하는 예를 들어보기로 하자. 어느 기업이 고정가격으로 일반상품(commodity)을 판매하는 계약을 체결하고 이러한 계약을 파생상품으로 회계처리 한다고 하자. 기업이 단기 가격변동이익이나 중개이익을 얻을 목적으로, 기초자산 인수 후 단기간 내에 그 자산을 매도하거나 현금으로 차액결제한 경험이 있는 경우에는 파생상품으로 회계처리할 수 있다. 이러한 경우 고정가격계약이 자산의 판매계약이라 하더라도, 기업은 이러한 고정가격계약을 자산의 판매(미래 거래)에 따라 수취하는 대가의 변

12) IAS39 실무적용지침F.2.4 참조

동성에 대한 현금흐름위험회피수단으로 지정할 수 있다. 또 기업이 일정 기간 후 채무상품을 인수하고 그 대가를 지급하기로 하는 선도계약(forward contract)을 체결하였는데 이러한 선도계약의 결제기간이 시장의 정형화된 결제기간[13)]을 초과하기 때문에 선도계약이 파생상품이 된다고 하자. 이러한 경우, 당해 파생상품이 채무상품을 취득하는 계약이더라도, 기업은 이러한 매입선도계약을 채무상품의 취득(미래 거래)을 위하여 지급하는 대가의 변동성에 대한 현금흐름위험회피수단으로 지정할 수 있다.

[예시3-8] 일체형 현금흐름 위험회피[14)]

일정한 금액을 대가로 기초자산(underlying asset)을 인도하는 방식으로 파생상품을 총액으로 결제할 것으로 예상하고 있다. 현금흐름위험회피회계의 적용요건 중 다른 요건을 충족한다면, 이러한 파생상품을 총액결제 현금흐름위험회피를 위한 수단으로 지정할 수 있는가?

[해석]

지정할 수 있다. 총액으로 결제되는 파생상품은 파생상품계약 그 자체가 총액으로 결제되는 미래 거래에서 지급하거나 수취하게 되는 대가의 변동위험을 회피하기 위한 현금흐름 위험회피수단으로 지정될 수 있다. 왜냐하면 이러한 파생상품이 없는 경우 매입가격 또는 매출가격의 변동위험이 있기 때문이다. 이러한 원칙은 IAS39에 따라 파생상품으로 회계처리되는 모든 고정가격 계약에 적용된다.

2.9 전사적 위험관리에 대한 위험회피

기업은 자산과 부채를 소유함에 따라 전사적 차원에서 위험관리를 할 수 있

13) 정형화된 결제기간이란 계약체결일 후 일정기간(예컨대 2영업일)에 결제하도록 정해진 경우를 말한다. 따라서 계약당사자 간에 임의로 결제일을 정하는 경우는 정형화된 결제라고 할 수 없다.

14) IAS39 실무적용지침F.2.5 참조

다. 그러나 전사적 위험(entity-wide risk) 관리를 통한 위험의 감소가 위험회피회계의 적용조건은 아니다. 전사적 위험관리 차원에서 위험회피를 하더라도 위험회피관계는 개별항목, 집합(유사한 위험특성을 가진 경우) 또는 포트폴리오(이자율위험회피만을 대상으로 하는 금융상품의 경우)를 대상으로 해야 한다.

[예시3-9] 전사적 위험의 회피[15]

기업이 보유하고 있는 고정금리 자산과 고정금리 부채의 원금과 이자지급기간이 일치하며, 자산의 이자율이 부채의 이자율을 초과하기 때문에 항상 순현금유입이 있다. 기업은 자산의 원금과 동일한 금액을 명목금액으로 하는 변동금리를 수취하고 고정금리를 지급하는 이자율 스왑계약을 체결하고 고정금리 자산에 대한 공정가치위험회피수단으로 지정하였다. 전사적인 입장에서 이자율스왑이 이전에는 존재하지 않았던 이자율변동위험을 야기하는 경우에도 당해 위험회피관계에 위험회피회계를 적용할 수 있는가?

[해석]

적용할 수 있다. 전사적인 위험의 감소가 위험회피회계의 적용조건은 아니다. 위험에 노출된 정도는 각 거래별로 평가하며, 이 예시에서 위험회피대상자산은 이자율 상승에 대한 공정가치 하락 위험에 노출되어 있으며, 이러한 위험은 이자율스왑에 의해 상쇄된다.

2.10 자본항목에 대한 위험회피

위험회피대상이 될 수 있는 항목은 자산, 부채, 확정계약, 발생가능성이 아주 높은 예상거래 및 해외사업장에 대한 순투자이다. 따라서 자본항목은 위험회피대상항목이 될 수 없다. 즉, 자산과 부채는 위험회피대상이 되지만 자본은 위험회피대상이 될 수 없다. 이런 구분기준은 위험회피대상항목으로 지정되기 위해

15) IAS39 실무적용지침F.2.6 참조

서는 당기손익에 영향을 줄 수 있는 특정 위험에 노출되어 있어야 한다는 것을 전제로 한다.

[예시3-10] 예상자본거래에 대한 현금흐름위험회피[16)]

자기지분상품에 대한 예상거래나 미래에 주주에게 지급될 것으로 예상되는 배당이 현금흐름위험회피의 대상항목으로 지정될 수 있는가?

[해석]

지정될 수 없다. 미래 예상거래가 위험회피대상항목으로 지정되기 위해서는 당기손익에 영향을 줄 수 있는 특정 위험에 노출되어 있어야 한다(IAS39 문단86). 일반적으로 금융상품의 분류(부채 또는 자본)에 따라 금융상품과 관련된 거래 및 지급이 당기손익으로 인식될 것인지의 여부가 결정된다(IAS32). 예를 들어, 지분보유자에 대한 배당은 발행자 입장에서는 자본에서 직접 차감되는 항목이므로 위험회피대상항목이 될 수 없다. 그러나 배당선언이후 지급되지 않아 금융부채로 인식된 경우에는 위험회피대상항목이 될 수 있다. 예를 들어, 외화로 표시된 배당 관련 금융부채는 외환위험에 대한 위험회피대상항목이 될 수 있다.

2.11 예상거래의 발생가능성이 약화된 경우의 위험회피

발생가능성이 높은 예상거래는 위험회피대상이 될 수 있다. 그러나 어떤 경우에는 발생가능성이 없거나 낮아짐에 따른 위험도 있다. 예컨대 예상매출이 발생할 가능성이 없어서 또는 낮아져서 발생하는 위험은 위험회피대상이 될 수 없다.

[예시3-11] 거래가 발생하지 않을 위험[17)]

기업의 예상보다 적은 매출이 발생하는 경우와 같이 거래가 발생하지 않을 위험에

16) IAS39 실무적용지침F.2.7 참조
17) IAS39 실무적용지침F.2.8 참조

대한 위험 회피의 경우에도 위험회피회계의 적용이 가능한가?

[해석]

위험회피회계를 적용할 수 없다. 거래가 발생하지 않을 위험은 전반적인 사업위험(overall business risk)이며, 위험회피대상항목이 될 수 없다. 위험회피회계는 인식된 자산과 부채, 확정계약, 발생가능성이 매우 높은 예상거래 그리고 해외사업장순투자에 대해서만 적용할 수 있다(IAS39 문단86).

2.12 만기보유금융자산의 현금흐름 위험회피

회사채 등의 채무상품을 취득하고 이를 만기까지 보유하고자 하는 이유는 취득한 채무상품이 제공하는 현금흐름 수취를 통하여 이익을 얻고자하는 동기에서 비롯된다. 따라서 만기까지 보유하고자 하는 투자사채는 현금흐름위험회피의 대상이 될 수 없는 것으로 보아야 한다.

[예시3-12] 만기보유금융자산의 현금흐름 위험회피[18)]

변동금리를 지급하고 고정금리를 수취하는 조건의 이자율스왑을 변동금리를 수취하는 만기보유 목적의 금융자산에 대한 현금흐름위험회피수단으로 지정할 수 있는가?

[해석]

지정할 수 없다. 채무상품을 만기보유금융자산으로 지정하는 것과 변동금리로 이자를 수취하는 채무상품의 현금흐름 변동위험을 회피하기 위하여 스왑을 위험회피수단으로 지정하는 것은 서로 상충된다. '채무상품을 만기보유금융자산으로 지정하기 위해서는 이자율의 변동으로 인한 공정가치나 현금흐름의 변동에 관계없이 만기까지 보유할 의도가 필요하므로' 만기보유금융자산은 이자율위험이나 중도상환위험에 대하여 위험회피대상항목이 될 수 없다(IAS39 문단79).

18) IAS39 실무적용지침F.2.9 참조

2.13 만기보유목적 금융자산의 예상매입

위 예시에서는 이미 인식된 채무상품을 만기까지 보유할 의도인 경우 현금흐름위험회피 대상이 될 수 없다는 것을 살펴보았다. 그렇다면 예상거래로서 취득 후에 만기보유금융자산으로 분류하고자 하는 경우에도 위험회피대상이 될 수 없는가? 앞에서 우리는 예상거래는 현금흐름위험회피의 대상이 될 수 있다는 것을 배웠다. 예상거래는 위험회피대상이 될 수 있지만 만기보유금융자산은 위험회피대상이 될 수 없는데 만기보유금융자산으로 분류할 예정인 예상거래는 어느 기준에 따라야 할 것인가의 문제이다. 이런 경우에는 예상거래가 아직 발생하기 전까지는 만기보유금융자산으로 회계처리할 예정이더라도 예상거래에 불과하기 때문에 위험회피대상이 될 수 있다고 보아야 할 것이다.

[예시3-13] 만기보유금융자산의 예상매입[19)]

만기보유금융자산으로 분류하고자 하는 금융자산의 매입을 예상하고 있다. 현재의 이자율로 확정할 의도로 파생계약을 체결하고 당해 파생상품을 미래에 예상되는 금융자산의 취득에 대한 위험회피수단으로 지정하였다. 향후 취득할 금융자산을 만기보유금융자산으로 분류할 예정이더라도, 이러한 위험회피관계에 현금흐름위험회피회계를 적용할 수 있는가?

[해석]

적용할 수 있다. 이자율위험에 관해 만기보유금융자산으로 분류되는 금융자산에 대하여 위험회피회계를 적용할 수는 없다(IAS39 문단79). 그러나 향후 취득할 금융자산을 만기보유금융자산으로 분류할 의도가 있더라도, 거래가 발생되기 전에는 만기보유금융자산으로 분류한 것이 아니다.

---

19) IAS39 실무적용지침F.2.10 참조

2.14 만기보유금융자산에서 수취한 자금의 재투자에서 받는 현금흐름 위험회피

만기보유금융자산은 이자율변동위험에 대한 위험회피대상항목이 될 수 없다. 고정금리를 수취하는 만기보유금융자산의 경우, 이자율변동에 따른 공정가치의 변동위험에 대하여 공정가치위험회피를 적용할 수 없다. 또한 변동금리를 수취하는 만기보유금융자산 경우, 이자율변동에 따른 현금흐름의 변동위험에 대하여 현금흐름위험회피를 적용할 수도 없다. 그렇다면 만기보유금융자산세서 수취한 자금을 재투자한 결과로 받게 되는 현금흐름을 위험회피대상항목으로 지정할 수 있는가?

[예시3-14] 만기보유금융자산에서 수취한 자금의 재투자에서 받는 현금흐름 위험회피[20)]

기업은 변동금리부 자산을 만기보유금융자산으로 분류하고 변동이자현금흐름의 재투자에 대해 현행 이자율로 확정하고자 파생상품계약을 체결하였다. 만기보유금융자산에서 수취한 이자금액을 채무상품에 재투자한 결과로 미래 수취하게 될 예상 이자금액의 현금흐름변동위험을 회피하기 위하여 그 파생상품계약을 위험회피수단으로 지정하였다. 위험회피회계의 적용요건이 모두 충족되는 경우, 재투자될 이자현금흐름이 만기보유금융자산으로 분류된 자산에서 발생되더라도, 이 위험회피관계에 대하여 현금흐름위험회피회계를 적용할 수 있는가?

[해석]

적용할 수 있다. 만기보유금융자산은 이자율변동위험에 대한 현금흐름 또는 공정가치위험회피대상항목이 될 수 없다(IAS39 문단79). 그러나 이 사례에서 파생상품은 만기보유금융자산에서 발생하는 변동이자 현금흐름을 다른 채무상품에 재투자한 후, 향후 수취하게 될 이자금액과 관련된 현금흐름의 변동위험을 상쇄하기 위하여 지정되었다. 재투자될 자금의 원천은 재투자위험이 회피대상위험이 될 수 있는지를 결정하는 것과 무관하므로 당해 파생상품은 현금흐름위험회피수단으로 지정될 수 있다. 이러한 결과는, 만기보유금융상품으로 분류되는 고정금리부 금융자산에서 수취한 이자를 재투자하여 취득한 채무상품에서 향후 수취하게 될 이자금액과 관련된 현금흐름위험회

20) IAS39 실무적용지침F.2.11 참조

피에도 동일하게 적용된다.

2.15 중도상환가능 금융자산

대여금 등의 금융자산에서 얻게 될 현금흐름은 만기까지 보장된다고 보기 어려운 경우가 있다. 예컨대, 이자율이 올라가는 경우 차입자가 일부 불이익을 감수하고서라도 중도상환(prepayment)을 선택할 수도 있다. 따라서 대여금 등의 금융자산은 중도상환의 위험을 부담한다. 그렇다면 중도상환가능성이 위험회피회계에 영향을 미치는가? 중도상환의 발생가능성에 따라 다르다. 중도상환가능성이 높다면 중도상환일 이후의 현금흐름은 위험회피대상이 될 수 없다. 그러나 중도상환가능성이 높지 않다면 중도상환일이 실질적인 의미가 없기 때문에 단순히 예상된 중도상환일 이후의 현금흐름이 위험회피대상이 될 수 있다.

[예시3-15] 중도상환가능 금융자산[21)]

발행자가 금융자산을 중도상환할 수 있는 권리를 보유하는 경우, 투자자는 중도상환일 이후의 현금흐름을 위험회피대상항목의 일부로 지정할 수 있는가?

[해석]

중도상환일 이후의 현금흐름의 발생가능성이 매우 높다는 것을 제시할 수 있다면, 당해 현금흐름을 위험회피대상항목으로 지정할 수 있다(IAS39 문단88). 예를 들어, 중도상환을 매우 정확하게 추정할 수 있는 유사한 자산의 집합(예: 담보부대출자산 집합)에서 현금흐름이 발생되거나 중도상환옵션이 현저한 외가격 상태인 경우에는 중도상환일 이후의 현금흐름의 발생가능성이 매우 높다고 볼 수 있다. 또 위험회피수단에 중도상환옵션에 대응되는 옵션이 있는 경우에도 중도상환일 이후의 현금흐름을 위험회피대상항목으로 지정할 수 있다.

21) IAS39 실무적용지침F.2.12 참조

2.16 대여금과 수취채권에 대한 위험회피회계

대여금과 수취채권은 상각후원가를 장부금액으로 한다. 대여금과 수취채권을 만기까지 보유하면 시장이자율 변동에 따른 대여금과 수취채권의 공정가치 변동은 당기손익에 영향을 미치지 않는다. 공정가치위험회피는 특정위험에 기인하고 당기손익에 영향을 줄 수 있는 공정가치 변동에 대한 위험회피이다. 대여금과 수취채권은 통상 만기까지 보유하므로 공정가치위험회피의 적용이 가능하지 않은 것처럼 보일 수 있다. 그러나 대여금과 수취채권을 만기보유금융자산으로 분류하지 않는다면 이자율위험에 대하여 위험회피대상항목이 될 수 있다(IAS39 문단79). 기업이 대여금과 채권을 매각하는 경우 당해 채권의 공정가치의 변동은 당기손익에 영향을 미치게 되므로, 대여금과 수취채권에 대해서도 공정가치위험회피회계의 적용은 가능하다.

[예시3-16] 대여금에 대한 공정가치위험회피[22)]

상각후원가측정금융자산으로 분류된 고정금리부 대여금의 이자율변동위험에 대해 공정가치위험회피회계의 적용이 가능한가?

[해석]

적용할 수 있다. 대여금은 일반적으로 상각후원가를 장부금액으로 한다. 대여금을 만기까지 보유하면 시장이자율 변동에 따른 대여금의 공정가치 변동은 당기손익에 영향을 미치지 않는다. 공정가치위험회피는 특정위험에 기인하고 당기손익에 영향을 줄 수 있는 공정가치 변동에 대한 위험회피이다. 대여금을 만기보유금융자산으로 분류하지 않았다면, 이자율위험에 대하여 위험회피대상항목이 될 수 있다. 기업이 대여금을 처분하는 경우 당해 대여금의 공정가치의 변동은 당기손익에 영향을 미치게 되므로, 대여금에 대해서도 공정가치위험회피회계의 적용은 가능하다.

---

22) IAS39 실무적용지침F.2.13 참조

2.17 연결실체내 위험회피거래

사실상의 독립적인 실체로 활동하는 외국소재 종속기업은 기능통화를 현지통화로 할 수 있으며, 거래는 또 다른 통화로 할 수 있다. 종속기업은 다른 나라에 소재하는 모회사의 연결재무제표에 포함되어야 한다. 이 때 종속기업이 기능통화가 아닌 통화로 예상거래를 하였을 경우 다른 나라에 소재한 모기업이 해당 종속기업의 외화변동위험을 회피하기 위한 거래를 할 수 있다. 이 때 외화변동위험 회피수단을 연결목적으로 위험회피수단으로 지정할 수 있다. 이와 같은 위험회피는 기업실체 내 위험회피거래에도 적용될 수 있으며, 별도재무제표 또는 개별재무제표를 작성할 때 위험회피수단으로 지정할 수 있다.

[예시3-17] 연결실체내 위험회피거래[23)]

호주달러가 기능통화인 호주 소재 종속기업이 발생가능성이 매우 높은 예상매입거래를 갖고 있으며, 동 거래는 일본 엔화로 결제될 예정이다. 호주 소재 종속기업은 한국 소재 기업의 완전한 종속기업이며, 한국 소재 기업은(호주 소재 종속기업을 포함하여) 한국 원화로 연결재무제표를 작성한다. 지배기업인 한국 소재 기업이 호주 달러에 대한 엔화의 변동위험을 회피하기 위하여 선도계약을 체결한 경우, 연결재무제표에서 위험회피회계를 적용할 수 있는가? 혹은 환율변동위험에 노출된 호주의 종속기업이 위험회피를 위한 거래의 당사자가 되어야 하는가?

[해석]

적용할 수 있다. 다른 위험회피회계의 적용요건을 충족한다면 위험회피회계를 적용할 수 있다. 호주의 종속기업은 엔화로 결제되는 예상매입거래와 관련된 환율변동을 위험회피하지 않았으므로, 호주 달러와 일본 엔화간 환율변동의 효과는 호주 소재 종속기업의 당기손익에 영향을 미치게 되어, 연결당기손익에도 영향을 미치게 된다. 회피하고자 하는 위험에 노출된 영업단위가 위험회피수단의 거래당사자가 되어야만 하는 것은 아니다.

23) IAS39 실무적용지침F.2.14 참조

2.18 순포지션에 대한 위험회피회계

위험회피관계는 순포지션에 대해서는 지정할 수 없다(IAS39 문단84). 그러나 총액기준에서 기초항목의 일부를 위험회피대상항목으로 지정하는 것은 가능하다. 따라서 외부 파생거래를 체결한 목적이 순액 기준으로 내부파생계약들을 상쇄하기 위한 것이었더라도, 총액기준으로 기초항목의 현금유입 또는 현금유출의 일부분에 대하여 위험회피관계가 정의되고 문서화된다면, 위험회피회계를 적용할 수 있다.

[예시3-18] 내부파생거래를 상쇄하는 단일의 외부파생상품거래[24]

자금부서가 순액 기준으로 내부파생계약을 상쇄하기 위하여 단일의 외부파생거래를 체결하였다고 하자. 자금부서가 각 부서의 변동금리부 부채의 이자현금흐름 변동위험을 인수하기 위하여 한 부서와는 고정금리를 수취하고 변동금리를 지급하는 내부이자율스왑을 체결하고, 다른 부서의 변동금리부 자산의 이자현금흐름 변동위험을 인수하기 위하여 변동금리를 수취하고 고정금리를 지급하는 내부이자율스왑을 체결하였다. 또 자금부서는 두 개의 내부스왑을 정확하게 상쇄하는 하나의 이자율스왑을 외부거래당사자와 체결하였다. 위험회피회계의 다른 적용요건이 충족된다면, 기초항목들 중 일부를 총액기준으로 위험회피하는 경우의 위험회피수단으로 당해 외부파생상품을 지정할 수 있는가?

[해석]

지정할 수 있다. 그러나 외부 파생상품이 총액기준으로 현금유입 또는 현금유출을 상쇄하도록 지정되는 한도 내에서만 가능하다. 전체 순포지션에 대한 위험회피에는 위험회피회계를 적용할 수 없다. 그러나 총액기준에서 기초항목의 일부를 위험회피대상항목으로 지정하는 것은 가능하다. 따라서 외부 파생거래를 체결한 목적이 순액 기준으로 내부파생계약들을 상쇄하기 위한 것이었더라도, 총액기준으로 기초항목의 현금유입 또는 현금유출의 일부분에 대하여 위험회피관계가 정의되고 문서화된다면, 위험회피회계를 적용할 수 있다. 이 경우 초항목의 현금흐름 일부분을 위험회피대상항

---

24) IAS39 실무적용지침F.2.15 참조

목으로 지정한다(IAS39 문단84와 문단AG101 참조).

2.19 외부파생계약의 순액결제

개별부서 또는 종속기업에서 부담하고 있는 위험을 회피하기 위하여 내부파생계약을 맺는 경우 연결재무제표에는 이들이 상쇄되어 위험회피효과가 없어진다. 따라서 내부파생계약이 연결차원에서 효과를 얻기 위해서는 외부파생계약을 통한 위험회피가 필요하다. 이 경우 외부당사자와 여러 건의 파생계약을 체결하고 결제를 순액으로 할 수 있다. 이런 경우에도 위험회피회계의 적용요건을 충족한다면 위험회피회계를 적용할 수 있다. 단지 동일한 거래당사자와 완전히 대칭되는 조건의 스왑을 체결하였다는 이유만으로 위험회피회계의 적용이 불가능한 것은 아니다.

[예시3-19] 내부파생계약: 복수의 외부파생계약에 대한 순액결제[25)]

[사례1] 이자율변동위험을 개별 부서에서 자금부서로 이전하기 위하여 내부파생계약을 사용하는 경우, 자금부서는 각각의 내부파생계약을 상쇄하기 위한 외부파생계약을 개별적으로 체결한다. 예를 들어, 자금부서는 변동금리 차입금의 현금흐름위험을 회피하고자 하는 부서와 이자율스왑(5% 고정금리 수취, 변동금리 지급)을 체결한다면, 자금부서는 외부 거래당사자와 동일한 조건의 이자율스왑(5% 고정금리 지급, 변동금리 수취)을 체결한다. 각각의 외부파생계약은 별도의 계약으로서 공식적으로 문서화되지만, 외부 거래당사자와의 순액결제계약에 따라 모든 외부파생계약의 결제금액은 합산하여 산출된 순액으로만 결제된다. 위험회피회계의 다른 적용요건을 충족한다면, 외부파생상품이 순액기준으로 결제되더라도, 상기 외부이자율스왑(5% 고정금리 지급, 변동금리 수취)과 같은 외부파생계약을 변동금리 차입금 이자현금흐름의 변동위험에 대한 총노출정도에 대한 위험회피수단으로 지정할 수 있는가?

25) IAS39 실무적용지침F.2.16 참조

[해석]

일반적으로 가능하다. 동일한 외부 거래당사자와의 외부파생계약이 순액으로 결제되더라도, 위험회피회계의 적용요건을 충족한다면, 총액기준으로 노출된 위험을 상쇄하고자 하는 등 실질적인 사업목적에 부합하고 법적으로 분리된 외부파생계약은 위험회피수단으로 지정될 수 있다.[26)]

[사례2] 자금부서는 내부파생계약을 상쇄하기 위해 체결한 외부파생계약을 기업 전체의 포트폴리오에 포함시키게 되면 순액기준으로 해당 위험을 평가하기 어렵다고 판단하고 상쇄시킬 외부파생상품의 포트폴리오를 기업의 다른 위험과 분리하여 관리하고자 한다. 이에 따라 포트폴리오의 위험을 상쇄하는 추가적인 하나의 외부파생상품을 체결하였다. 외부계약의 체결로 인하여 노출된 시장위험을 완전히 상쇄하기 위하여 하나의 외부파생상품을 이용하더라도, 포트폴리오에 포함된 개별 외부파생계약을 총액기준의 노출위험에 대한 위험회피수단으로 계속하여 지정할 수 있는가?

[해석]

일반적으로 지정할 수 있다. 이러한 방식으로 외부파생계약을 설계하는 목적은 기업의 위험관리목적 및 전략과 일치한다. 실질적인 사업목적에 부합하고, 법적으로 분리된 외부파생계약은 위험회피수단으로 지정될 수 있으며, 거래를 개별적으로 설계한 실질적인 사업목적이 있는 경우에는 단지 동일한 거래당사자와 완전히 대칭되는 조건의 스왑을 체결하였다는 이유만으로 위험회피회계의 적용이 불가능한 것은 아니다.[27)]

2.20 상장주식의 외화위험에 대한 위험회피

외국 통화로 표시된 투자주식을 기타포괄손익인식금융자산으로 인식하고 이의 보유에 따른 외환위험을 회피하기 위하여 통화선도계약(currency forward contract)을 할 수 있다. 이 경우 위험회피회계적용요건을 충족한다면 외환선도계약을 위험회피수단으로 지정할 수 있다.

26) IAS39 실무적용지침F.1.14 참조

27) IAS39 실무적용지침F.1.14 참조

[예시3-20] 위험회피대상항목: 상장주식의 외화위험에 대한 위험회피[28]

한국 소재 기업인 A사는 뉴욕증권거래소에서 B사 주식을 공정가치인 USD1,000에 취득하여 기타포괄손익인식금융자산으로 분류하였다. 주식과 관련된 환율변동위험을 회피하기 위하여, USD800을 매도하는 통화선도계약을 체결한다. A사는 주식을 보유하는 기간에 맞추어 통화선도계약의 만기를 연장할 예정이다. 다른 위험회피회계의 적용요건을 충족하는 경우, 당해 통화선도계약을 주식과 관련된 외환위험에 대한 위험회피수단으로 지정할 수 있는가?

[해석]

지정할 수 있다. 그러나 노출된 환율변동위험이 명확하고 식별가능한 경우만 가능하다. 따라서 다음의 조건을 모두 충족하는 경우에는 위험회피회계를 적용할 수 있다.

(1) 거래가 A사의 기능통화와 동일한 통화로 표시되는 증권거래소(또는 이와 유사한 기능을 하는 시장)에서 당해 지분상품이 거래되지 않는다.

(2) A사에 대한 배당이 기능통화 이외의 통화로 지급된다. 따라서 주식이 다양한 통화로 거래되며 그러한 통화 중 하나가 보고실체의 기능통화인 경우에는 당해 주식가격 중 외환요소에 대하여 위험회피회계를 적용할 수 없다.

그렇다면, 통화선도계약을 주식의 공정가치 중 USD800까지의 외환위험에 대해서만 위험회피수단으로 지정할 수 있는가?

[해석]

지정할 수 있다. 위험회피효과가 측정될 수 있다면, 금융상품의 현금흐름이나 공정가치의 일부분을 위험회피대상항목으로 지정할 수 있으므로(IAS39 문단81), A사는 외화주식의 공정가치 중 일부분과 관련되는 외환위험에 대하여만 통화선도계약을 위험회피수단으로 지정할 수도 있다. 동 선도계약은 주식 USD800의 환율변동위험에 대한 공정가치위험회피로 지정될 수도 있고 매도시점이 식별된다면 미래 주식의 처분에 대한 현금흐름위험회피로 지정될 수도 있다. 외화주식의 공정가치가 USD800 미만으로 하락하지 않는다면, 외화주식의 공정가치 변동성은 위험회피효과의 평가에 영향을 미치지 아니한다.

28) IAS39 실무적용지침F.2.19 참조

2.21 주가지수투자포트폴리오에 대한 위험회피

유사한 자산이나 유사한 부채를 집합으로 구성하여 위험회피대상항목으로 지정하고자 할 경우, 그 집합에 포함된 개별 자산이나 개별 부채는 지정된 회피대상위험과 동일한 위험에 노출되어야 한다(IAS39 문단83). 또한, 집합에 포함된 개별 항목의 회피대상위험으로 인한 공정가치 변동은 집합 전체의 회피대상위험으로 인한 공정가치 변동에 거의 비례할 것으로 기대되어야 한다.

[예시3-21] 위험회피회계: 주가지수[29]

주가지수를 복제한 주식포트폴리오를 취득하고, 공정가치의 하락을 방지하고자 주가지수풋옵션을 매입하는 경우, 주가지수풋옵션을 주식포트폴리오에 대한 위험회피수단으로 지정할 수 있는가?

[해석]

지정할 수 없다. 유사한 금융상품을 포트폴리오로 구성하여 위험회피하기 위해서는 포트폴리오에 포함된 개별 항목들의 회피대상위험으로 인한 공정가치의 변동이 포트폴리로 전체의 회피대상위험으로 인한 공정가치 변동에 거의 비례적이어야 한다(IAS39 문단83). 이 예시의 경우 포토폴리오에 포함된 개별 항목의 회피대상위험으로 인한 공정가치의 변동은 포트폴리오 전체의 회피대상위험으로 인한 공정가치의 변동에 거의 비례적일 것으로 기대되지 않는다.

2.22 순현금흐름에 대한 위험회피

기업의 위험회피전략과 위험관리실무관행에 따라 현금흐름위험을 순액기준으로 평가할 수는 있지만, 순현금흐름을 위험회피회계의 적용을 위한 위험회피대상항목으로 지정할 수는 없다.

29) IAS39 실무적용지침F.2.20 참조

[예시3-22] 위험회피회계: 자산과 부채의 상계[30)]

금융자산과 금융부채로 집합을 구성하여 산출되는 순현금흐름에 대하여 위험회피회계를 적용할 수 있는가?

[해석]

순현금흐름에 대하여 위험회피회계를 적용할 수 없다. 기업의 위험회피전략과 위험관리실무관행에 따라 현금흐름위험을 순액기준으로 평가할 수는 있다. 그렇지만, 순현금흐름을 위험회피회계의 적용을 위한 위험회피대상항목으로 지정할 수는 없다. 유사한 자산과 부채로 집합을 구성하여 순액기준으로 위험을 평가하더라도, 위험회피회계의 적용요건은 총액기준으로 충족시켜야 한다(IAS39 문단AG101참조).

2.23 대여금관리용역권에 대한 위험회피

IASB는 대여금 관리용역권(loan servicing rights)의 이자율위험 부분을 위험회피대상항목으로 지정할 수 있도록 허용할 것인지를 검토했다.

일부에서는 대여금 관리용역권의 이자율위험을 분리하여 측정할 수 있으며, 시장이자율의 변동이 대여금 관리용역권의 가치에 미치는 영향은 예측가능하고 분리하여 측정할 수 있다고 주장한다. 여기에서 관건은 대여금 관리용역권을 비금융자산이 아닌 금융자산으로 처리할 수 있는지에 달려 있다.

IASB는 다음 사항을 참작하여 대여금 관리용역권에서 이자율위험을 분리하여 위험회피대상으로 지정하는 것을 허용하지 않기로 결론을 내렸다.

첫째, 대여금 관리용역권의 경우 이자율위험(interest rate risk)과 중도상환위험(prepayment risk)은 상호의존적이어서 분리할 수 없다.

둘째, 이자율의 변동이 대여금 관리용역권의 공정가치에 미치는 영향은 선형관계가 아니다.

30) IAS39 실무적용지침F.2.21 참조

셋째, 대여금 관리용역권에서 이자율위험 부분을 분리하여 측정하는 것이 어렵다.

넷째, 대여금 관리용역권의 시장이 발달되지 못한 국가에서는 이자율위험 부분을 측정하기 어렵다.

또한 IASB는 대여금 관리용역권이 공정가치로 측정되어 그 변동이 즉시 당기손익에 반영된다면 선택적으로 IAS39를 적용할 수 있도록 할 것인가에 대하여 검토하였다. IASB는 선택적 적용을 허용하는 조치가 IAS39의 일반원칙에 2가지 예외를 초래한다고 보았다. 첫째, IAS39는 금융자산과 금융부채에만 적용되는데 대여금 관리용역권은 비금융자산이므로 적용범위에 예외를 두어야 한다. 둘째, 대여금 관리용역권을 공정가치로 평가하여 당기손익으로 인식하기 위해서는 추가적인 예외를 두어야 하는데 이러한 회계처리는 단기매매항목인 경우를 제외하고는 선택사항이기 때문이다. 따라서 대여금 관리용역권의 이자율위험을 위험회피대상항목으로 볼 수 없다고 결정하였다.

제4장 위험회피수단

제1절 적격위험회피수단

위험회피수단(hedging instruments)으로 지정되기 위해서는 적격요건(qualifications)을 충족해야 한다. 국제회계기준에서는 위험회피수단으로 지정되기 위해서는 (1) 파생상품(derivatives)이거나 외화위험을 회피하기 위한 비파생금융상품(non-derivative financial instruments)이어야 하며 (2) 외부당사자와의 계약이라는 요건을 충족해야 한다.

1.1 파생상품 또는 외화위험 회피목적의 비파생상품

위험회수단의 요건을 충족하는 파생상품(derivatives)은 위험회피수단(hedging instruments)으로 지정할 수 있다. 위험회피수단의 요건을 충족하지 못한 파생상품은 회계목적 상 투기목적 파생상품으로 취급한다.

다음의 조건을 모두 충족하는 위험회피관계에 대해서만 위험회피회계를 적용할 수 있다(IAS39 문단88).

(1) 위험회피의 개시시점에 위험회피관계, 위험관리목적 및 위험회피전략을 공식적으로 지정하고 문서화한다. 이 문서에는 위험회피수단, 위험회피대상항목, 회피대상위험의 성격 및 회피대상위험으로 인한 위험회피대상항

목의 공정가치나 현금흐름의 변동위험을 위험회피수단이 상쇄하는 효과를 평가하는 방법 등을 포함해야 한다.

(2) 회피대상위험으로 인한 공정가치나 현금흐름의 변동을 상쇄하는 데 있어 높은 위험회피효과를 기대할 수 있다. 이러한 기대는 최초의 공식적인 문서에 포함된 특정 위험회피관계의 위험관리전략과 일관성이 있어야 한다.

(3) 현금흐름위험회피(cash flow hedge)에서 위험회피대상 예상거래(forecast transactions)는 발생가능성이 매우 높아야 하며, 궁극적으로 당기손익에 영향을 미치는 현금흐름 변동에 노출되어 있어야 한다.

(4) 위험회피효과를 신뢰성 있게 측정할 수 있다. 즉, 회피대상위험으로 인한 위험회피대상항목의 공정가치나 현금흐름과 위험회피수단의 공정가치를 신뢰성 있게 측정할 수 있다.

(5) 위험회피효과를 위험회피기간에 계속적으로 평가하며 위험회피로 지정된 재무보고기간 전체에 걸쳐 실제로 높은 위험회피효과가 있었는지 결정하여야 한다.

위의 조건은 추가적인 설명이 불필요할 정도로 구체적이다. 그러나 이에 대해 약간 부연 설명하기로 하자. 첫째, 국제회계기준에서는 위험회피관계를 설정하기 위한 조건으로 문서화(documentation)를 강조하고 있다. 둘째는 위험회피효과가 높아야 한다는 점을 강조하고 있다. 셋째, 예상거래에 대해 위험회피를 할 경우에는 예상거래의 발생가능성이 높아야 할 것을 요구하고 있다. 위험회피대상항목은 이미 인식되어 있는 자산과 부채, 확정계약, 예상거래 및 해외사업장에 대한 순투자 등이다. 예상거래를 대상으로 하는 경우에는 발생가능성이 높지 않으면 위험회피대상이 될 수 없다는 점을 들고 있다. 넷째, 위험회피효과는 신뢰성 있게 측정할 수 있을 것을 요구하고 있으며, 마지막으로는 위험회피효과를 지속적으로 평가할 것을 요구하고 있다.

외화위험을 회피하기 위한 경우가 아니면 위험회피수단은 파생상품이어야 한다. 파생상품은 선도계약, 선물계약, 옵션 및 스왑 등을 포함한다. 따라서 파생상품은 일반적으로 위험회피수단으로 이용될 수 있다. 그러나 모든 옵션이 다위험회피수단으로 이용될 수 있는 것은 아니다.

매입옵션(purchased option)은 위험회피수단으로 지정하는데 제약이 없지만, 매도옵션(written option)은 일반적으로 위험회피수단으로 지정할 수 없다. 매도옵션은 회사가 판매한 옵션이기 때문에 옵션매수자의 선택권에 의하여 잠재적 손실을 가져오는 파생상품이다. 매도옵션의 잠재적 손실은 관련된 위험회피대상항목의 잠재적 가치변동 이익보다 훨씬 클 수 있다. 즉, 매도옵션은 위험회피대상항목의 손익변동위험을 감소시키는 데 비효과적일 뿐만 아니라 오히려 손익변동위험을 확대시키는 역할을 한다. 따라서 매도옵션은 일반적으로 위험회피수단의 조건을 충족하지 못한다. 다만, 매입옵션(다른 금융상품에 내재된 매입옵션 포함)을 상쇄하기 위한 위험회피수단으로 지정할 수 있다(예: 중도상환가능채무의 위험을 회피하기 위하여 사용된 매도콜옵션). 반면에 매입옵션은 프리미엄으로 지불한 손실 이상의 잠재적 이익을 가지므로 공정가치나 현금흐름의 변동으로 인한 손익변동위험을 감소시키는 잠재력을 가지고 있다. 따라서 매입옵션은 위험회피수단의 조건을 충족한다.

한편, 비파생금융상품(non-derivatives)은 위험회피수단으로 사용하지 못하는 것이 일반적이다. 따라서 비파생금융상품은 외화위험회피에만 예외적으로 위험회피수단으로 지정할 수 있다(IAS39 문단72). 이 경우 외화위험은 협의로 해석해야 한다. 외화표시 금융상품의 공정가치는 외화위험(환율변동), 양국간 이자율차이 및 거래당사자의 신용위험에 의해서도 영향을 받는다. 따라서 비파생금융상품은 외화위험회피수단으로만 사용될 수 있을 뿐이며, 이자율변동이나 신용위험 등에 대한 위험회피수단으로 사용될 수는 없다.

1.2 비파생금융상품을 이용한 위험회피회계 허용여부[1)]

IASB는 외화위험을 제외한 위험회피활동에서 파생상품이 아닌 금융자산이나 금융부채(즉, '비파생금융상품(cash instrument)')를 위험회피수단으로 지정할 수 있도록 허용할 것인지를 검토하였다. IAS39에서는 파생상품과 비파생상품을 측

1) IAS39 BC144-148 참조

정하는 기준에 차이가 있기 때문에 비파생금융상품을 위험회피수단으로 지정하는 것을 허용하지 않았다. 그러나 기업은 위험회피활동과 다른 위험관리활동에 있어 파생상품과 비파생금융상품간에 차이를 두지 않으며, 적절한 파생금융상품이 존재하지 않는다면 위험회피를 위해 비파생금융상품을 사용해야만 할 수도 있다는 점을 제시하면서 그러한 지정을 허용해야 한다는 의견이 제기되었다.

일부 기업이 위험을 관리하기 위해 비파생상품을 사용할 수 있다. 그러나 IASB는 외화위험 이외의 위험에 대한 위험회피에서 비파생상품을 위험회피수단으로 지정하는 것을 허용하지 않기로 결정하였다. IASB는 이러한 결론의 근거로서 다음의 주장을 참고하였다.

(1) 위험회피회계가 필요한 이유 중에는 파생상품은 공정가치로 측정하지만 위험회피대상항목은 원가로 측정하거나 전혀 인식하지 않을 수 있다는 것이 포함된다. 위험회피회계가 없다면 위험회피활동을 했음에도 불구하고 손익의 변동성(volatility in profit or loss)을 인식해야 한다. 그러나 비파생금융상품의 경우에는 공정가치로 측정하지 않거나 공정가치로 측정하되 그 변동을 당기손익으로 인식하지 않고 기타포괄손익으로 인식한다. 따라서 비파생금융상품의 경우에는 위험회피수단 또는 위험회피대상항목의 손익을 대응시켜 당기손익으로 인식하기 위한 회계처리 조정이 불필요하다.

(2) 비파생금융상품을 위험회피수단으로 지정하는 것을 허용한다면, US GAAP과 차이가 발생한다. 미국 회계기준서(SFAS133)에서는 일부 외화위험회피의 경우를 제외하고는 비파생상품을 위험회피수단으로 지정할 수 없다.

(3) 비파생금융상품을 위험회피수단으로 지정하는 것을 허용하면, IAS39의 복잡성이 증가한다. 비파생상품이 위험회피수단이 된다면 금융상품이 상각후원가도 아니고 공정가치도 아닌 금액으로 측정되는 사례가 증가할 것이다. 위험회피회계는 일반적인 측정방법의 예외로 보아야 한다.

(4) 비파생금융상품을 위험회피수단으로 지정하는 것을 허용하면, 회계에 관한 원칙이 흔들릴 수 있다. 왜냐하면 위험회피회계가 없다면, 선택적으로 비파생금융상품을 공정가치로 측정하지 않을 것이기 때문이다. 기업이 위험회피수단으로 지정된 비파생금융상품을 나중에 공정가치로 측정하지 않

기로 결정한다면, 위험회피회계의 적용요건 중 하나를 위배하게 된다. 그 결과 당해 비파생금융상품은 더 이상 위험회피수단의 요건을 충족하지 못하며, 비파생금융상품의 공정가치 변동을 자본(현금흐름위험회피의 경우) 또는 당기손익(공정가치위험회피의 경우)으로 인식하는 것을 선택적으로 회피할 수 있다.

(5) 비파생금융상품을 위험회피수단으로 가장 의미 있게 사용하는 것은 외화위험을 회피하는 경우이다. 이와 같은 취지에서 IAS39에서는 비파생금융상품을 외화위험회피수단으로 사용할 수 있도록 허용하고 있다.

[예시4-1] 외화표시채권에 대한 공정가치위험회피2)

기능통화가 한국 원화인 K사는 액면가액 USD1,000,000의 사채(만기 5년, 고정금리)를 발행하였다. 또한 K사는 액면가액은 USD1,000,000이지만 평가는 공정가치로 하는 사채(만기 5년, 고정금리)를 보유하고 있다.

[물음1] K사는 미국 달러화 표시로 발행한 사채를 공정가치로 평가하는 금융자산(미국달러화 표시사채)의 공정가치 변동 전체에 대한 위험회피수단으로 지정할 수 있는가?

[해석]

공정가치 변동 전체에 대한 위험회피수단으로는 지정할 수 없다. 비파생상품은 외화위험회피에만 위험회피수단으로 사용될 수 있다(IAS39, 문단72). K사가 보유중인 공정가치로 평가하는 미국 달러화 표시 사채(금융자산)는 외화위험, 이자율변동위험 및 신용위험으로 인한 공정가치변동위험에 노출되어 있다. 즉, 공정가치 변동에 영향을 미치는 요소는 외화위험과 함께 이자율변동위험 및 신용위험도 포함되기 때문에 전체에 대한 위험회피수단을 충족시키지 못한다. 따라서 외화위험 회피수단으로만 지정할 수 있다.

---

2) IAS39 실무적용지침F.1.1 참조

[물음2] 그렇다면 미국 달러화 표시 발행사채를 공정가치로 평가하는 미국달러화 표시 사채(금융자산)의 외화요소에 대한 공정가치위험회피수단이나 현금흐름위험회피수단으로 지정할 수 있는가?

[해석]

지정할 수 있다. 그러나 위험회피수단과 위험회피대상항목의 상각후원가는 모두 마감환율로 재평가될 것이므로 위험회피회계는 불필요하다. K사가 위험회피관계를 공정가치위험회피나 현금흐름위험회피로 지정하는 것에 관계없이 당기손익에 미치는 영향은 동일하다. 위험회피대상항목에 대한 현물환율의 변동을 IAS21에 따라 당기손익으로 인식할 때 현금흐름위험회피수단으로 지정된 비파생상품의 손익도 당기손익으로 인식한다.

외화표시 확정계약은 가장 일반적인 위험회피대상항목이 된다. 또한, 확정계약은 공정가치위험회피 및 현금흐름위험회피의 대상이 될 수 있다. 이제 외화표시 확정계약에 대한 위험회피 사례를 살펴보기로 하자.

[예시4-2] 비파생금융상품에 의한 확정계약에 대한 위험회피[3]

기능통화가 한국 원화인 K사는 액면가액 USD1,000,000의 사채(만기 2년, 매6개월 고정이자 지급조건, 만기 시 원금상환)를 발행하였다. 또한 K사는 2년 후에 확정된 가격 USD1,000,000으로 제품을 판매하기로 하는 계약을 체결하였다. 이 판매계약은 기업의 일반적 판매형태로 볼 수 있기 때문에 파생상품으로 보지 않는다.

[물음1] K사는 확정금액 판매계약의 전체 공정가치변동위험에 대해 미국 달러화 표시 사채를 위험회피수단으로 지정하여 위험회피회계를 적용할 수 있는가?

[해석]

적용할 수 없다. 비파생금융자산이나 비파생금융부채는 외화위험회피에만 위험회

3) IAS39 실무적용지침F.1.2 참조

피수단으로 사용될 수 있다(IAS39 문단72).

[물음2] 그렇다면, K사는 미국 달러화 표시 사채를 확정금액 판매계약에 따라 미래에 수취할 달러화의 환율변동위험에 대한 현금흐름 위험회피수단으로 지정할 수 있는가?

[해석]

지정할 수 있다. 확정계약(firm commitment)의 환율변동위험에 대한 현금흐름위험회피수단이나 공정가치위험회피수단으로 비파생금융상품을 지정할 수 있다(IAS39 문단87). 미래 판매시점 이전까지 기타포괄손익으로 인식한, 비파생상품인 위험회피수단에 대한 손익은 판매가 발생하는 시점에 재분류조정으로 자본에서 당기손익으로 재분류된다(IAS39 문단95).

[물음3] 그렇다면, K사는 판매확정계약을 위험회피대상항목이 아닌 위험회피수단으로 지정할 수 있는가?

[해석]

지정할 수 없다. 위험회피수단은 파생상품이어야 하며, 외화위험을 회피하는 경우에는 비파생금융상품을 지정할 수 있다. 확정계약은 위험회피대상은 될 수 있지만, 위험회피수단이 될 수는 없다. 그러나 판매계약의 외화요소가 내재파생상품으로 분리되어 회계처리되어야 한다면(IAS39 문단11과 AG33(4)), 동 내재파생상품은 외화위험에 따른 사채 만기금액의 공정가치변동위험에 대한 위험회피수단으로 지정할 수 있다.

앞에서 언급한 것처럼 일반적으로 매도옵션은 위험회피수단으로 사용할 수 없고 매입옵션만 위험회피수단으로 활용할 수 있다. 그러나 때로는 매도옵션과 매입옵션을 결합할 경우가 있다. 결합된 옵션의 경우에는 순매도옵션상태(net written option)이면 위험회피수단으로 사용할 수 없지만 순매입옵션상태(net purchase option)이면 위험회피수단으로 사용할 수 있다.

[예시4-3] 결합된 위험회피수단에 포함된 매도옵션의 사용[4)]

[물음1] 매도옵션요소와 매입옵션요소가 결합된 이자율 칼라 등의 파생상품은 위험회피수단으로 사용할 수 없는가?

[해석]

상황에 따라 다르다. 이자율 칼라[5)]는 매도옵션과 매입옵션이 결합된 파생상품이기 때문에 전체로서의 이자율 칼라가 순매도옵션상태인지 순매입옵션상태인지에 따라 회계처리가 다르다.

매도옵션은 예외적인 경우를 제외하고는 위험회피수단으로 지정할 수 없고, 매입옵션은 위험회피수단으로 지정할 수 있다. 매도옵션은 미래에 발생할지 모르는 불확실한 손실에 대한 대가로 프리미엄을 받고 옵션을 판매한 것이기 때문에 매도옵션의 발행자는 권리를 행사할 수 없고, 옵션매수자의 권리행사에 따라 손실을 볼 가능성이 있는 파생상품이다. 이렇듯 매도옵션은 위험회피수단이 될 수 없는 것이다. 따라서 매입옵션을 상쇄하기 위한 경우를 제외하고 매도옵션은 위험회피수단으로 지정할 수 없다(IAS39 문단AG94). 따라서 매도옵션을 포함하는 이자율 칼라 등의 파생상품이 순매도옵션의 성격을 갖게 되면 위험회피수단으로 지정될 수 없다. 그러나 매도옵션을 포함한 이자율 칼라 등이 결합된 파생상품이 순매입옵션이거나 내재된 순프리미엄이 영(0)인 칼라인 경우에는 위험회피수단으로 지정될 수 있다. 여기에서 순프리미엄이 영(0)이상이면 옵션의 매도를 의미하고 영(0)이하이면 옵션의 매입을 의미한다. 따라서 프리미엄이 영(0) 이하의 값을 가져야 옵션매입자로 볼 수 있기 때문에 프리미엄이 영(0)이하인 결합옵션(칼라옵션 등)은 위험회피수단으로 사용될 수 있다는 것을 의미한다.

---

4) IAS39 실무적용지침F.1.3 참조

5) Collar option은 이자율 상한과 하한을 설정하기 위한 옵션으로서 Cap(상한)의 매입과 Floor(하한)의 매도를 결합하거나, Cap의 매도와 Floor의 매입을 결합한 옵션을 말한다. Collar매입은 자금조달비용을 일정한 범위 내로 한정시키고, Collar매도는 자금운용수입을 일정한 범위 내로 한정시키는 효과를 갖는다.

[물음2] 매도옵션요소와 매입옵션요소가 결합된 이자율 칼라 등의 파생상품이 순매도옵션이 아니라는 것을 어떤 특성에 의하여 설명할 수 있는가?

[해석]

다음의 특성이 결합된 경우에는, 매도옵션을 포함하는 이자율 칼라 등의 파생상품이 순매도옵션이 아니라고 판단할 수 있다.

(1) 결합옵션에 대하여 개시시점이나 존속기간 중에도 순프리미엄을 수취하지 않는다. 매도옵션의 가장 큰 특징은 발생된 위험에 대하여 매도자에게 보상하기 위해 프리미엄이 지급된다는 것이다.

(2) 매입옵션요소와 매도옵션요소의 주요 조건(예: 기초변수들, 표시통화 및 만기 등)이 행사가격을 제외하고는 동일하다. 또 매도옵션요소의 명목금액(notional amount)[6]은 매입옵션요소의 명목금액보다 크지 않다.

1.3 외부당사자와의 거래 요건

위험회피회계에서 보고기업의 외부당사자(즉, 재무보고의 대상이 되는 연결실체, 개별기업 또는 부문의 외부당사자)와 체결한 파생상품이나 이와 유사한 계약(이하 '파생상품 등'이라 한다)만을 위험회피수단으로 지정할 수 있다. 연결실체 내의 개별기업이나 개별기업 내의 부문과 연결실체 내의 다른 개별기업이나 개별기업 내의 다른 부문 사이에 위험회피거래는 연결재무제표에서 제거된다. 따라서 이러한 위험회피거래는 연결실체의 연결재무제표에서 위험회피회계의 적용요건을 충족하지 못한다. 그러나 위험회피거래가 외부당사자와 체결된 것이라면, 당해 위험회피거래는 연결실체 내 개별기업의 개별재무제표나 별도재무제표에서 또는 부문보고에서 위험회피회계의 적용요건을 충족할 수 있다(IAS39 문단73).

---

6) 공식번역 용어가 명목금액으로 되어 있는 notional amount는 '상당액'으로 이해하는 것이 합당하다고 본다. 명목금액(nominal amount) 또는 명목가치(nominal value)와는 다른 의미로 해석해야 한다.

동일 연결실체 내의 기업간 또는 동일 법적실체내의 부서간에 노출된 위험을 이전하기 위한 보고실체 내의 파생계약의 목적은 내부 위험회피에 있다. 보고실체 내부의 파생계약이라면 위험회피회계를 적용할 수 없다. IAS39는 위험관리방법을 구체적으로 특정하고 있지 않으나, 내부의 위험회피거래는 위험회피회계의 적용요건을 충족하지 못하는 것으로 규정하고 있다. 이러한 규정은 (1) 연결재무제표에서 연결실체 내의 위험회피거래와 (2) 동일 법적실체의 개별재무제표 또는 별도재무제표에서의 부서간 위험회피거래에 적용된다. 연결재무제표 작성원칙에 따라 "연결실체 내의 잔액, 거래, 수익과 비용은 모두 제거되어야 한다(IAS27 문단24).

한편, 연결실체 내의 위험회피거래일 경우에도 연결실체 내의 기업이나 부서의 관점에서 외부거래에 해당하는 경우에는 그 기업이나 부서의 개별재무제표 또는 별도재무제표에는 동 거래를 위험회피로 지정할 수 있다. 뿐만 아니라, 동 내부 계약이 외부당사자와의 계약에 의하여 상쇄된다면, 당해 외부계약은 위험회피수단으로 볼 수 있으며, 이러한 위험회피관계에 대하여 위험회피회계를 적용할 수 있다.

내부위험회피거래에 대한 보다 구체적인 경우를 살펴보면 다음과 같다.

① 위험관리 목적으로 내부파생계약을 이용할 수 있다. 또한, 개별기업 또는 부서보다는 전사적인 차원이나 상위의 단계에서 위험관리를 위해 자금부서 등에 내부파생상품을 집중시켜 관리하는 것도 가능하다.

② 동일 연결실체내의 두 개별기업간의 내부 파생계약이 연결실체 외부와의 파생상품계약에 의하여 상쇄되지 않더라도, 당해 개별기업의 개별재무제표 또는 별도재무제표에서는 위험회피회계의 적용요건을 충족할 수 있다.

③ 동일 법적실체 내의 두 부서 간 내부파생계약은 외부 법적실체와의 파생상품계약에 의하여 상쇄되는 경우에만, 당해 법적실체의 개별재무제표 또는 별도재무제표에서 위험회피회계의 적용요건을 충족할 수 있다.

④ 동일 법적실체 내의 부서 간 내부파생계약과 동일 연결실체를 구성하는 개별기업 간 내부파생계약은 연결실체 외부와의 파생상품계약에 의하여 상쇄되는

경우에만, 당해 연결실체의 연결재무제표에서 위험회피회계의 적용요건을 충족할 수 있다.

⑤ 내부 파생상품계약이 외부와의 파생상품계약에 의하여 상쇄되지 않는다면, 연결실체를 구성하는 개별 기업과 개별 부서가 내부계약에 대하여 적용한 위험회피회계는 연결재무제표에서 제거되어야 한다.

IAS39는 기업이 내부계약(internal contracts)을 위험관리 도구로 사용할 수 있도록 허용하고 있다. 또한, 위험회피활동을 위해 체결한 외부계약에 대하여 위험회피회계를 적용함에 있어 내부계약을 추적 장치(tracking device)로서 사용할 수 있도록 허용하고 있다. 또한 IAS39는 연결실체내의 기업의 별도 보고에서 개별기업 간 거래에 위험회피회계의 적용을 허용한다. 그러나 IAS39는 연결재무제표에서 연결실체내의 기업 간 거래에 위험회피회계를 적용하는 것은 허용하지 않는다. 이것은 내부적으로 창출된 손익 등 내부계약으로 인한 회계적인 효과는 연결재무제표에서 제거되어야 한다는 연결의 기본적인 요구사항 때문이다. 내부계약을 위험회피수단으로 지정하면 내부적으로 발생한 손익이 제거되지 않을 수 있으며, 그 밖의 다른 회계적 효과가 초래될 수 있다(IAS39 BC165).

예를 들어, [그림 4-1]에서처럼 은행A의 은행계정(banking book)부서가 거래계정(trading book)부서[7]와 내부 이자율스왑계약을 체결한다고 가정하자. 은행부서는 변동금리를 지급하는 부채로 자금을 조달하여 고정금리를 받는 대여금들을 보유하고 있다. 은행부서는 이와 같이 구성된 자산과 부채의 순이자율변동위험을 회피하고자 거래부서와 고정금리를 지급하고 변동금리를 수취하는 내부 이자율스왑계약을 체결하였다. 은행A는 은행부서의 내부이자율스왑을 연결재무제표 작성 시 위험회피수단으로 지정하고자 한다.

7) 은행계정(banking book)이란 보유하고 있는 증권을 거래목적으로 보유하는 것이 아니라 만기까지 보유하는 것이 주사업인 계정을 말한다. 이에 비해 거래계정(trading book)은 거래목적으로 증권을 보유하고, 시장에서의 성과로 평가되는 계정을 말한다.

[그림 4-1] 내부이자율스왑거래

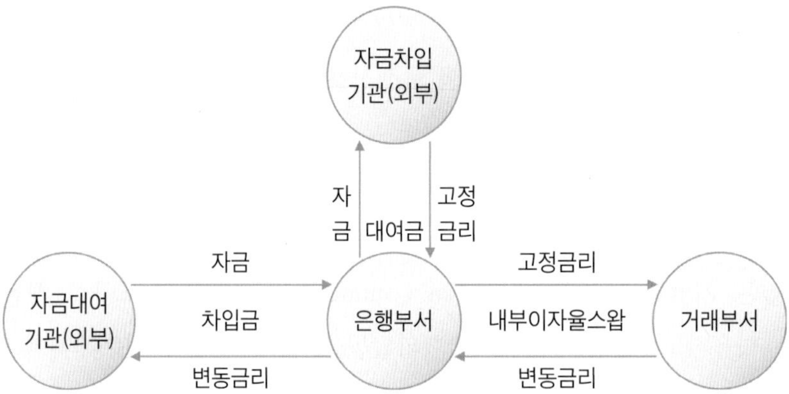

만약 내부이자율스왑을 은행부서에서는 부채의 현금흐름위험회피수단으로 지정하고, 거래부서에서는 단기매매항목으로 분류한다면, 당해 내부이자율스왑에서 발생한 내부손익은 제거되지 않을 것이다. 그 이유는 은행부서에서는 내부이자율스왑에서 발생한 손익 중 위험회피에 효과적인 부분은 자본[8]으로 인식하며, 거래부서에서는 내부이자율스왑에서 발생한 손익을 당기손익으로 인식하기 때문이다.

만약 내부이자율스왑을 은행부서에서는 대여금의 공정가치 위험회피수단으로 지정하고, 거래부서에서는 단기매매항목으로 분류한다고 하자. 그러면 당해 내부이자율스왑의 공정가치 변동은 대차대조표 상 순자산과 당기손익에서 상쇄될 것이다. 그러나 내부이자율스왑을 제거하지 않으면, 은행부서에서는 내부계약에 의해 회피되는 위험으로 인한 공정가치 변동을 반영하기 위하여 위험회피대상인 대여금의 장부금액을 조정하게 될 것이다. 더욱이 은행은 내부이자율스왑의 효과를 반영하기 위하여 고정금리의 대여금을 결과적으로 변동금리 대여금으로 인식하게 되고, 손익계산서에서는 매매손익이 상쇄되도록 인식하게 될 것이다. 즉 이러한 내부이자율스왑은 회계적 영향을 주게 될 것이다(IAS39 BC166~168).

일부에서는 연결재무제표에서는 종속기업 간 또는 종속기업과 지배기업 간의 내부계약에 대하여 위험회피회계를 적용할 수 없다는 점이 부당하다고 주장한

8) 2007년 IAS1의 개정으로, 이러한 손익은 기타포괄손익으로 인식한다.

다. 특히, 내부계약은 위험관리를 위해 사용되는 중요한 수단이며, 회계는 이러한 위험관리방법을 반영해야 한다고 주장한다. 또한 제한된 특정 조건하에서 내부파생상품계약을 예상외화거래의 현금흐름위험회피수단으로 지정하는 것을 허용하는 US GAAP과 일관성을 유지하기 위해서는 IAS39가 개정되어야 한다는 주장도 있었다(IAS39 BC169)

이러한 의견들을 고려하면서 IASB는 다음 원칙들이 연결재무제표의 작성에 적용되어야 한다고 보았다(IAS39 BC170)

① 재무제표는 기업이나 연결실체 전체의 재무정보를(단일 실체의 재무정보로서) 제공하는 것이며 하나의 실체가 마치 두 개로 분리되어 있는 실체인 것처럼 재무정보를 제공하지 않는다.

② 연결의 기본 원칙은 내부거래와 내부거래로 인한 잔액 전체를 제거하는 것이다. 내부계약을 위험회피수단으로 지정하는 것을 허용하면, 연결의 원칙에 변경을 초래할 것이다.

③ 기업이 내부적으로 창출된 손익을 인식하도록 허용하거나 내부거래로 인한 별도의 회계처리 조정을 허용하는 것은 개념적으로 옳지 않다. 발생된 외부사건이 전혀 없다.

④ 내부적으로 창출된 손익을 인식할 수 있게 되면 관련 위험을 어떻게 관리하고 통제하여야 하는 지에 대한 규정이 없을 경우 남용될 수 있다. 기업이 위험을 어떻게 관리하고 통제하여야 하는지를 규정하는 것은 회계기준의 목적이 아니다.

⑤ 내부계약을 위험회피수단으로 지정하는 것을 허용하면 IAS39에서 정하고 있는 다음 규정과 상충된다.

(가) 외화위험 이외의 위험에 대하여 비파생금융자산이나 비파생금융부채를 위험회피수단으로 지정하는 것을 허용하지 않는다. 예를 들어, 기업이 보유하는 두 개의 상쇄되는 내부계약 중 하나는 비파생금융자산의 공정가치 위험회피수단으로 지정하고, 다른 하나는 비파생금융부채의 공정가치 위험회피수단으로 지정한다면, 기업 전체적으로 그 효과는 자산과 부채 간에 위험회피관계를 지정하는 것과 같다(즉, 비파생금융자산이나 비파생금융부채가 위험회피수단으로 사용된다).

(나) 자산과 부채의 순포지션을 위험회피대상항목으로 지정하는 것을 허용하지 않는다. 예를 들어, 기업이 보유하는 두 개의 내부계약 중 하나는 자산의 공정가치 위험회피수단으로 지정하고, 다른 하나는 부채의 공정가치 위험회피수단으로 지정한다. 두 개의 내부계약은 완전히 상쇄되지 않아 노출된 순위험을 제거하기 위하여 순액에 대하여 외부와 파생상품계약을 체결한다. 이 경우 기업 전체의 효과는 자산과 부채의 순포지션과 순액에 대해 외부와 체결한 파생상품계약 간에 위험회피관계가 지정된 것과 같다.

(다) 자산과 부채를 공정가치로 평가할 수 있는 선택규정을 자산과 부채의 일부에도 적용할 수 있도록 확대하지 않는다.

⑥ IASB는 어떤 금융자산이나 금융부채든지 공정가치로 측정해서 그 공정가치 변동을 당기손익으로 인식할 수 있도록 하는 선택권을 허용하기로 결정하였다. 따라서 기업은 위험회피회계를 적용하지 않고서도 서로 대응되는 자산과 부채를 공정가치로 측정할 수 있다.

IASB는 연결 시 모든 내부계약의 회계처리 효과는 제거된다는 연결의 기본원칙을 재차 확인했다. IASB는 이 원칙에 대한 어떠한 예외도 허용해서는 안 된다고 결정했다. 또한 이 결정에 따라 일정 미래 외화거래에 대한 위험회피에서 내부파생상품계약을 위험회피수단으로 지정하는 것을 허용하지 않기로 했다. 반면, SFAS 138 '특정 파생상품과 특정 위험회피활동에 대한 회계처리(Accounting for Certain Derivative Instruments and Certain Hedging Activities)'에서는 이러한 지정이 허용되고 있다(IAS39 BC171)

개별재무제표 또는 별도재무제표에서 동일 연결실체 내 개별기업 간의 거래는 개별기업의 입장에서는 내부거래가 아니다. 따라서 IAS39에서는 이러한 거래에 대해 위험회피회계의 적용을 제한하지 않기로 하였다(IAS39 BC172).

[예시4-4] 내부위험회피[9]

A기업의 은행부서(banking-book division)는 대여금 포트폴리오(또는 유사한 대여

9) IAS39 실무적용지침F.1.4 참조

금의 집합)의 이자율변동 위험을 회피하고자 같은 기업의 거래부서(trading-book division)와 내부이자율스왑계약을 체결하였다. 이러한 이자율스왑계약에 따라 은행부서는 거래부서에 고정금리를 지급하고 변동금리를 수취한다. 이 사례에서 살펴본 은행부서와 거래부서 간의 내부위험회피에 위험회피회계를 적용할 수 있는가?

[해석]

외부와 체결된 파생계약이 아닌 경우 은행부서와 거래부서간 위험회피거래는 위험회피회계를 적용할 수 없다. IAS39 문단73에 따르면, 외부와 체결된 파생계약에 대하여만 위험회피수단으로 지정할 수 있으며, 연결실체 내부 간 또는 개별기업 내의 부문 간 거래는 연결과정에서 제거되어야 한다. A기업 내부의 부문 간 거래는 A기업의 재무제표에서 위험회피회계의 적용요건을 충족하지 못한다. 이와 마찬가지로 연결실체 내의 개별기업 간 거래는 연결재무제표에서 위험회피회계의 적용요건을 충족하지 못한다.

그러나 [예시4-4]에서의 이자율스왑과는 별도로 거래부서가 내부 이자율스왑에서 회피된 위험을 상쇄하기 위하여 외부 거래당사자와 이자율스왑 등의 계약을 체결한다면, 위험회피회계가 허용된다. 위험회피거래의 적용 목적상, 위험회피대상항목은 은행부서의 대여금(또는 유사한 대여금의 집합)이며, 위험회피수단은 외부 거래당사자와 체결한 이자율스왑 등의 계약이다.

거래부서는 서로 상쇄되지 않는 몇 개의 이자율스왑의 전체 또는 부분을 합산하여, 합산된 총 위험을 상쇄할 수 있는 하나의 파생상품계약을 외부의 거래당사자와 체결할 수 있다. 은행부서의 위험회피대상항목을 식별할 수 있고, 위험회피회계의 적용을 위한 그 밖의 조건을 충족한다면, 이러한 외부 거래당사자와의 위험회피거래에 대하여 위험회피회계를 적용할 수 있다. 다만, 만기보유금융자산의 이자율변동위험에 대하여는 위험회피회계를 적용할 수 없다(IAS39 문단 79). 그 이유는 만기까지의 현금흐름 수취에 관심이 있는 채권의 경우 보유기간 동안의 공정가치변동이 의미가 없기 때문이다.

[예시4-5] 이자율위험을 관리하기 위한 내부파생상품계약의 상쇄[10)]

이자율위험을 자금본부에 집중시켜 관리하기 위하여 자금본부가 동일 연결실체 내의 종속기업이나 부서와 내부 파생상품계약(internal derivative contracts)을 체결한다고 가정하자. 이 경우, 위험을 제거하기 전에 내부 파생상품계약을 먼저 상쇄시킨 후 나머지 부분에 대하여 파생상품시장에서 외부 거래당사자와 계약을 체결한다면, 내부 파생상품계약은 연결재무제표에서 위험회피회계의 적용요건을 충족할 수 있는가?

[해석]

충족할 수 없다. 종속기업 또는 내부부서 수준에서 위험회피수단으로 지정한 내부계약은, 공정가치위험회피의 경우에는 위험회피대상항목의 공정가치 변동을 당기손익으로 인식하게 되며, 현금흐름위험회피의 경우에는 내부파생상품의 공정가치 변동을 기타포괄손익으로 인식하게 된다. 노출된 위험이 외부파생상품(external derivative)에 의하여 상쇄되지 않는다면, 공정가치위험회피에서 위험회피대상항목의 측정속성(measurement attribute)을 변경할 근거가 없다. 마찬가지로 노출된 위험이 외부파생상품에 의해 상쇄되지 않는다면, 내부 파생상품에 대해 연결실체내의 한 기업은 기타포괄손익으로 인식하고, 동일 연결실체내의 다른 기업은 당기손익으로 인식할 근거도 없다. 종속기업 또는 내부부서 수준에서 자산이나 부채에 대한 이자율위험을 관리하기 위해 복수의 내부파생상품이 사용되고, 당해 내부파생상품이 자금부서 수준(연결실체 수준)에서 상쇄되는 경우, 내부파생상품을 위험회피수단으로 지정할 수 있다고 하자. 그렇다면, 같은 논리를 이용하여 내부 파생상품뿐만 아니라 내부 비파생상품을 이용하여 연결재무제표에서 위험회피대상 위험과 비파생상품의 위험을 서로 상쇄할 수 있도록 사용하는 것을 허용하게 되는 결과를 초래하게 될 것이다. 따라서 IAS39 문단72는 비파생상품을 외화위험회피 이외의 위험회피수단으로 지정하는 것을 허용하지 않으므로, 외부 거래당사자와의 거래에서 상쇄되지 않고 종속기업이나 내부부서 수준에서 내부파생상품을 사용한 위험회피회계의 결과는 연결재무제표에서 제거되어야 한다고 결론을 내리고 있다.

그러나 연결 단계에서 서로 상쇄된 내부파생상품에 대하여 연결시에 위험회피회계의 효과를 제거하는 것이 당기손익과 기타포괄손익에 미치는 영향은 없을 수도 있다.

10) IAS39 실무적용지침F.1.5 참조

이러한 경우는 종속기업 또는 내부부서 수준에서 동일한 유형의 위험회피관계로 내부파생상품을 사용하는 경우와 위험회피대상항목이 동일 회계기간의 당기손익에 영향을 미치는 현금흐름위험회피의 경우가 해당한다. 내부파생상품이 자금부서 수준에서 상쇄되는 것과 마찬가지로 동일 연결실체내의 두 개별 기업 또는 두 내부부서가 내재파생상품에 대해 공정가치위험회피회계를 적용하여 인식한 당기손익은 서로 상쇄될 것이다. 또한, 동일 연결실체내의 두 개별 기업 또는 두 내부부서가 내부파생상품에 대해 현금흐름위험회피회계를 적용하여 인식한 기타포괄손익의 변동은 서로 상쇄될 것이다. 그러나 연결포괄손익계산서나 연결재무상태표의 개별 항목에 대한 영향은 있을 수 있다. 예를 들면, 공정가치위험회피를 적용하는 특정 자산이나 부채에 대한 내부파생상품이, 연결재무상태표나 연결포괄손익계산서의 다른 항목으로 기재되는 다른 자산이나 부채의 공정가치위험회피에 사용되는 별도의 내부파생상품에 의하여 상쇄되는 경우가 이에 해당된다. 더욱이, 하나의 내부파생상품은 공정가치위험회피에 사용되고, 다른 내부파생상품은 현금흐름위험회피에 사용하는 한, 공정가치위험회피에 적용된 내부파생상품에 관련된 손익은 당기손익으로 인식되고, 현금흐름위험회피에 적용된 내부파생상품에 관련된 손익은 기타포괄손익으로 인식되기 때문에, 인식된 손익은 서로 상쇄되지 아니할 것이다.

[예시4-6] 외화위험을 관리하기 위한 내부파생상품계약의 상쇄[11)]

한 회사는 외화위험을 집중시켜 관리하기 위하여 자금본부가 동일 연결실체내의 종속기업이나 여러 내부부서와 내부 파생상품계약을 체결하는 정책을 가지고 있다. 이 회사는 위험을 제거하기 전에 내부 파생상품계약을 먼저 상쇄시킨 후 나머지 부분에 대하여 파생상품시장에서 외부 거래당사자와의 계약을 통해 상쇄하고자 한다.

이 경우 내부파생상품(internal derivatives)계약은 연결재무제표에서 위험회피회계의 적용요건을 충족하는 외부거래로 식별하는 근거가 될 수 있는가?

[해석]

이에 대한 해답은 상황에 따라 다르다. IAS27 '연결재무제표와 별도재무제표'는 연

11) IAS39 실무적용지침F.1.6 참조

결재무제표 상에서 모든 내부거래를 제거하도록 규정하고 있다. 내부위험회피거래는 연결실체의 연결재무제표에서 위험회피의 적용요건을 충족하지 못한다(IAS39 문단73). 그러므로 연결실체가 연결재무제표에서 위험회피회계를 적용하기 위해서는 요건을 갖춘 위험회피대상항목 및 외부 위험회피수단 사이에 위험회피관계를 지정해야 한다.

종속기업 또는 내부부서 수준에서 이자율위험을 관리하기 위해 복수의 내부파생상품이 사용되고, 당해 내부파생상품이 거래부서 수준에서 상쇄되는 경우, 종속기업이나 내부부서 수준에서 위험이 회피된 비파생상품의 위험 역시 연결 시 서로 상쇄되는 회계적 효과를 가질 것이다. 다음 ①과 ②를 모두 충족하는 경우에는 당기손익이나 기타포괄손익에 미치는 효과는 없다.

① 내부파생상품이 동일한 형태의 위험회피관계(공정가치위험회피 또는 현금흐름위험회피)에 사용되는 경우

② 현금흐름위험회피의 경우, 최초 기타포괄손익에 인식된 파생상품 관련 손익이 동일한 기간에 재분류조정으로 자본에서 당기손익으로 재분류되는 경우

상기 두 조건이 모두 충족되는 경우, 당기손익이나 기타포괄손익으로 인식된 내부파생상품에 대한 손익은 상쇄되어, 파생상품 자체가 제거된 것과 동일하게 당기손익과 기타포괄손익이 표시될 것이다. 다만, 연결포괄손익계산서와 연결재무상태표의 개별항목에 대한 효과는 있을 것이며, 이러한 효과는 제거되어야 한다. 한편, 상쇄되는 내부파생상품의 일부가 현금흐름위험회피에 사용되는 반면 다른 내부파생상품은 공정가치위험회피에 사용되는 경우에는 당기손익 또는 기타포괄손익에 영향을 미칠 것이다. 위험회피대상항목들이 다른 기간의 손익에 영향을 주게 됨에 따라 최초에 기타포괄손익으로 인식한 파생상품 관련 손익이 다른 기간에 당기손익으로 재분류된다면, 현금흐름위험회피에 사용된 내부파생상품이 당기손익 및 기타포괄손익에 영향을 미치게 된다.

기초자산인 비파생상품의 외화위험을 이전하기 위하여 내부파생상품(internal derivatives)을 이용하는 경우, 위험회피회계를 적용하기 위하여 비파생금융상품

을 위험회피수단으로 지정할 수 있다(IAS39 문단72). 이러한 경우에는 내부파생상품계약이 서로 상쇄되더라도, 연결재무제표에서 위험회피회계의 적용요건을 갖춘 외부거래를 식별하는 근거로 내부파생상품계약을 사용할 수 있다. 그러나 연결재무제표에서는 외부거래만을 대상으로 위험회피관계를 지정해야 한다.

재무제표 상에 미인식된 확정계약(firm commitment)이나 예상거래(forecast transaction)는 위험회피대상은 될 수 있지만 위험회피수단으로 지정될 수 없다. 따라서, 상쇄되는 복수의 내부파생상품을 통하여 외화위험을 이전하고자하는 기초거래가 예상거래이거나 미인식된 확정계약인 경우 이들을 수단으로 하는 위험회피회계를 적용할 수 없다. 이와 같은 경우에는 내부파생상품을 연결재무제표에서 위험회피회계의 적용요건을 갖춘 외부거래를 식별하는 근거로 사용할 수 없다. 상쇄되는 내부파생상품을 통하여 금융자산 또는 금융부채에 대한 외화위험을 외부 위험회피수단으로 이전시킬 수 있다는 것을 보여줄 수 없다면, 장부금액 조정을 통하여 최초의 자산 또는 부채의 장부금액에 포함되었거나 기타포괄손익으로 인식된 내부파생상품 관련 누적손익은 연결재무제표에서 제거되어야 한다.

제2절 위험회피수단의 지정

2.1 위험회피수단 전체를 지정하는 경우

일반적으로 위험회피수단(hedging instrument) 전체에 대하여 하나의 공정가치가 존재하며, 당해 공정가치의 변동에 영향을 주는 요인들은 서로 관련되어 있다. 따라서 다음의 경우 이외에는 위험회피수단 전체에 대하여 위험회피관계를 지정한다.

① 옵션의 내재가치(intrinsic value)와 시간가치(time value)를 구분하여 내재가치의 변동만을 위험회피수단으로 지정하고 시간가치의 변동을 제외하는 경우

② 선도계약(forward contract)의 현물가격(spot price)과 이자요소(interest element)를 구분하는 경우

옵션의 내재가치는 기초자산의 현물가격과 행사가격의 차이를 의미하며, 콜옵션의 경우에는 현물가격이 행사가격보다 높은 경우에 내재가치가 양의 값을 가지며 그 반대의 경우에는 옵션을 행사할 필요가 없기 때문에 내재가치는 영(0)이다. 풋옵션의 경우에는 행사가격이 기초자산의 현물가격보다 높을 때 내재가치는 양의 값을 가지며 그 반대의 경우에는 옵션을 행사할 필요가 없기 때문에 내재가치는 영(0)의 값을 갖는다.

일반적으로 선도계약의 프리미엄과 옵션의 내재가치는 구분하여 측정할 수 있으므로, 위의 ①과 ②의 경우에는 예외가 허용된다. 옵션의 내재가치와 시간가치를 모두 평가하는 동적위험회피전략(dynamic hedging strategy)은 위험회피회계의 적용요건을 충족할 수 있다.

기업은 옵션계약의 내재가치와 시간가치를 구분하여 옵션계약의 내재가치의 변동만을 위험회피수단으로 지정하는 것이 가능하다(IAS39 문단74(1)). 예상거래(forecast transaction)와 위험회피수단(hedging instrument)의 주요 조건이 동일한 경우, 위험회피관계의 지정은 예상거래의 회피대상위험으로 인한 현금흐름의 변동을 상쇄함으로써 완전히 효과적인 위험회피관계를 가져올 수 있다(IAS39 문단AG110A).

[예시4-7] 매도옵션과 매입옵션의 결합[12]

대부분의 경우에는 매도옵션을 위험회피수단으로 이용할 수 없다(IAS39 문단AG94). 이자율 칼라[13]와 같은 매도옵션과 매입옵션의 결합을 하나의 파생상품으로 거래한 경우, 기업이 당해 파생상품을 매도옵션요소와 매입옵션요소로 분리하여, 매입옵션요소를 위험회피수단으로 지정할 수 있는가?

[해석]

지정할 수 없다. 두 가지 예외적인 경우를 제외하고는 위험회피수단 전체에 대해서 위험회피관계를 지정해야 하므로(IAS39 문단74), 매입옵션요소와 매도옵션요소로 분

12) IAS39 실무적용지침F.1.8 참조

13) 칼라옵션에 대해서는 제1장 3.5를 참조하기 바란다.

리한 후 매입옵션요소만을 위험회피수단으로 지정할 수 없다. 두 가지 예외적인 경우란 옵션의 경우 내재가치와 시간가치를 분리할 수 있으며, 선도계약의 경우 이자요소와 현물가격으로 분리할 수 있는 경우를 말한다.

회사는 목표위험관리를 위해 다소 복잡한 위험회피전략을 구사할 수 있다. 예컨대 델타중립위험회피전략[14]을 이용하여 위험회피를 하기도 한다. 여기에서는 델타중립위험회피전략에 대한 예시를 살펴보기로 하자.

[예시4-8] 델타중립 위험회피전략[15]

목표 위험회피비율을 유지하기 위하여(예를 들어 위험회피대상항목의 공정가치 변동에 민감하지 않은 '델타중립' 포지션의 달성), 위험회피수단의 수량 등을 지속적으로 조정하는 '델타중립' 위험회피전략과 그 밖의 동적위험회피전략에 대하여 위험회피회계를 적용할 수 있는가?

[해석]

적용할 수 있다. 델타중립 위험회피전략에 대하여 위험회피회계를 적용할 수 있다. 내재가치와 시간가치를 모두 평가하는 동적위험회피전략은 위험회피회계의 적용요건을 충족할 수 있다. 예를 들어 위험회피대상항목의 공정가치가 증가하는 것은 허용하되, 일정 수준 이하로 하락하지 않도록 보장하는 포트폴리오보험전략('portfolio insurance strategy')의 경우 위험회피회계가 적용될 수 있다.

14) 델타중립위험회피전략이란 풋옵션과 콜옵션 또는 선물 등을 결합해 기초자산 가격이 움직여도 전체 변동성을 제로(0)로 맞추는 전략을 말한다. 여기에서 델타란 기초증권의 가격(현물옵션의 경우) 또는 선물가격(선물옵션의 경우)의 변화에 대한 옵션가격의 변화의 정도를 말한다. 옵션가격의 변화는 그 절대치에 있어서 대상증권의 가격이나 선물옵션의 변화보다 작기 때문에 델타의 절대치는 항상 0과 1사이이다. 예를 들어 델타 0.5는 대상 증권의 가격 1% 상승에 대하여 옵션가격이 0.5% 이하로 상승하는 것을 말한다. 콜옵션은 포지티브(+) 델타를 가지며 풋옵션은 네거티브(−) 델타를 갖는다. 이와 같이 델타는 옵션가격과 기초자산가격과의 상관관계를 나타내는 것이므로 가격변동위험으로부터 투자의 포지션을 중립화시킬 수 있는데 이와 같이 델타를 이용한 헤지 전략을 델타 헤지라고 한다.

15) IAS39 실무적용지침F.1.9 참조

위험회피회계를 적용하기 위해서는 어떻게 위험회피를 감시하고 갱신할 것이며 어떻게 위험회피효과를 측정할 것인지를 문서화해야 한다. 또한 위험회피수단의 모든 소멸과 재지정을 적절히 추적할 수 있어야 하며, 위험회피회계의 적용을 위한 그 밖의 적용요건을 충족할 수 있음을 제시할 수 있어야 한다(IAS39 문단88). 뿐만 아니라, 위험회피관계가 조정될 것으로 기대되지 않는 기간에는 위험회피의 효과가 매우 높다는 기대를 제시할 수 있어야 한다.

[예시4-9] 위험회피수단: 외가격의 풋옵션[16)]

A사는 B사 주식 1주를 취득하여 기타포괄손익인식금융자산으로 분류하고 있다. B사 주식의 가격하락위험을 부분적으로 회피하기 위하여 A사는 B사 주식 1주에 대한 풋옵션을 매입하였고, 풋옵션의 내재가치 변동을 B사 주식의 공정가치 변동에 대한 위험회피수단으로 지정하였다. 풋옵션은 B사 주식 1주를 행사가격 90원에 팔 수 있는 권리이다. 위험회피관계의 개시시점에 B사 주식의 주가는 100원이었다. A사는 풋옵션의 행사에 의하여 B사 주식을 90원에 팔 수 있으므로 내재가치를 기준으로 주가가 90원 이하인 경우에는 일반적으로 완전한 위험회피효과가 있다. 90원 이상의 주가변동위험은 회피되지 않는다. 이러한 경우, 90원을 초과하는 주가변동분을 비효과적인 부분으로 보아 당기손익으로 인식하여야 하는가(IAS39 문단89)?

[해석]

그렇지 않다. A사는 옵션의 내재가치 변동을 위험회피수단으로 지정할 수 있다. 옵션의 내재가치 변동으로 B사 주식 1주에 대한 주가의 변동위험을 회피할 수 있는 경우는 풋옵션의 행사가격인 90원 이하인 경우이다. 주가가 90원을 초과하는 경우 풋옵션은 외가격(out-of-the-money) 상태이며 내재가치는 없다. 그러므로 90원을 초과하는 주가의 변동으로 인한 손익은, 위험회피효과를 평가하고 위험회피대상항목에 대한 손익을 인식하기 위한 회피대상위험에 해당되지 않는다.

그러므로 A사는 90원을 초과하는 주가의 변동과 관련된 B사 주식의 공정가치 변동을 기타포괄손익으로 회계처리해야 한다(IAS39 문단55와 문단90). 90원 이하로 주가

---

16) IAS39 실무적용지침F.1.10 참조

가 하락하는 경우의 주식의 공정가치 변동은 지정된 공정가치위험회피의 적용대상이며, 당기손익으로 인식한다(IAS39 문단89(2)). 공정가치위험회피가 효과적이라고 가정하면, 주가의 변동은 풋옵션의 내재가치 변동과 상쇄될 것이다(IAS39 문단89(1)). 위험회피관계의 지정에서 제외된 풋옵션의 시간가치 변동은 당기손익으로 인식한다(IAS39 문단55(1)).

2.2 위험회피수단의 비례적 부분을 지정하는 경우

IAS39 문단75에 따르면 위험회피수단의 비례적 부분(예: 계약단위 수량의 50%)을 위험회피관계에서 위험회피수단으로 지정할 수 있으나, 위험회피수단(hedging instrument)의 잔여만기 중 일부 기간에 대하여 위험회피관계를 지정할 수 없다. 그러나 그 반대는 다르다. 즉, 위험회피대상항목(hedged item)의 잔여만기 중 일부 기간에 대하여 위험회피관계를 지정할 수 있다.

[예시4-10] 위험회피수단: 비파생금융상품의 현금흐름 중 비례적 부분[17]

외환위험의 경우 비파생금융자산이나 비파생금융부채도 위험회피수단으로 지정될 수 있다. 위험회피수단으로 지정하고자 하는 금융자산이나 금융부채의 잔여만기 중 전체 위험회피수단의 비례적 부분으로 남아 있는 특정 기간에 해당하는 현금흐름을 위험회피수단으로 지정하고, 나머지 기간에 해당하는 현금흐름을 위험회피관계의 지정에서 제외할 수 있는가?

[해석]

제외할 수 없다. 위험회피수단의 잔여만기 중 일부 기간에 대하여 위험회피관계를 지정할 수 없다(IAS39 문단75). 예를 들어, 10년 만기 외화차입금의 최초 3년간 현금흐름을 동일 외화에 의한 최초 3년간 매출에 대한 현금흐름위험회피수단으로 지정할 수 없다. 한편, 위험회피수단의 잔여만기와 같거나 잔여만기보다 긴 위험회피대상항

17) IAS39 실무적용지침F.1.11 참조

목의 외화위험에 대한 위험회피수단으로 외화표시 비파생금융자산이나 비파생금융부채를 지정할 수 있다(예시4-14 참조).

위험회피수단의 잔여 만기 중 일부 기간에 대하여 위험회피관계를 지정할 수는 없다(IAS39 문단75). 그러나 위험회피대상항목의 잔여 만기 중 일부 기간에 대하여 파생상품을 위험회피수단으로 지정할 수 있다. 위험회피효과를 측정할 수 있고 위험회피회계의 다른 적용요건을 충족한다면, 금융상품의 현금흐름이나 공정가치의 일부분이 위험회피대상항목이 될 수 있다.

[예시4-11] 부분기간에 대한 위험회피[18)]

A사는 잔여 만기가 10년이며 10% 고정금리 조건의 국채를 취득하고, 당기손익인식금융자산으로 분류한다. 최초 5년 동안 수취할 이자의 현재가치와 관련되는 공정가치 변동위험을 회피하기 위하여 A사는 5년 만기인 이자율스왑(고정금리를 지급하고 변동금리를 수취하는 스왑)거래를 하였다. 이 경우 이자율스왑의 잔여만기에 대하여 스왑을 위험회피수단으로 지정할 수 있는가?

[해석]

만기에 지급될 국채 원금과 최초 5년 동안의 국채 이자금액의 공정가치가 5년 만기 스왑의 수익률곡선의 변동에 영향을 받는 범위까지 해당 스왑을 위험회피수단으로 지정할 수 있다.

예상거래는 위험회피대상항목이 될 수 있다. 예상거래는 발생시기가 가변적일 수 있다. 예상거래가 당초 예상보다 먼저 발생할 수도 있고 늦게 발생할 수도 있다. 따라서 예상거래의 발생시기의 변경은 위험회피관계의 유효성에 영향을 주지 않는다.

---

18) IAS39 실무적용지침F.2.17 참조

[예시4-12] 현금흐름위험회피: 예상거래가 특정기간 이전에 발생하는 경우[19]

A사는 예상매출에 대한 현금흐름위험회피에서 파생상품을 위험회피수단으로 지정하였다. 예상거래가 발생할 것으로 기대되는 기간은 가능한 한 구체적이고 짧게 식별하고 문서화하여야 한다는 요건을 포함하여 모든 위험회피회계의 적용요건을 충족하였다. 위험회피관계의 지정 후 예상거래가 최초에 예상한 기간보다 일찍 발생할 것으로 기대된다. 예상보다 빨리 발생한 예상거래를 위험회피대상으로 지정했던 예상거래와 동일하게 볼 수 있는가?

[해석]

볼 수 있다. 예상거래 발생시기의 변경이 위험회피관계지정의 유효성에 영향을 주지는 않는다. 다만, 예상거래의 발생시기의 변경은 위험회피효과의 평가에 영향을 줄 수 있다. 또 위험회피수단으로서 계속 유효하기 위해서는 위험회피수단의 잔여만기 전체에 대하여 위험회피수단으로 지정되어야 한다(IAS39 문단75 참조).

2.3 복수의 위험 회피를 위한 위험회피수단

통상적으로 단일 위험회피대상항목과 단일 위험회피수단 전체에 대하여 위험회피관계가 지정되어 위험회피수단에 대하여 단일의 공정가치를 측정하게 된다. 그렇다면 하나의 위험회피수단이 복수의 위험회피대상항목의 위험을 회피하기 위한 수단으로 사용될 수 있을까? 다음 조건을 모두 충족하는 경우 하나의 위험회피수단을 복수의 위험을 회피하는 데 지정할 수 있다(IAS39 문단76).

① 회피대상위험을 명확하게 식별할 수 있다.

② 각 위험회피효과를 제시할 수 있다.

③ 위험회피수단과 각 회피대상위험 사이의 구체적인 지정 관계를 확인할 수 있다.

19) IAS39 실무적용지침F.5.4 참조

[예시4-13] 복수 유형의 위험에 대한 회피[20)]

하나의 금융상품을 현금흐름위험회피와 공정가치위험회피에 대한 위험회피수단으로 동시에 지정할 수는 없는가? 하나의 금융상품을 현금흐름위험회피와 공정가치위험회피에 대한 위험회피수단으로 동시에 지정하는 경우 별도로 주석으로 공시할 사항이 있는가?

[해석]

하나의 금융상품을 현금흐름위험회피와 공정가치위험회피를 위한 수단으로 지정할 수 있다. 예를 들어, 외화표시 변동금리 포지션을 기능통화 표시 고정금리 포지션으로 전환시키기 위하여 이자율 스왑과 통화스왑을 결합('이종통화표시 이자율스왑')하여 사용하는 경우가 있다. IAS39 문단76에서 규정하고 있는 조건(①위험회피대상의 명확한 식별, ②위험회피효과의 제시, ③위험회피수단과 위험회피대상항목 간의 구체적 관계 지정)을 모두 충족한다면, 그러한 스왑을 외화위험에 대한 공정가치위험회피수단과 이자율위험에 대한 현금흐름위험회피수단으로 각각 지정할 수 있다.

공정가치위험회피, 현금흐름위험회피 및 해외사업장순투자에 대한 위험회피에 대한 사항을 각각 주석으로 공시하여야 한다(IAS7 문단22). 즉, 위험회피의 유형별로 각각 주석사항을 공시하여야 한다.

기업들은 복수의 통화로 표시된 거래가 있을 수 있다. 복수의 통화로 이루어지는 거래들에 대한 위험회피를 위하여 통화선도계약을 사용할 수 있다. 앞에서 살펴본 것처럼 ①위험회피대상의 명확한 식별, ②위험회피효과의 제시, ③위험회피수단과 위험회피대상항목 간의 구체적 관계 지정의 조건(IAS39 문단76)을 모두 충족하면 하나의 위험회피수단을 복수의 위험회피대상에 대해 위험회피관계를 지정할 수 있다.

20) IAS39 실무적용지침F.1.12 참조

[예시4-14] 위험회피수단: 복수 외화에 대한 통화선도계약[21)]

기능통화가 한국원화인 A사는 미국달러화 표시 부채(5년 만기, 변동금리)와 영국파운드화 표시 받을어음(10년 만기, 고정금리)을 보유하고 있다. 미국달러화 표시 부채와 영국파운드화 표시 자산의 원금은 원화로 환산하면 동일하다. A사는 이러한 부채와 자산의 환율변동위험을 회피하기 위하여 하나의 통화선도계약(5년 만기, 미국달러화 수취, 영국파운드화 지급)을 체결하였다. A사가 이러한 자산과 부채의 원금과 관련된 현금흐름에 대한 환율변동위험을 회피하기 위하여 이러한 통화선도계약을 현금흐름위험회피수단으로 지정한 경우 위험회피회계의 적용요건을 충족하는가?

[해석]

충족한다. 다음의 3가지 조건을 충족하는 경우 복수의 위험을 회피하기 위하여 하나의 위험회피수단을 지정할 수 있다(IAS39 문단76). 이 사례에서 위험회피수단인 파생상품은 다음의 조건을 모두 충족한다.

(1) 회피대상위험을 명확하게 식별할 수 있다. 이 사례에서 회피대상위험은 원화 대비 미국달러화의 환율변동위험과 원화 대비 영국파운드화의 환율변동위험이다.

(2) 각 위험회피효과를 제시할 수 있다. 영국파운드화 표시 자산에 대한 위험회피효과는 영국파운드화로 상환 받는 원금의 공정가치와 통화선도계약에 따른 영국 파운드화 지급금의 공정가치가 상쇄되는 정도로 측정한다. 미국달러화 표시 부채에 대한 위험회피효과는 미국달러화로 상환하는 원금의 공정가치와 통화선도계약에 따른 미국 달러화 수취금액의 공정가치가 상쇄되는 정도로 측정한다. 10년 만기인 자산의 경우 통화선도계약을 통한 위험회피기간은 최초 5년에 불과하지만 위험회피회계는 노출된 위험의 일부에 대해서도 적용할 수 있다.[22)]

(3) 위험회피수단과 각 회피대상위험 사이의 구체적인 지정 관계를 확인할 수 있다. 이 사례에서 위험회피대상으로 식별된 항목은 미국달러화로 표시된 부채와 영국파운드화로 표시된 자산의 원금이다.

---

21) IAS39 실무적용지침F.1.13 참조

22) IAS39 실무적용지침F.2.17 참조

2.4 복수의 파생상품을 위험회피수단으로 지정하는 경우

둘 이상의 파생상품이나 이들 파생상품의 비례적 부분의 결합을 위험회피수단으로 지정할 수 있다. 예컨대 이자율칼라옵션은 결합파생상품이며, 위험회피수단으로 지정될 수 있다. 또한 어떤 파생상품에서 발생하는 위험이 다른 파생상품에서 발생하는 위험을 상쇄하는 경우도 위험회피수단으로 사용될 수 있다. 환위험의 경우에는 비파생상품이 위험회피수단으로 이용될 수 있기 때문에 더 다양한 결합을 이용하여 위험회피수단으로 지정될 수 있다. 예컨대 둘 이상의 비파생상품, 이들 비파생상품의 비례적 부분의 결합 또는 파생상품과 비파생상품의 결합 또는 비례적 부분의 결합을 위험회피수단으로 지정할 수 있다. 그러나 매도옵션과 매입옵션이 결합된 이자율 칼라나 기타 파생상품이 실질적으로 순매도옵션이며 순프리미엄을 수취한다면 잠재적으로 불리한 조건으로 위험을 부담하는 당사자이기 때문에 당해 파생상품을 위험회피수단으로 지정할 수 없다. 마찬가지로, 둘 이상의 금융상품이나 이들 금융상품의 비례적 부분의 결합이 모두 매도옵션이 아니거나 이들 결합이 순매도옵션이 아니라면, 당해 금융상품은 위험회피수단으로 지정할 수 있다(IAS39 문단77).

위험포지션이 서로 상쇄되는 파생상품으로 구성된 포트폴리오도 위험회피수단이 될 수 있는가? 이러한 문제는 중도상환에 대한 기대가 변하고, 기존 항목이 제거되고 새로운 항목이 생겨나면서 각 재조정기간의 자산과 부채가 시간이 경과함에 따라 변동하기 때문에 생겨난다. 따라서 순포지션, 즉 기업이 위험회피대상항목으로 지정하고자 하는 금액도 시간의 경과에 따라 변동한다. 위험회피대상항목이 감소하면 위험회피수단도 감소될 필요가 있다. 그러나 기업은 일반적으로 위험회피수단인 파생상품 포트폴리오 내의 일부 파생상품을 처분하여 위험회피수단을 감소시키지 않는다. 대신에 위험을 상쇄하는 효과가 있는 새로운 파생상품계약을 체결하여 위험회피수단을 조정한다.

위험포지션이 서로 상쇄되는 파생상품을 포함하는 파생상품 포트폴리오도 개별 위험회피와 포트폴리오 위험회피의 위험회피수단으로 지정될 수 있다. 모든 파생상품은 공정가치로 측정되며, 위험회피수단을 조정하는 두 방법은 실질적으로 동일한 결과를 얻을 수 있기에 IAS39 문단77은 이와 같은 관계에 대해 명확히 언급하고 있다.

[예시4-15] 상쇄하는 조건을 갖는 스왑 중 하나를 위험회피수단으로 사용[23]

A사는 이자율스왑계약을 체결하고, 이를 고정금리부채에 대한 공정가치위험회피수단으로 지정하였으며, 이러한 지정은 IAS39의 공정가치위험회피회계에 대한 적용요건을 충족한다. 이와 동시에 A사는 동일한 스왑 거래상대방과 상기 이자율스왑을 완전히 상쇄하는 조건을 가진 다른 이자율스왑계약을 체결하였다. 이러한 경우 A사는 두개의 이자율스왑을 하나의 단위로 보아 최초의 이자율스왑에 대하여 공정가치위험회피회계를 적용할 수 없는 것인가?

[해석]

상황에 따라 다르다. IAS39는 거래별로 적용하는 것을 원칙으로 한다. 두 번째 스왑이 첫 번째 스왑을 염두에 두고 체결된 것이 아니거나, 두개의 거래를 개별적으로 설계한 실질적인 사업목적이 있는 경우에는, 두개의 스왑을 하나의 단위로 보지 아니한다.

예를 들어, 연결실체의 정책에 따라 종속기업의 이자율변동위험을 회피하기 위하여 연결실체 내의 종속기업을 대신하여 연결실체의 자금기능을 집중적으로 담당하는 종속기업 등이 외부와 파생상품계약을 체결하는 경우가 있다. 또 자금기능을 담당하는 종속기업 등은 연결실체 내의 위험회피관계를 추적할 목적으로 다른 종속기업과 내부파생거래를 체결하는 경우도 있다. 자금기능을 담당하는 종속기업 등은 매매활동의 일부로 파생계약을 체결하거나 또는 자체의 포트폴리오 전반에 대한 위험을 재조정하기 위하여, 다른 종속기업을 대신하여 체결한 위험회피수단과 동일한 조건을 가지는 파생계약을 동일한 외부의 거래당사자와 동일자로 체결할 수 있다. 이러한 경우 각각의 계약의 체결을 위한 별개의 사업목적이 존재한다.

거래들을 개별적으로 설계한 실질적인 사업목적이 있는지를 결정하기 위해서는 판단이 필요하다. 예를 들어, 부채를 공정가치로 회계처리하는 것 이외의 다른 목적이 없는 경우라면 실질적인 사업목적은 없는 것이다.

23) IAS39 실무적용지침F.1.14 참조

2.5 위험회피수단이 될 수 없는 금융상품

공정가치위험회피와 현금흐름위험회피목적의 위험회피수단은 파생상품에 국한된다. 그러나 외화위험회피목적을 위해서는 파생상품뿐만 아니라 비파생금융상품도 사용될 수 있다. 따라서 예컨대 상각후원가로 측정하는 금융자산은 외화위험을 회피하기 위한 위험회피수단으로 지정할 수 있다. 그러나 공정가치를 신뢰성 있게 측정할 수 없기 때문에 공정가치를 장부금액으로 하지 않는 지분상품, 즉 공시가격이 없는 지분상품은 위험회피수단으로 지정할 수 없다. 또한 공정가치를 신뢰성 있게 측정할 수 없는 지분상품의 인도로 결제되어야 하는 파생상품도 위험회피수단으로 지정할 수 없다(IAS39 문단46(3)과 47 참조). 위험회피수단이 되기 위해서는 금융자산이나 금융부채여야 하기 때문에 기업자신의 지분상품은 위험회피수단이 될 수 없다.

제3절 위험회피관계의 지정

여기에서는 위험회피관계의 지정을 사례를 중심으로 위험회피 유형별로 검토하기로 하자.

3.1 현금흐름위험회피관계의 지정 사례

[예시4-16] 현금흐름위험회피: 고정금리 현금흐름[24)]

고정금리부 채무상품을 발행하고 이 채무상품과 관련된 이자율변동위험을 상쇄하기 위하여 고정금리를 수취하고 변동금리를 지급하는 이자율스왑을 체결하였다. 이 경우 기업은 채무상품의 미래 이자 현금유출액에 대한 현금흐름위험회피수단으로 당해 스왑을 지정할 수 있는가?

[해석]

지정할 수 없다. 현금흐름위험회피는 현금흐름의 변동성에 대한 위험회피이다(IAS39

24) IAS39 실무적용지침F.3.1 참조

문단86(2)). 이 예시에서, 발행된 채무상품은 고정금리로 이자가 지급되기 때문에, 현금흐름의 변동성이 전혀 발생되지 않는다. 기업은 당해 스왑을 채무상품의 공정가치 위험회피수단으로 지정할 수는 있지만, 채무상품의 미래 현금유출액 변동위험의 위험회피수단으로 지정할 수는 없다.

[예시4-17] 현금흐름위험회피: 고정금리로 수취한 이자의 재투자[25)]

A사는 순액 기준으로 이자율위험을 관리한다. 2001년 1월 1일 현재, 2002년 1/4분기에 고정금리부 자산과 고정금리부 부채로부터 각각 100원의 현금유입과 90원의 현금유출이 발생될 것으로 예상하고 있다. 현금흐름위험관리를 위하여 A사는 미래의 순현금유입액 10원의 위험을 회피하고자 변동금리를 수취하고 고정금리를 지급하는 이자율선도계약(forward rate agreement)을 체결하였다. 고정금리부 자산으로부터 2002년 1/4분기에 발생할 현금유입액 중 최초 10원을 현금흐름위험회피대상항목으로 지정한 경우, 상기한 이자율선도계약을 고정금리부 자산에서 2002년 1/4분기에 발생할 현금흐름의 변동성을 회피하기 위한 현금흐름위험회피수단으로 지정할 수 있는가?

[해석]

지정할 수 없다. 고정금리부 자산으로부터 발생되는 이자는 현금흐름 변동위험이 없기 때문에 당해 이자율선도계약을 현금흐름위험회피수단으로 지정할 수는 없다. 그러나 현금흐름이 발생하기 이전에 존재하는 공정가치 변동위험의 위험회피수단으로 당해 이자율선도계약을 지정할 수 있다.

경우에 따라, 고정금리부 자산에서 발생하는 원리금의 예상재투자거래와 관련된 이자율변동위험을 회피할 수도 있다.[26)] 그러나 이 사례의 경우 이자율선도계약은 이자현금흐름의 재투자로 인한 이자현금흐름의 변동성을 감소시키는 것이 아니라 오히려 증가시키기 때문에 현금흐름위험회피회계의 적용요건을 충족하지 못한다. (예를 들어, 시장이자율이 상승하면, 이자율선도계약에서는 현금유입이 발생할 것이며, 고정금리부 자산의 이자현금유입액의 재투자로부터 예상되는 이자현금유입액이 증가할 것이

25) IAS39 실무적용지침F.3.2 참조

26) IAS39 실무적용지침F.6.2 참조

다.) 그러나 현금유출액을 재차입하는 경우 그 일부분에 대하여 총액기준의 현금흐름 위험회피수단으로서 이자율선도계약을 지정하는 것은 가능할 수 있다.

[예시4-18] 예상거래[27)]

현금흐름위험회피에서 위험회피대상이 되는 예상거래(forecast transaction)는 발생 가능성이 매우 높아야 한다. '발생 가능성이 매우 높은' 경우는 '발생하지 않을 가능성보다 발생할 가능성이 높은' 경우보다 가능성이 매우 큰 경우를 의미한다. 예상거래가 발생할 가능성에 대한 평가는 단순히 경영진의 의도에만 기초 하지는 않는다. 왜냐하면 의도는 검증가능하지 않기 때문이다. 거래의 발생가능성은 관찰가능한 사실과 정황에 의해서 뒷받침되어야 한다.

거래의 발생가능성을 평가하는 경우 다음의 사항을 종합적으로 고려해야 한다.

(1) 과거 유사한 거래의 발생빈도

(2) 거래를 수행할 수 있는 기업의 재무적 능력 및 영업적 능력

(3) 특정 활동에 활용할 자원에 대한 실질적인 확약(예를 들어, 단기적으로 특정형태의 상품 생산에만 사용될 수 있는 제조설비)

(4) 해당 거래가 발생하지 않을 경우 초래될 수 있는 손실이나 영업중단의 정도

(5) 동일한 사업목적을 달성하기 위해서 실질적으로 다른 특성을 가진 거래가 사용될 가능성(예를 들어, 기업이 자금을 조달하는 방법은 단기차입에서부터 유상증자까지 다양한 방법이 있을 수 있다.)

(6) 기업의 사업 계획

예상거래가 발생할 것으로 예상되는 시점까지의 기간도 발생가능성을 결정하는 요소이다. 다른 조건이 동일하다면, 예상거래의 발생시점이 먼 미래일수록 발생가능성이 매우 높은 것으로 보기 더 어려우며, 발생가능성이 매우 높다고 주장하기 위해서는 보다 강한 증거의 제시가 필요하다.

예를 들어, 5년 후에 발생할 것으로 예상되는 거래는 1년 후에 발생할 것으로 예상되는 거래에 비하여 발생가능성이 낮을 수 있다. 그러나 계약상 의무가 이미 존재한

27) IAS39 실무적용지침F.3.7 참조

다면 변동금리부 채무상품에 대한 향후 20년간의 예상 이자지급은 일반적으로 발생가능성이 매우 높을 것이다.

또한 다른 조건이 동일하다면, 기업이 가지는 유사한 성격의 거래들에 비하여 예상거래의 물량이나 미래 가치가 클수록 발생가능성이 매우 높은 것으로 보기 더 어렵다. 이런 예상거래가 발생가능성이 매우 높다고 주장하기 위해서는 보다 강한 증거의 제시가 필요하다. 예를 들어, 최근 3개월간의 월평균 매출이 90,000 단위인 경우, 다음 달 예상매출이 50,000은 될 것이라는 예측은 95,000이 될 것이라는 예측보다 일반적으로 더 적은 증거가 요구된다.

과거에 예상거래를 위험회피대상항목으로 지정하였으나 당해 예상거래가 더 이상 발생하지 않을 것으로 결정한 경험이 있다고 하자. 이러한 경우에는 예상거래를 정확하게 예측하는 기업의 능력에 의문이 제기될 수 있다. 또한 유사한 예상거래에 대해 미래에 위험회피회계를 적용하는 것이 과연 적절한가에 대한 의문이 제기될 수 있다.

[예시4-19] 위험회피대상 예상거래의 식별[28)]

특정 기간 중 마지막 10,000단위의 제품의 판매 또는 취득이나 특정 기간 중 매출 또는 매입의 일정비율을 예상거래로 식별할 수 있는가?

[해석]

식별할 수 없다. 위험회피대상 예상거래는 거래가 발생했을 때 그 거래가 위험회피대상 거래인지를 알 수 있도록 충분히 구체성을 갖고 식별되고 문서화되어야 한다. 그러므로 특정 3개월 동안의 특정 제품 10,000단위를 최초 판매하는 거래로 지정하는 경우 예상거래를 식별할 수 있다. 그러나 3개월 동안의 특정 제품 10,000단위를 마지막 판매하는 거래로 지정하는 경우 예상거래를 식별할 수 없는데, 이는 마지막 10,000단위를 식별할 수 없기 때문이다. 또 동일한 이유로, 특정 기간 동안의 매출이나 매입의 일정비율로 규정하는 경우에도 특정할 수 없다.

28) IAS39 실무적용지침F.3.10 참조

[예시4-20] 예상거래의 발생시기에 대한 문서화[29)]

예상거래에 대한 위험회피의 경우, 위험회피 개시시점에 위험회피관계를 문서화하면서 예상거래가 발생할 것으로 기대되는 일자나 기간을 명시해야 하는가?

[해석]

명시해야 한다. 위험회피회계의 적용조건을 충족하기 위해서는 위험회피가 식별 및 지정된 특정 위험과 관련되어야 하며(IAS39 문단AG110), 위험회피효과를 신뢰성 있게 측정할 수 있어야 한다(IAS39 문단88(4)). 또한, 위험회피대상 예상거래의 발생가능성이 매우 높아야 한다(IAS39 문단88(3)). 이러한 적용요건을 충족시키기 위해, 예상거래가 발생할 것으로 기대되는 정확한 일자를 예측하여 공식적인 문서에 포함할 필요가 있는 것은 아니다. 그러나 위험회피효과를 평가하기 위해서는 예상거래가 발생할 가능성이 가장 높은 일자를 기준으로 합리적이고 짧은 범위의 기간을 식별하고 문서화하는 것이 필요하다. 위험회피가 매우 효과적인지를 결정하려면, 기대되는 현금흐름의 공정가치 변동과 위험회피수단의 공정가치 변동이 서로 상쇄되도록 하는 것이 필요하다(IAS39 문단88(4)). 이러한 위험회피효과는 현금흐름의 발생시기가 서로 근접한 경우에만 충족될 수 있다. 예상거래가 더 이상 발생하지 않을 것으로 기대되는 경우에는 위험회피회계를 중단한다(IAS39 문단101(3)).

3.2 공정가치위험회피관계의 지정 사례

[예시4-21] 공정가치위험회피: 변동금리부 채무상품[30)]

변동금리부 채무상품의 노출된 위험의 일부를 공정가치 위험회피대상항목으로 지정할 수 있는가?

[해석]

지정할 수 있다. 변동금리부 채무상품은 신용위험(credit risk))에 따른 공정가치의

29) IAS39 실무적용지침F.3.11 참조

30) IAS39 실무적용지침F.3.5 참조

변동위험에 노출될 수 있다. 또한 변동금리부 채무상품은 변동이자율이 재설정되는 시점 사이의 시장이자율 변동에 따른 공정가치의 변동위험에도 노출될 수 있다. 예를 들어, 채무상품이 매년 시장이자율로 재설정된 이자를 지급하는 조건이라면 채무상품의 일부분은 1년 동안 공정가치의 변동위험에 노출된다.

[예시4-22] 공정가치위험회피: 재고자산[31)]

공정가치위험회피는 '특정 위험에 기인하고 당기손익에 영향을 줄 수 있는 것으로서, 인식된 자산이나 부채의 공정가치 변동에 대한 위험회피'이다(IAS39 문단86(1)). IAS2 '재고자산'에 따라 저가법(원가와 순실현가능가치 중 작은 금액)으로 측정되더라도, 재고자산(예: 석유)을 재고자산 가격(예: 석유가격) 변동위험에 대한 공정가치 위험회피대상항목으로 지정할 수 있는가?

[해석]

지정할 수 있다. 재고자산의 공정가치 변동은 재고자산이 매출되거나 재고자산의 장부금액이 감액되는 경우 당기손익에 영향을 줄 것이므로, 석유 등의 가격변동에 따라 공정가치가 변동하는 재고자산은 위험회피대상항목이 될 수 있다. 조정된 장부금액은 IAS 2에 따라 원가와 순실현가치 중 작은 금액으로 측정하는 저가법을 적용하는 경우 원가기준이 된다. 재고자산의 공정가치위험회피에 사용된 위험회피수단은 재고자산의 예상매출에 대한 현금흐름위험회피수단으로도 사용될 수 있다.

[예시4-23] 원가로 측정되는 자산에 대한 공정가치위험회피[32)]

역사적 원가를 장부금액으로 하는 선박을 향후 매각하는 예상거래와 관련하여 노출된 외화위험을 외화차입금으로 위험회피하는 경우, 측정기준이 역사적 원가인 당해 선박을 환율변동에 따라 재측정해야 하는가?

---

31) IAS39 실무적용지침F.3.6 참조

32) IAS39 실무적용지침F.6.5 참조

[해석]

공정가치위험회피에서는 위험회피대상항목을 재측정한다. 그렇지만 선박은 분리하여 측정할만한 외화위험을 갖고 있지 않기 때문에 외화차입금을 선박에 대한 공정가치위험회피수단으로 분류할 수 없다. 반면, IAS39 문단88의 위험회피회계를 적용하기 위한 조건을 충족하는 경우 외화로 매각하는 예상거래(forecast transaction)의 현금흐름위험회피수단으로 외화차입금을 분류할 수 있으며, 현금흐름위험회피의 경우 위험회피대상항목을 재측정하지 아니한다.

한국 소재 해운사와 동 기업의 미국 소재 종속기업의 기능통화는 원화이다. 해운사는 연결재무제표에 감가상각누계액을 차감한 역사적 원가로 선박을 측정하고 있다. IAS21 문단23(2)에 따라 선박은 역사적 환율을 적용하여 원화로 인식하고 있다. 선박을 미국 달러화로 매각하는 경우 잠재적인 외화위험의 전체 또는 일부를 회피하기 위하여 일반적으로 해운사는 선박을 미국 달러화를 차입하여 매입한다.

이러한 경우, 선박을 매각하는 예상거래가 가까운 장래에 발생될 것으로 예상되는 등 발생가능성이 매우 높고, 위험회피대상항목으로 지정되는 매각대가가 위험회피수단으로 지정되는 외화차입금의 금액과 동일하다면 미국 달러화 차입금의 전체 또는 부분을 당해 선박의 매각예상거래에 대한 현금흐름위험회피수단으로 지정할 수 있다. 차입한 통화에 대한 손익 중 예상매각거래에 대한 위험회피에 효과적인 부분은 IAS39 문단95(1)에 따라 기타포괄손익으로 인식한다.

3.3 외화위험회피관계의 지정 사례

[예시4-24] 외화위험에 대한 위험회피[33)]

A사는 6개월 후에 만기가 도래하는 외화부채를 보유하고 있으며, 결제시점의 원금에 대한 환율변동위험을 회피하고자 한다. 이를 위하여 6개월 후에 외화를 매입하는 선도계약을 체결한 경우, 이러한 위험회피를 다음과 같이 회계처리하는 것이 가능한가?

33) IAS39 실무적용지침F.3.3 참조

(1) 외화부채에 대하여 공정가치위험회피회계를 적용하여, 기말에 외화부채와 선도계약의 재평가에 따른 손익을 모두 당기손익으로 인식한다.

(2) 미래에 결제될 금액에 대하여 현금흐름위험회피회계를 적용하여, 선도계약의 재평가에 따른 손익을 기타포괄손익으로 인식한다.

[해석]

두 가지 방법 모두 가능하다. 공정가치위험회피로 회계처리하는 경우 위험회피수단의 재측정에 따른 손익과 위험회피대상항목의 재측정에 따른 회피대상위험과 관련된 손익은 당기손익으로 즉시 인식한다. 현금흐름위험회피로 회계처리하는 경우 선도계약의 재측정에 의한 손익은 기타포괄손익으로 인식하고, 외화부채의 외화환산 등 위험회피대상항목(외화부채)이 당기손익에 영향을 미치는 동일 회계기간(즉, 외화부채가 환율변동에 따라 재측정되는 기간)에 당기손익으로 인식한다. 따라서 위험회피가 효과적이라면, 파생상품과 관련된 손익은 지급이 이루어지는 시점이 아니라 외화부채가 재측정되는 회계기간에 기타포괄손익에서 당기손익으로 대체된다.[34)]

[예시4-25] 외화현금흐름위험회피[35)]

외화표시가격으로 제품을 수출하는 A사는 매출시점에 90일 후 지급되는 외화표시 수취채권과 관련된 환율변동위험을 회피하기 위하여 90일 만기 통화선도계약을 체결한다. A사는 매출은 매출일의 현물환율로 기록하고, 수취채권은 90일의 기간 동안 환율 변동을 반영하여 재조정하며 해당 외환차이는 당기손익에 반영한다(IAS21 문단23 및 28).

통화선도계약을 위험회피수단으로 지정한다면, A사는 통화선도계약을 수취채권의 환율변동위험에 대한 공정가치위험회피수단으로 지정할 것인지 또는 수취채권 회수에 대한 현금흐름위험회피수단으로 지정할 것인지를 선택할 수 있는가?

[해석]

선택할 수 있다. 통화선도계약을 공정가치위험회피수단으로 지정할 경우에는, 통화

34) IAS39 실무적용지침F.3.4 참조

35) IAS39 실무적용지침F.3.4 참조

선도계약(위험회피수단)의 공정가치 평가에 따른 손익을 당기손익으로 인식하며, 외화표시 수취채권(위험회피대상항목)의 재측정에 따른 손익도 당기손익으로 인식한다.

통화선도계약을 수취채권의 회수와 관련된 환율변동위험에 대한 현금흐름위험회피수단으로 지정하는 경우에는, 위험회피에 효과적인 부분은 기타포괄손익으로 인식하고, 비효과적인 부분은 당기손익으로 인식한다(IAS39 문단95). 기타포괄손익으로 직접 인식된 손익은 수취채권의 재측정에 따른 변동이 당기손익에 영향을 미치는 회계기간에 재분류조정으로 자본에서 당기손익으로 재분류한다(IAS39 문단100).

[예시4-26] 위험회피회계: 통화선도계약의 할증 또는 할인[36)]

통화선도계약(forward exchange contract)은 위험회피수단으로 지정될 수 있다. 예를 들어 통화선도계약을 해외사업장순투자에 대한 위험회피수단으로 지정할 수 있다. 통화선도계약에 따른 선도환율과 현물환율의 차이인 할증(premium) 또는 할인(discount)를 계약기간동안 상각하여 당기손익에 반영하는 것이 허용되는가?

[해석]

통화선도계약에 따른 선도환율과 현물환율의 차이를 상각하여 당기손익에 반영할 수 없다. 파생상품은 항상 공정가치로 측정하여 재무상태표에 인식되어야 한다. 통화선도계약이 현금흐름위험회피 또는 해외사업장순투자에 대한 위험회피수단으로 지정되어 위험회피에 효과적인 부분에 해당하는 손익을 기타포괄손익(OCI)으로 인식하고, 위험회피대상 예상거래가 발생하거나 해외사업장을 처분하는 시점에 기타포괄손익으로 인식한 금액을 자본에서 당기손익으로 재분류한다. 그러나 위험회피가 비효과적인 부분에 해당하는 통화선도계약의 공정가치변동에 따른 손익은 항상 당기손익으로 인식하여야 한다. IAS39 문단74(2)에 따르면, 선도계약의 공정가치 중 이자율 요소(시간가치)는 지정된 위험회피관계에서 제외될 수 있으며, 이러한 경우 선도계약의 공정가치 변동 중 이자율 요소의 변동에 해당하는 부분은 당기손익으로 인식한다.

36) IAS39 실무적용지침F.6.4 참조

3.4 위험회피관계의 소급지정 문제

위험회피관계는 소급하여 지정할 수 없다. 위험회피관계의 지정은 위험회피회계의 모든 적용요건(IAS39 문단88)을 충족한 시점부터 전진적(prospectively)으로 발효된다. 특히 위험회피회계는 위험회피수단, 위험회피대상항목 또는 거래, 회피대상위험의 성격 및 위험회피효과에 대한 평가방법의 식별을 포함하는 위험회피관계에 대해 필요한 문서화가 완료된 시점부터 적용할 수 있다.

[예시4-27] 위험회피 개시시점에서의 지정[37)]

파생상품의 계약체결시점 이후에 파생상품을 위험회피수단으로 지정하고 공식적으로 문서화할 수 있는가?

[해석]

위험회피관계를 전진적으로 지정하는 것은 가능하다. 위험회피회계를 적용하기 위해서는 위험회피관계를 개시하는 시점에 위험회피수단을 지정하고, 공식적으로 문서화해야 한다(IAS39 문단88). 즉, 위험회피관계는 소급적으로 지정할 수 없다. 또 위험회피수단의 잔여만기 중 일부 기간에 대해서만 위험회피관계를 지정할 수도 없다(IAS39 문단75). 그러나 위험회피관계의 개시시점에 위험회피수단을 취득해야 하는 것은 아니다.

37) IAS39 실무적용지침F.3.9 참조

제5장 공정가치위험회피회계

제1절 공정가치위험회피회계의 의의

공정가치위험회피(fair value hedge)란 특정위험으로 인하여 당기손익에 영향을 줄 수 있는 것으로서, 인식된 자산이나 부채 또는 미인식된 확정계약(firm commitment)의 전체 또는 일부의 공정가치 변동에 대한 위험회피를 말한다. 즉, 공정가치위험회피는 인식된 자산이나 부채 또는 확정계약에 대해서만 적용할 수 있으며, 예상거래에는 적용할 수 없다.

공정가치위험회피의 예를 들면 이자율 변동으로 인한 고정금리부 채무상품의 공정가치 변동위험을 회피하는 경우이다. 이러한 위험회피는 채무상품의 발행자나 보유자가 적용할 수 있다. 확정계약의 위험회피(예: 고정가격으로 석유를 구입하기로 하는 미인식 확정계약과 관련된 석유가격 변동에 대한 위험회피)도 공정가치의 변동에 대한 위험회피이다. 그러나 확정계약의 외화위험(foreign currency risks)에 대한 위험회피는 선택적으로 공정가치위험회피 또는 현금흐름위험회피로 회계처리할 수 있다.

당초 IAS39는 확정계약(firm commitment)에 대한 위험회피를 현금흐름위험회피로 회계처리할 것을 요구하였다. 다시 말하면, 위험회피수단의 손익 중 위험회피에 효과적인 부분은 최초에 자본(기타포괄손익)으로 인식하고 나중에 위험회피대상 확정계약이 당기손익에 영향을 미치는 기간에 자본으로 인식한 부분을 다시 당기손익으로 '재순환'시킨다(그러나 장부금액조정법(basis adjustment)이 사용되면, 이미 인식된 자산이나 부채의 최초 장부금액을 조정한다). 일부에서는 확정계약의 위험회피에 현금흐름위험회피회계를 적용하면 확정계약을 부분적으로 인식하는 것을 피할 수 있으므로 이러한 회계처리가 적절하다고 주장한다. 또한 일부에서는 위험회피되는 확정계약의 공정가치 변동이 위험회피대상이라는 이유만으로 자산이나 부채로 인식된다는 것은 개념적으로 적절하지 않다고 주장한다.

IASB는 확정계약에 대한 위험회피를 현금흐름위험회피로 볼 것인지 공정가치위험회피로 볼 것인지를 검토하였다. IASB는 확정계약에 대한 위험회피는 공정가치위험회피로 회계처리되어야 한다고 결정하였다.

IASB는 개념상 확정계약에 대한 위험회피는 공정가치위험회피라고 보았다. 이와 같은 견해를 택한 이유는 위험회피되는 항목(확정계약)의 공정가치가 회피대상 위험의 변동에 따라 변동하기 때문이다.

IASB는 위험회피회계를 적용하지 않았다면 인식하지 않았을 금액을 모든 공정가치위험회피회계에서는 자산이나 부채로 인식하는 효과가 있다고 보았다. 예를 들어, 고정금리부 대여금을 고정금리를 지급하고 변동금리를 수취하는 이자율스왑으로 위험회피한다고 가정하자. 스왑에서 손실이 발생하면 대여금에서 발생한 이익과 서로 상쇄되도록 한다. 따라서 공정가치위험회피회계를 적용하면 공정가치위험회피회계를 적용하지 않았더라면 인식되지 않았을 자산의 일부(예: 이자율변동으로 인한 대여금 가치의 증가)를 인식하는 효과가 있다. 확정계약에 위험회피회계를 적용하지 않았더라면 확정계약 자체가 재무제표에 전혀 인식되지 않는다는 것이다. 즉, 확정계약의 장부금액은 영(0)이다. 그러나 확정계약에 공정가치위휨회피회계를 적용했을 경우와 하지 않았을 경우의 이러한 차이는 확정계약의 역사적원가가 일반적으로 영(0)이라는 것을 단순히 반영할 뿐 개념상의 근본적인 차이는 아니다.

더구나, IASB의 결정은 SFAS133과 정합하기 때문에 IFRS와 US GAAP에 따라 보고하는 기업의 실무적인 문제점이 제거되고 실무 적용이 쉬워진다.

그러나 IASB는 확정계약의 외화위험이 위험회피대상항목(확정계약)의 현금흐름과 공정가치 모두에 영향을 미치므로, 확정계약의 외화위험에 대한 위험회피는 공정가치위험회피나 현금흐름위험회피 중에서 선택할 수 있도록 했다. 따라서 예상거래가 확정계약이 된 경우에도 예상거래의 외화현금흐름위험회피를 공정가치위험회피로 재지정할 필요는 없다.

제2절 공정가치위험회피의 회계처리 기준

공정가치위험회피가 회계기간에 위험회피회계의 적용요건을 충족하면, 다음과 같이 회계처리한다(IAS39 문단89).

① 위험회피수단(hedging instrument)으로 지정된 파생상품의 재측정에 따른 공정가치의 변동을 당기손익(profit or loss)으로 인식한다. 비파생금융상품을 위험회피수단으로 지정한 경우에는 IAS21에 따라 측정한 장부금액의 변동 중 외화요소를 당기손익으로 인식한다.

② 회피대상위험으로 인한 위험회피대상항목(hedged item)의 손익은 위험회피대상항목의 장부금액을 조정하여 당기손익으로 인식한다. 이러한 조정은 위험회피대상항목이 원가로 측정되는 경우에도 적용된다.

금융자산이나 금융부채 포트폴리오 일부의 이자율위험에 대한 공정가치위험회피에 한하여, 위험회피대상항목의 손익은 재조정기간 중 하나의 별도 항목으로 자산(위험회피대상항목이 자산인 경우) 또는 부채(위험회피대상항목이 부채인 경우)에 표시함으로써 위 ②의 요구사항(장부금액의 조정)을 충족할 수 있다. 또 별도로 표시하는 손익은 금융자산이나 금융부채의 다음에 표시한다. 별도로 표시하는 손익은 관련되는 금융자산이나 금융부채가 제거될 때 재무상태표에서 제거한다.

[그림 5-1]에서 보여 주듯이 공정가치위험회피회계의 적용결과 발생한 공정가치평가손익은 위험회피수단에서 발생한 것이나 위험회피대상항목에서 발생한 것이나 모두 당기손익에 반영한다.

[그림 5-1] 공정가치위험회피회계의 평가손익처리

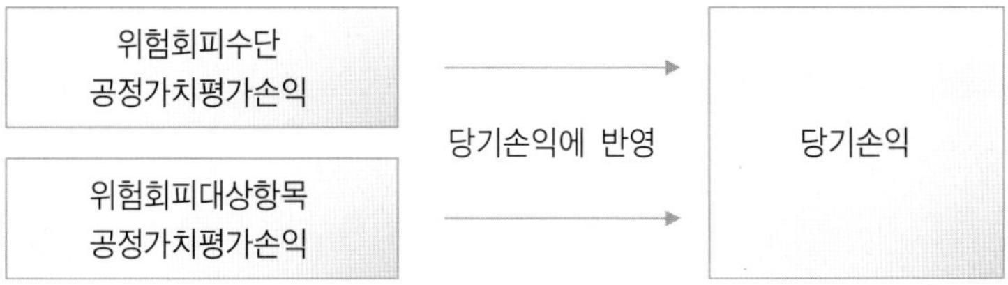

다음 중 하나에 해당하는 경우 공정가치위험회피회계를 전진적으로 중단한다(IAS39 문단101).

① 위험회피수단이 소멸·매각·청산·행사된 경우. 다만, 위험회피수단을 다른 위험회피수단으로 대체하거나 만기연장하는 것이 위험회피전략에 관한 공식적인 문서에 포함되어 있다면, 그 위험회피수단의 대체나 만기연장은 소멸이나 청산으로 보지 않는다.

② 위험회피회계의 적용요건을 더 이상 충족하지 못하는 경우

③ 위험회피수단의 지정을 철회하는 경우

유효이자율법을 적용하여 상각후원가로 측정하는 금융상품이 위험회피대상항목인 경우 장부금액의 조정액(또는 금융자산이나 금융부채 포트폴리오의 이자율위험에 대한 위험회피인 경우 별도의 재무상태표 항목)은 상각하여 당기손익으로 인식한다. 상각은 조정액이 발생한 직후 개시할 수 있으며, 늦어도 회피대상위험으로 인한 공정가치 변동에 대한 위험회피대상항목의 조정을 중단하기 전에는 개시해야 한다. 상각을 개시하는 시점에 다시 계산한 유효이자율에 기초하여 상각한다. 다만, 금융자산이나 금융부채 포트폴리오의 이자율위험에 대한 공정가치위험회피에 한하여, 유효이자율을 다시 계산하는 것이 실무적으로 불가능하다면 정액법으로 상각한다. 상각이 종료되는 시점은 당해 금융상품의 만기이거나 포트폴리오의 이자율위험회피의 경우 당해 재조정기간의 종료일이다.

미인식 확정계약을 위험회피대상항목으로 지정한 경우, 회피대상위험으로 인한 확정계약의 후속적인 공정가치의 누적변동분은 자산이나 부채로 인식하고,

이에 상응하는 손익은 당기손익으로 인식한다. 위험회피수단의 공정가치 변동도 당기손익으로 인식한다.

자산을 취득하거나 부채를 인수하는 확정계약이 공정가치위험회피회계의 위험회피대상항목인 경우, 확정계약을 이행한 결과 인식하는 자산이나 부채의 최초 장부금액은 재무상태표에 인식된 회피대상위험으로 인한 확정계약의 공정가치 누적변동분을 포함하도록 조정한다.

제3절 포트폴리오의 이자율위험에 대한 공정가치위험회피회계의 적용 문제

3.1 공정가치 위험회피회계의 적용요건 충족의 어려움

포트폴리오 이자율위험회피가 공정가치위험회피회계의 적용요건을 충족하지 못하는 데에는 세 가지 주된 이유가 있다.

① 일반적으로 포트폴리오 위험회피에 포함된 자산 중 다수는 중도상환(prepayment)이 가능하다. 즉, 거래 상대방이 계약상 재조정일 이전에 상환할 권리를 가진다. 그러한 자산은 이자율 변동에 따라 공정가치가 변동하는 중도상환옵션을 포함한다. 그러나 위험회피수단으로 사용되는 파생상품은 대체로 중도상환이 가능하지 않다. 즉, 파생상품은 중도상환옵션을 포함하지 않는다. 이자율의 변동에 따른 (중도상환할 수 있는) 위험회피대상항목의 공정가치 변동은 (중도상환할 수 없는) 위험회피수단인 파생상품의 공정가치 변동과 다르다. 그 결과로 IAS39의 위험회피효과의 요건[1]을 충족하지 못할 수 있다. 더욱이 중도상환위험으로 인해 포트폴리오 위험회피에 포함된 항목들은 집합으로 구성된 위험회피대상 자산이나 부채는 '유사'해야 한다는 규정(IAS39 문단78)과 '집합에 포함된 개별 항목의 회피대상위험으로 인한 공정가치 변동은 집합 전체의 회피대상위험으로 인한 공정가치 변동에 거의 비례할 것으로 기대되어야 한다'는 규정(IAS39 문단83)을 충족하지 못할 수 있다.

---

1) IAS39 문단AG105 참조

② IAS39[2]는 전체 순포지션(예: 고정금리부 자산과 고정금리부 부채의 순액)을 위험회피대상항목으로 지정하는 것을 허용하지 않는다. 이러한 경우 IAS39는 순포지션과 금액이 동일하면서 동일한 위험에 노출되어 있는 개별자산(또는 부채) 또는 유사한 자산(또는 유사한 부채)의 집합을 위험회피대상항목으로 지정하도록 요구한다. 예를 들면, 자산 100원과 부채 80원으로 구성된 포트폴리오의 경우, IAS39는 20원의 개별자산이나 유사한 자산의 집합을 위험회피대상항목으로 지정하도록 요구한다. 그러나 위험관리목적상 기업은 종종 순포지션을 위험회피하고자 한다. 순포지션은 개별항목이 재조정되거나 제거되고 신규 항목이 편입되면서 매 기간 변동한다. 따라서 위험회피대상항목으로 지정된 개별항목들 역시 매 기간 변경될 필요가 있다. 이로 인해 위험회피대상항목을 구성하는 개별항목의 지정을 해지하고 재지정하는 것이 필요하며, 이는 시스템을 크게 변경할 필요가 있을 것이다.

③ 공정가치위험회피회계를 적용하면 회피대상위험의 변동효과를 반영하기 위하여 위험회피대상항목의 장부금액을 조정하여야 한다.[3] 공정가치위험회피회계가 포트폴리오 위험회피에 적용되면, 수천 개의 개별항목의 장부금액이 변경될 수 있을 것이다. 또한, 후속적으로 위험회피대상에서 지정 해지된 각 항목의 변경된 장부금액을 당해 항목의 잔여기간에 걸쳐 상각하여야 한다.[4] 이 경우 또한 시스템을 크게 변경할 필요가 있을 것이다.

포트폴리오 이자율위험회피에 관련된 가장 중요한 세 가지 원칙은 다음과 같다.

① 파생상품은 공정가치로 측정해야 한다.

② 위험회피의 비효과적인 부분은 식별하여 당기손익으로 인식해야 한다.[5]

③ 자산과 부채인 항목만을 대차대조표에 자산과 부채로 인식해야 한다. 이연된 손실은 자산이 아니며 이연된 이익은 부채가 아니다. 그러나 자산 또는 부채

2) IAS39 문단AG101 참조

3) IAS39 문단89(2) 참조

4) IAS39 문단92 참조

5) IFRS 전반에 적용되는 중요성 원칙과 동일한 원칙이 적용된다.

가 위험회피대상이 되면, 회피대상위험으로 인한 공정가치의 변동을 대차대조표에 인식해야 한다.

3.2 중도상환위험

중도상환가능항목은 중도상환할 수 없는 항목과 중도상환옵션의 결합으로 볼 수 있다. 따라서 고정금리부 중도상환가능항목의 공정가치는 이자율이 변동할 때 다음 두 가지 이유로 변동한다.

① 계약상 재조정일까지의 계약상 현금흐름에 대한 공정가치 변동(현금흐름을 할인하는데 사용되는 이자율이 변동하기 때문).

② 중도상환옵션의 공정가치 변동(특히 중도상환의 가능성은 이자율의 영향을 받는다는 점을 반영).

위험관리목적상 많은 기업들이 이 두 가지 효과를 분리하여 고려하지는 않는 것으로 알려지고 있다. 대신에 기업들은 (계약상 상환일이 아닌) 기대상환일을 기준으로 위험회피대상 포트폴리오를 재조정기간별로 분류하여 중도상환효과를 반영하고 있다. 예를 들면, 25년 만기 주택담보대여금 포트폴리오 100원을 가진 기업이 포트폴리오 중 5%가 1년 이내에 상환될 것으로 기대하는 경우 5원을 12개월의 재조정기간으로 분류하고 포트폴리오에 포함된 다른 항목들도 이와 유사하게 (기대상환일에 근거하여) 분류한 후, 각 재조정기간의 전체 순포지션의 전부 또는 일부를 위험회피한다.

IASB는 위험관리목적상 이용되는 기대상환일에 기초하여 기간별로 분류한 다음 이를 위험회피회계에 필요한 지정의 근거로 사용하는 것을 허용하기로 결정하였다. 따라서 기업은 이자율의 변동이 중도상환가능항목에 내재된 중도상환옵션의 공정가치에 미치는 효과를 계산할 필요가 없다. 대신에 위험회피대상 포트폴리오를 기대상환일에 근거하여 재조정기간별로 분류하여 이자율변동이 중도상환에 미치는 효과를 반영할 수 있을 것이다. 이 방법은 재무제표 작성자가 위험관리목적상 이용하는 자료를 사용할 수 있도록 허용하기 때문에 실무상 장점을 제공한다. 또한 이 방법이 금융자산이나 금융부채의 일부에 대한 위험회피회계를 허용하는 것과 일관된다. 그러나 개별항목이 상환될 것으로 예상되는 재조정기간에 대한 추정이 (최근 중도상환 경험 등에 따라) 변경된다면, 그 추정의 변경으로 인해 특정 재조정기간에 분류되는 항목의 증가나 감소와 관계없이 위험회피의 비효과적인 부분이 발생할 것이다.

또한 위험회피대상 포트폴리오에 포함된 항목의 중도상환위험의 정도가 서로 다르다면, 포트폴리오에 포함된 항목의 위험특성이 유사하여야 한다는 규정(IAS39 문단78)과 집합에 포함된 개별항목의 회피대상위험으로 인한 공정가치 변동은 집합 전체의 회피대상위험으로 인한 공정가치 변동에 거의 비례할 것으로 기대되어야 한다는 규정(IAS39 문단83)을 충족하지 못할 수 있다. IASB는 포트폴리오 이자율위험회피와 관련하여 이러한 규정을 충족시켜야 한다는 것이 중도상환위험의 효과를 반영하는 방법과 일관되지 않을 수 있다고 보고 이러한 조건을 적용하지 않도록 결정하였다. 대신에, 포트폴리오 이자율위험회피의 대상이 되는 금융자산이나 금융부채는 회피대상위험을 공유해야만 한다.

3.3 위험회피대상항목의 장부금액 조정 문제

(1) 위험회피대상항목의 장부금액[6)]

위험회피대상항목의 공정가치 변동을 대차대조표에 어떻게 표시할 것인가? IASB는 위험회피대상항목은 수많은(심지어 수천 개의) 개별자산(또는 개별부채)으로 구성될 수 있으므로 이들 개별항목 각각의 장부금액을 변경하는 것은 실무적으로 불가능할 것이라고 보았다. IASB는 가치의 변동을 대차대조표에 하나의 별도 항목으로 표시하는 것을 허용하여 이러한 우려를 해소할 것인지를 검토하였다. 그러나 IASB는 이러한 회계처리는 금융자산(금융부채)의 공정가치 감소액을 금융부채(금융자산)로 인식하게 할 수 있다고 보았다. 더욱이 일부 재조정기간에는 위험회피대상항목이 자산이 될 수 있는 반면에 다른 재조정기간에는 위험회피대상항목이 부채가 될 수 있다. IASB는 그러한 재조정기간의 공정가치 변동액을 함께 표시하는 것은 적절하지 않다고 결정하였다. 그 이유는 함께 표

6) IAS39 BC207-209 참조

시하게 되면 자산의 공정가치 변동과 부채의 공정가치 변동을 결합시키게 될 것이기 때문이다.

따라서 IASB는 다음과 같이 두 개의 별도 항목으로 표시하여야 한다고 결정하였다.

① 재조정기간 중 위험회피대상항목이 자산인 경우 그 자산의 공정가치 변동은 하나의 별도 항목으로 자산에 표시한다.

② 재조정기간 중 위험회피대상항목이 부채인 경우 그 부채의 공정가치 변동은 하나의 별도 항목으로 부채에 표시한다.

IASB는 이러한 별도 항목이 위험회피대상항목의 공정가치 변동을 나타낸다고 보았다. 이러한 이유로, IASB는 이 별도 항목을 금융자산이나 금융부채 다음에 표시하도록 결정하였다.

(2) 별도 항목에 포함된 금액의 제거[7)]

IASB는 별도의 대차대조표 항목으로 인식한 금액을 대차대조표에서 제거하는 방법과 시기에 대하여 검토하였다. IASB는 (금액이 아닌) 개별자산이나 개별부채를 위험회피대상항목으로 지정하였더라면 제거하였을 기간과 동일한 기간에 그 금액을 대차대조표에서 제거하는 것을 목적으로 하였다.

IASB는 기업이 개별자산이나 개별부채를 재조정기간별로 기간구분된 개별항목이 위험회피되었던 기간이 얼마이고 각 항목 중 어느 정도가 각 재조정기간에 위험회피 되었는지를 추적하는 경우에만 이 목적이 완전히 충족될 수 있을 것이라고 보았다. 이렇게 기간구분하여 추적할 수 없다면, 위험회피대상 포트폴리오에 포함된 자산(또는 부채)이 제거될 때, 별도 대차대조표 항목에서 제거해야 하는 금액을 결정하기 위해 몇 가지 가정이 필요할 것이다. 또한 별도 대차대조표 항목에 포함된 금액이 합리적인 기간에 걸쳐 대차대조표에서 제거되어 대차대조표에 무한정 남아 있지 않도록 하기 위해서는 일종의 안전장치가 필요할 것이다. IASB는 이러한 사항을 고려하여 다음의 요구사항을 결정하였다.

7) IAS39 BC210-211 참조

① 위험회피대상 포트폴리오에 포함된 자산(또는 부채)이 기대보다 빠른 중도상환, 매각 또는 손상으로 인한 제각 등으로 인하여 제거될 때에는 그 원인에 관계없이, 제거되는 자산(또는 부채)과 관련된 별도의 대차대조표 항목에 포함된 금액을 대차대조표에서 함께 제거하여 제거손익으로 인식해야 한다.

② 제거되는 자산(또는 부채)이 기간구분된 기간을 결정할 수 없다면, (가) 기대보다 많은 중도상환은 첫번째 가능한 기간에 기간구분된 자산에서 발생한다고 가정하고 (나) 제거되는 항목을 포함하는 모든 기간에 기간구분된 자산에 대하여 체계적이며 합리적인 방법으로 매각과 손상을 배분해야 한다.

③ 기업은 별도 항목에 포함된 전체 금액이 각 재조정기간 별로 얼마씩 관련되어 있는지 추적해야 하며, 특정 기간과 관련된 금액은 그 기간이 종료되기 전까지 대차대조표에서 제거해야 한다.

제4절 포트폴리오의 이자율위험에 대한 공정가치위험회피회계 실무 적용지침[8)]

다음의 ①~⑨와 아래의 문단들에서 설명하는 절차를 준수한다면, 금융자산 또는 금융부채 포트폴리오의 이자율위험에 대한 공정가치위험회피는 공정가치위험회피회계의 적용조건을 충족한다(IAS39 문단AG114).

① 위험관리절차의 일부로서 이자율위험을 회피하고자 하는 포트폴리오를 식별한다. 포트폴리오는 금융자산 또는 금융부채만으로 구성될 수 있으며, 금융자산과 금융부채 모두로 구성될 수도 있다. 기업은 복수의 포트폴리오를 식별할 수 있다. 예를 들면, 단기매매금융자산을 별도의 포트폴리오로 식별할 수 있다. 이 경우에는 각 포트폴리오별로 ②~⑨의 지침을 적용한다.

② 계약상 재조정시점(contractual repricing dates)이 아닌 예상 재조정시점(expected repricing dates)에 기초하여 포트폴리오의 재조정기간(repricing time period)을 분석한다. 재조정기간은 여러 가지 방법으로 분석할 수 있다. 예

8) IAS39 AG114-AG132 참조

를 들면, 현금흐름을 발생될 것으로 예상되는 각 기간에 분류하거나 명목원금(notional principal amounts)을 재조정이 발생될 것으로 예상되는 시점까지의 모든 기간에 분류하는 방법이다.

③ 이러한 분석에 따라 위험회피금액(amount to be hedged)을 결정한다. 식별한 포트폴리오의 자산 또는 부채 중 회피하고자 하는 금액과 동일한 금액(순액이 아님)을 위험회피대상항목으로 지정한다. 이 금액은 위험회피효과의 평가에 사용되는 백분율을 결정하게 된다(IAS39 문단AG126(2)).

④ 회피하고자 하는 이자율위험(interest rate risk)을 지정한다. 이러한 위험은 위험회피의 대상이 되는 각 개별항목의 이자율위험의 일부(예: 전체이자율 중 LIBOR 등 기준금리 부분)가 될 수 있다.

⑤ 각 재조정기간에 대하여 하나 이상의 위험회피수단을 지정한다.

⑥ 위의 ③~⑤의 지정을 이용하여, 위험회피지정기간에 높은 위험회피효과가 기대되는지를 지정시점과 후속 기간에 평가한다.

⑦ 위 ②에서 결정한 예상 재조정시점에 기초하여, 위 ③에서 지정한 위험회피대상항목의 공정가치 변동 중 위 ④에서 지정한 회피대상위험으로 인한 부분을 주기적으로 측정한다. 공식적인 문서에 포함된 위험회피효과 평가방법을 사용하여 평가한 결과 실제로 위험회피효과가 높은 것으로 결정된다면, 위험회피대상항목(hedged item)의 공정가치변동손익은 당기손익으로 인식한다. 한편, 위험회피대상항목의 공정가치변동손익은 재무상태표에서는 위험회피대상 자산 또는 부채가 인식되었던 재조정기간에 대하여 별도의 자산 또는 부채 항목으로 인식한다(IAS39 문단89A 참조). 공정가치의 변동을 개별 자산이나 개별 부채에 배분할 필요는 없다.

⑧ 위의 ⑤에서 지정한 위험회피수단(hedging instrument)의 공정가치변동손익을 측정하여 당기손익으로 인식한다. 위험회피수단의 공정가치는 재무상태표에서 자산이나 부채로 인식한다.

⑨ 위 ⑦의 위험회피대상항목의 공정가치 변동과 위 ⑧의 위험회피수단의 공정가치 변동의 차이는 위험회피에 비효과적인 부분(ineffectiveness)[9]이며, 비효

9) 국제회계기준을 적용할 때 고려되는 중요성을 동일하게 적용한다.

과적인 부분은 전액 당기손익으로 인식한다.

이러한 접근방법은 이하에서 상세하게 설명하고 있다. 이 접근방법은 금융자산 또는 금융부채의 포트폴리오와 관련된 이자율위험에 대한 공정가치위험회피에만 적용한다(IAS39 문단AG115).

위험회피를 위해 식별한 포트폴리오는 자산과 부채를 포함할 수 있으며, 자산만을 포함하거나 부채만을 포함할 수도 있다(IAS39 문단AG114(1)). 당해 포트폴리오는 위험을 회피하고자 하는 자산이나 부채의 금액을 결정할 때 사용한다. 그러나 포트폴리오 자체를 위험회피대상항목으로 지정할 수는 없다(IAS39 문단AG116).

재조정기간을 분석할 때, 시장이자율로 재조정될 것으로 예상되는 날과 예상만기일 중 이른 날을 개별항목의 예상 재조정시점으로 결정한다(IAS39 문단AG114(2)). 이러한 예상 재조정시점은 위험회피 개시시점과 위험회피기간에 중도상환율, 이자율 및 중도상환율과 이자율의 상호관계에 관한 정보와 예상치 등 이용가능한 정보와 과거 경험에 기초하여 추정한다. 과거 경험이 없거나 경험이 충분하지 않은 경우 유사한 금융상품 집합의 경험을 사용한다. 이러한 추정치는 과거 경험에 기초하여 주기적으로 검토하고 갱신한다. 중도상환이 가능한 고정금리조건 항목의 경우 예상 재조정시점은 중도상환이 예상되는 날과 시장이자율로 조정되는 날 중 이른 날이다. 유사한 항목의 집합의 경우 예상 재조정시점에 기초한 재조정기간 분석은 개별항목을 각 기간에 배분하는 방법 외에 집합의 백분율을 각 기간에 배분하는 형태를 취할 수도 있다. 한편, 이와 다른 방법을 적용하여 분석할 수도 있다. 예를 들면, 원금감소대여금(amortizing loans)을 예상 재조정시점에 기초하여 각 기간에 배분할 때 중도상환율배수(prepayment rate multiplier)를 사용할 수 있다. 그러나 이러한 배분방법은 기업의 위험관리절차와 목적에 부합하여야 한다(IAS39 문단AG117).

위험회피금액의 지정(IAS39 문단AG114(3))에 관한 예를 들면, 특정 재조정기간에 고정금리부 자산 100원과 고정금리부 부채 80원을 보유하며, 전체 순포지션 20원을 위험회피하기로 결정한다면, 20원(자산의 일부)을 위험회피대상항목으로 지정한다.[10] 위험회피금액의 지정은 개별자산이 아닌 특정 통화의 금액(즉, 달러, 유로, 파운드, 랜드, 엔화, 위안화, 원화 등의 금액)으로 표시한다. 따라서 위험회피대상금액이 추출되는 전체 자산이나 부채(위의 사례에서는 자산 100원)는 다음의 조건을 모두 충족해야 한다.

① 회피대상위험인 이자율위험의 변동에 따라 공정가치가 변동되는 항목이다.

② 개별적으로 위험회피대상항목으로 지정하였다면 공정가치위험회피회계의 적용조건을 충족하였을 항목이다. 특히, 요구불금융부채(예: 요구불예금과 일부 정기예금)의 공정가치는 금융상품 보유자가 청구하면 지급할 금액을 지급청구 가능 최초일로부터 할인한 금액 이상이어야 한다(IAS39 문단49참조). 따라서, 요구불금융부채는 금융상품 보유자가 지급을 청구할 수 있는 가장 짧은 기간을 초과하는 기간에 대하여 공정가치위험회피회계를 적용할 수 없다. 위의 예에서 위험회피대상 포지션은 자산의 특정 금액(예, 20원)이다. 따라서 요구불부채는 위험회피 지정 대상이 될 수 없으며, 위험회피대상으로 지정된 자산의 위험회피 금액을 결정하는 데 사용된다. 기업이 위험을 회피하고자 하는 포지션이 부채의 금액이라면, 지정된 위험회피대상항목의 금액은 중도상환가능부채를 제외한 고정금리부 부채에서 산출해야 하며, 위험회피효과를 평가하는 데 사용된 백분율은 중도상환가능부채를 제외한 다른 부채의 백분율로 계산해야 한다(IAS39 문단AG126(2)). 예를 들면, 한 회사가 특정 재조정기간에 요구불예금 40원과 비요구불부채 60원으로 구성된 고정금리부 부채 100원과 고정금리부 자산 70원을 보유하고 있다고 가정하자. 이 회사가 전체 순포지션 30원을 위험회피하고자 한다면, 비요구불부채의 50%[11] 또는 30원을 위험회피대상항목으로 지정해야 한다(IAS39 문단AG118).

위험회피관계의 지정과 문서화(formal designation and documentation) 등

10) IAS39에서는 적용조건을 갖춘 자산이나 부채의 어떤 금액으로도 지정이 가능하다. 즉, 이 사례에서는 영(0)원에서 100원의 범위내의 자산 금액을 지정할 수 있다.

11) 30원 ÷ (100원 − 40원) = 50%

그 밖의 조건도 충족해야 한다(IAS39 문단88(1)). 포트폴리오 이자율위험회피에서 위험회피관계의 지정과 문서화는 위험회피대상금액을 식별하기 위한 모든 변수와 위험회피효과를 측정하는 방법 등에 대한 정책을 정하는 것을 말하며, 다음 사항들을 포함한다.

① 위험회피 포트폴리오에 포함되는 자산 및 부채의 포함 기준과 포트폴리오에서 자산 및 부채를 제외하기 위한 기준

② 재조정시점을 추정하는 방법. 이러한 추정방법에는 중도상환율 추정의 기초가 되는 이자율 가정과 그러한 추정을 변경하는 근거를 포함한다. 자산 또는 부채가 위험회피대상 포트폴리오에 포함되는 시점에 최초 추정할 때와 그 이후 당해 추정치를 수정할 때에는 동일한 방법을 사용한다.

③ 재조정기간의 수와 지속기간

④ 위험회피효과를 평가하는 빈도와 적용할 방법(IAS39 문단AG126참조)

⑤ 위험회피대상항목으로 지정되는 자산이나 부채의 금액을 결정하기 위하여 사용한 방법과 위험회피효과를 평가할 때 사용하는 백분율(IAS39 문단AG126(2)참조)

⑥ 위험회피효과를 평가할 때, 다음의 평가방법 중에서 선택한 방법(IAS39 문단AG126(2)참조)

(가) 각 재조정기간에 대하여 개별적으로 위험회피효과를 평가하는 방법

(나) 모든 기간에 대하여 집합적으로 위험회피효과를 평가하는 방법

(다) 위 (가)와 (나)의 방법을 결합하여 위험회피효과를 평가하는 방법

위험회피관계의 지정과 문서화에 포함된 정책은 기업의 위험관리절차와 목적에 부합하여야 한다. 이러한 정책은 자의적으로 변경할 수 없다. 정책의 변경은 시장상황과 그 밖의 요소의 변경 등에 의하여 정당화되어야 하며, 기업의 위험관리 절차와 목적에 근거하고 부합하여야 한다(IAS39 문단AG119).

각 재조정기간에 대하여 지정한 위험회피수단은 하나의 파생상품일 수 있으며(IAS39 문단AG114(5)), 회피대상 이자율위험에 노출된 파생상품 포트폴리오(예: 모두 LIBOR의 변동위험에 노출된 이자율스왑으로 구성된 포트폴리오)가

될 수도 있다(IAS39 문단AG114(4)). 이러한 파생상품 포트폴리오는 위험을 상쇄하는 포지션을 포함할 수 있다. 그러나 매도옵션 또는 순매도옵션을 포함할 수는 없다. 매입옵션을 상쇄하기 위하여 매도옵션을 위험회피수단으로 지정하는 경우를 제외하고는 이러한 매도옵션 또는 순매도옵션을 위험회피수단으로 지정하는 것을 허용하지 않기 때문이다(IAS39 문단77과 AG94참조).[12] 위험회피대상으로 지정한 금액을 하나 이상의 재조정기간에 걸쳐 위험회피수단으로 위험을 회피한다면, 그 위험회피수단은 모든 회피대상기간에 배분한다. 그러나 위험회피수단의 잔여기간 중 일부 기간에 대해서만 위험회피관계를 지정하는 것을 허용하지 않으므로(IAS39 문단75참조), 전체 위험회피수단을 당해 재조정기간에 배분하여야 한다(IAS39 문단AG120).

중도상환가능항목의 공정가치 변동을 측정할 때(IAS39 문단AG114(7)), 이자율 변동은 두 가지 면에서 중도상환가능항목의 공정가치에 영향을 미친다. 이자율 변동은 계약상 현금흐름의 공정가치와 중도상환가능항목에 포함된 중도상환옵션의 공정가치에 영향을 미친다. 위험회피효과를 측정할 수 있다면, 동일한 위험에 노출된 금융자산 또는 금융부채의 일부를 위험회피대상항목으로 지정할 수 있다(IAS39 문단81). 중도상환가능항목의 경우, **계약상** 재조정시점이 아닌 **예상** 재조정시점을 기준으로 회피대상 이자율의 변동으로 인한 공정가치의 변동을 위험회피대상항목으로 지정함으로써 동일한 위험에 노출된 금융자산이나 금융부채의 일부를 위험회피대상항목으로 지정하는 효과를 달성할 수 있다(IAS39 문단81A). 그러나 위험회피대상 이자율의 변동이 예상 재조정시점에 미치는 효과는 위험회피대상항목의 공정가치 변동을 결정할 때 반영된다. 따라서 예상 재조정시점이 수정(예: 예상 중도상환금액의 변동을 반영하기 위함)되거나 실제 재조정시점이 예상 재조정시점과 다른 경우 비효과적인 부분이 발생한다(IAS39 문단AG126). 반면에, 예상 재조정시점의 변동이 ① 명백히 위험회피대상 이자율변동이 아닌 다른 요인에 의하여 발생하고 ② 위험회피대상 이자율의

12) 매도옵션의 경우에는 옵션의 행사권이 옵션의 보유자에게 있고 옵션의 매도자는 옵션보유자의 결정에 응하는 의무밖에 없기 때문에, 옵션매도자 입장에서는 매도옵션을 위험회피수단으로 사용할 수 없다.

변동과 관련이 없으며 ③ 위험회피대상 이자율로 인한 변동에서 신뢰성 있게 분리될 수 있다면(예: 이자율 변동이 아닌 인구통계학적 요인이나 세법의 변동에서 명확하게 발생한 중도상환율의 변동), 당해 예상 재조정시점의 변동은 회피대상위험으로 인한 것이 아니므로 위험회피대상항목의 공정가치 변동을 결정할 때 제외한다. 예상 재조정시점의 변동 원인을 명백히 알 수 없거나, 위험회피대상 이자율로 인한 변동과 기타 요인에 의한 변동을 신뢰성 있게 분리할 수 없다면, 이러한 변동은 위험회피대상 이자율의 변동에 의한 것으로 가정한다(IAS39 문단AG121).

회피대상위험으로 인한 위험회피대상항목의 공정가치 변동액을 결정하는 방법은 특정한 방법으로 제한되지 않는다(IAS39 문단AG114(7)). 이러한 측정을 하기 위하여 통계적인 기법이나 기타의 추정기법을 사용한다면, 위험회피대상항목을 구성하는 자산이나 부채를 모두 개별적으로 측정하여 얻을 수 있는 값과 거의 근사한 결과를 기대할 수 있어야 한다. 위험회피대상항목의 공정가치 변동이 위험회피수단의 공정가치 변동과 동일하다는 가정은 타당하지 않다(IAS39 문단AG122).

특정 재조정기간의 위험회피대상항목이 자산이라면, 위험회피대상항목의 가치변동은 하나의 별도 항목으로 자산에 표시해야 한다(IAS39 문단89A). 마찬가지로, 특정 재조정기간의 위험회피대상항목이 부채라면, 위험회피대상항목의 가치변동은 하나의 별도 항목으로 부채에 표시해야 한다. 이러한 별도 항목은 재무상태표 항목이며(IAS39 문단AG114(7)), 이를 특정 개별자산이나 개별부채에 반드시 배분해야 하는 것은 아니다(IAS39 문단AG123).

비효과적인 부분[13]은 위험회피대상항목의 공정가치 변동과 위험회피수단인 파생상품의 공정가치 변동의 차이이다(IAS39 문단AG114(9)). 이러한 공정가치 변동 차이는 여러 가지 요인에 의해 발생할 수 있으며, 이를 식별하여 당기손익으로 인식한다. 이러한 차이를 발생시키는 요인의 예는 다음과 같다(IAS39 문단AG124).

13) 국제회계기준을 적용할 때 고려되는 중요성을 동일하게 적용한다.

① 실제 재조정시점이 예상 재조정시점과 다르거나 예상 재조정시점이 수정된 경우

② 위험회피대상 포트폴리오에 포함된 항목이 손상되거나 제거된 경우

③ 위험회피수단의 지급일과 위험회피대상항목의 지급일이 다른 경우

④ 그 밖의 요인(예: 위험회피대상항목 중 일부가 회피대상위험으로 지정된 기준금리보다 낮은 이자율을 발생시키며, 이로 인한 비효과적인 부분이 크지 않아서 당해 포트폴리오 전체가 위험회피회계의 적용조건을 충족하는 경우)

일반적으로 다음 각 경우에 위험회피효과는 개선될 것이다(IAS39 문단AG125).

① 중도상환 형태의 차이를 감안하여 현금흐름을 구분하는 경우

② 포트폴리오에 포함된 항목의 수가 많은 경우. 적은 항목으로 구성된 포트폴리오에서 하나의 항목이 예상과는 달리 빨리 또는 늦게 상환되는 경우 상대적으로 큰 비효과적인 부분이 발생한다. 반면에, 많은 항목으로 구성된 포트폴리오의 경우 중도상환의 형태를 더 정확하게 예측할 수 있다.

③ 재조정기간의 간격을 좁히는 경우(예: 3개월보다는 1개월의 재조정기간). 재조정기간의 간격을 좁힐수록 재조정기간 내에서 다음 (가)와 (나)의 불일치로 인한 효과가 감소할 수 있다.

(가) 위험회피대상항목의 재조정시점과 지급일

(나) 위험회피수단의 재조정시점과 지급일

④ 위험회피대상항목의 변동(예: 중도상환예상금액의 변동)을 반영하기 위하여 위험회피수단의 금액을 조정하는 빈도를 증가시키는 경우

위험회피효과는 주기적으로 평가해야 한다. 위험회피효과 평가일과 다음 평가일 사이에 추정된 재조정시점이 변경된다면, 다음 중 하나의 방법으로 위험회피에 효과적인 금액을 계산한다(IAS39 문단AG126).

① 위험회피수단의 공정가치 변동(IAS39 문단114(8) 참조)과 위험회피대상 이자율의 변동으로 인한 전체 위험회피대상항목의 가치변동의 차이(위험회피대상 이자율의 변동이 내재된 중도상환옵션의 공정가치에 미치는 영향을 포함)

② 다음의 절차를 거쳐 산출된 근사치

(가) 위험회피효과를 평가한 최종일에 추정된 재조정시점에 기초하여, 위험회피대상이 되는 각 재조정기간에 포함된 자산이나 부채의 백분율을 산정한다.

(나) 수정된 추정치에 기초하여 위험회피대상항목의 금액을 계산하기 위하여, 위에서 산정한 백분율을 해당 재조정기간의 수정된 추정금액에 적용한다.

(다) 수정된 위험회피대상 추정금액의 회피대상위험으로 인한 공정가치변동을 산정하고, 이를 당기손익으로 인식한다(IAS39 문단AG114(7)).

(라) 위험회피수단의 공정가치 변동(IAS39 문단AG114(8) 참조)과 (다)에서 산정한 금액의 차이를 비효과적인 부분으로 인식한다.

위험회피효과를 측정할 때, 기존 자산 또는 부채에 대한 추정 재조정시점의 수정과 신규 자산 또는 부채의 편입을 구분해야 한다. 위험회피가 비효과적인 부분은 기존 자산 또는 부채에 대한 추정 재조정시점의 수정에서만 발생하고, 신규 자산 또는 부채의 편입과는 관련이 없다. 추정 재조정시점에 대한 수정(기존 항목의 기간별 재배분 포함)은 한 기간의 추정금액을 수정할 때 이를 모두 포함하고(IAS39 문단AG126(2)(나) 참조), 위험회피효과를 측정할 때 반영해야 한다. 다만, 이자율과 관계없이 인구통계학적 요인이나 세법변경 등에 기인한 중도상환율의 변동 등의 이유로 제외되는 것은 포함하지 않는다(IAS39 문단AG121). 위의 절차에 따라 비효과적인 부분을 일단 인식하고 나면, 가장 최근에 위험회피효과를 평가한 날 이후 신규로 편입된 자산 또는 부채를 포함한 모든 자산 또는 부채를 각 재조정기간별로 분류한다. 그리고 각 재조정기간별로 새로운 금액을 위험회피대상항목으로, 새로운 백분율을 위험회피대상 백분율로 지정한다. 다음 위험회피효과 평가일에는 IAS39 문단AG126(2)에서 설명한 절차를 반복한다(IAS39 문단AG127).

최초에 특정 재조정기간으로 분류된 항목이 ① 예상보다 이른 중도상환이나 ② 손상이나 매각에 의한 감액 등으로 장부상에서 제거될 수 있다. 이 경우, 재무상태표의 별도 항목에 포함된 공정가치 변동금액(IAS39 문단AG114(7)) 중 제거되는 항목과 관련된 부분은 재무상태표에서 제거하여 당해 항목의 제거에 따른 손익에 포함한다. 이때 제거되는 항목이 포함된 재조정기간을 알 필요가 있다. 그 이유는 당해 항목을 제거하는 재조정기간을 결정하고 재무상태표의 별도 항목에서 제거할 금액을 결정하기 위해서이다. 특정 항목의 제거시점에 그 항목이 포함된 기간을 결정할 수 있다면, 당해 항목은 그 기간에서 제거한다. 그 항목이 포함된 기간을 결정할 수 없다면, 예상보다 많은 중도상환금액으로 인해 제거되는 경우 당해 항목은 가장 이른 재조정기간에서 제거하고, 당해 항목의 매각이나 손상으로 인해 제거되는 경우 당해 항목은 제거되는 항목이 포함된 모든 재조정기간에 체계적이고 합리적인 기준에 따라 배분한다(IAS39 문단AG128).

또한 재조정기간의 종료시점에 아직 제거되지 않은 것으로서 그 재조정기간과 관련된 금액은 당해 기간의 종료시점에 당기손익으로 인식한다(IAS39 문단 89A 참조). 예를 들어, 위험회피대상항목을 세 개의 재조정기간에 분류한다고 가정하자. 이전의 재지정시점에 재무상태표상 하나의 별도 항목으로 보고한 공정가치 변동은 자산 25원이며, 기간 1, 2, 3에 해당하는 금액은 각각 7원, 8원, 10원이라고 하자. 다음 재지정시점에 기간 1에 속한 자산은 실현되었거나 다른 기간으로 재분류되었을 것이다. 따라서 7원은 재무상태표에서 제거하며 당기손익으로 인식한다. 그 결과 기간 1과 기간 2에 해당하는 금액은 각각 8원과 10원이 된다. 이러한 잔여기간에 속한 금액은 필요한 경우 공정가치조정(IAS39 문단 AG114(7))에 따라 조정한다(IAS39 문단AG129).

예를 들어 포트폴리오의 백분율을 각 재조정기간에 배분하여 자산을 분류했다고 가정하자. 또 처음 두 재조정기간에 각각 100원을 분류했다고 가정하자. 첫 번째 재조정기간의 종료시점에 자산 110원이 예상된 상환과 예상하지 못한 상환으로 인해 제거되는 경우 재무상태표상에 인식한 별도항목 중 첫 번째 기간에 속한 금액 전액(100원)과 두 번째 기간에 관련되는 금액(100원)의 10%를 재무상태표에서 제거한다(IAS39 문단AG130).

특정 재조정기간의 위험회피대상금액이 자산이나 부채의 제거와 관계없이 감소한다면, 재무상태표상에 인식한 별도 항목 중 감소된 부분에 관련되는 금액은 IAS39 문단92[14)]에 따라 상각한다(IAS39 문단AG131).

---

14) 유효이자율법을 적용하여 상각후원가로 측정하는 금융상품이 위험회피대상항목인 경우

종전에 현금흐름위험회피로 처리하던 포트폴리오 위험회피에 공정가치위험회피를 적용하려면, 종전에 지정한 현금흐름위험회피를 취소하고 취소에 대한 규정을 적용한다. 즉, 예상거래에 대한 현금흐름위험회피로서 위험회피가 효과적이어서 기타포괄손익으로 인식한 금액은 예상거래가 발생했거나 더 이상 발생하지 않을 것으로 예상되는 시기까지는 자본의 별도항목으로 계속 남겨 놓고, 예상거래가 발생하는 시기에 당기손익으로 재분류한다(IAS39 문단101(4) 참조). 또 당해 위험회피를 공정가치위험회피로 재지정하고 공정가치위험회피회계를 후속 기간에 전진적으로 적용한다(IAS39 문단AG132).

[예시5-1] 공정가치 위험회피

A사는 명목금액이 4,000,000원인 6.41% 고정이자부 회사채를 발행하였다. 이자지급은 매분기말에 하며, 회사채의 만기는 2년이다. A사는 고정이자를 모두 변동이자로 전환시키는 정책을 가지고 있기 때문에 고정이자를 수취하고 변동이자를 지급하는 이자율스왑을 체결하였다. 이자율스왑은 100%효과적이라고 하자. 이 경우에는 고정이자를 변동이자로 바꾸었기 때문에 공정가치 위험회피회계가 적용된다. 이자율스왑과 회사채의 조건을 요약하면 〈표 5-1〉과 같다.

IAS39 문단 89(2)에 따라 인식한 장부금액의 조정액(또는 금융자산이나 금융부채 포트폴리오의 이자율위험에 대한 위험회피인 경우 IAS39 문단 89A에 따라 인식한 별도의 재무상태표 항목)은 상각하여 당기손익으로 인식한다. 상각은 조정액이 발생한 직후 개시할 수 있으며, 늦어도 회피대상위험으로 인한 공정가치 변동에 대한 위험회피대상항목의 조정을 중단하기 전에는 개시하여야 한다. 상각을 개시하는 시점에 다시 계산한 유효이자율에 기초하여 상각한다. 다만, 금융자산이나 금융부채 포트폴리오의 이자율위험에 대한 공정가치위험회피에 한하여(IASB는 포트폴리오 이자율위험회피의 경우에는 재계산된 유효이자율에 기초하여 상각하는 것이 복잡하여 유의적인 추가적인 시스템을 필요로 할 수 있다고 보았다), 유효이자율을 다시 계산하는 것이 실무적으로 불가능하다면 정액법으로 상각한다. 상각이 종료되는 시점은 당해 금융상품의 만기이거나 포트폴리오의 이자율위험회피의 경우 당해 재조정기간의 종료일이다.

〈표 5-1〉 스왑과 회사채의 조건

	이자율스왑	고정이자부 회사채
거래일 및 차입일	20×1.01.01	20×1.01.01
종료 및 만기일	20×2.12.31	20×2.12.31
명목금액	4,000,000원	4,000,000원
고정이자율	6.41%	6.41%
결제일	분기말	분기말

(1) 위험회피의 효과성

첫 번째 검토해야할 사항 중의 하나가 이자율스왑이 회사채의 공정가치 변동에 대해 100% 효과적인가를 검토하는 것이다. 명목금액이 동일하고, 회사채수익률이 시장이자율과 동일하며, 시작일(거래일 및 차입일)과 종료 및 만기일이 동일하다. 만약 이 세 가지 항목 중 하나라도 동일하지 않다면, 이자율의 변동에 따른 스왑의 가치변동이 위험회피 대상인 회사채의 가치변동과 다르게 된다. 현실적으로는 회사채 수익률이 시장이자율보다 일반적으로 크게 되어 이자율스왑의 가치변동이 항상 회사채의 가치변동을 초과하게 된다. 회계처리문제는 나중에 살펴보기로 하고, 우선 8개 분기(만기 2년)에 대한 당기손익에 영향을 미칠 항목들을 계산해볼 필요가 있다. 당기손익에 미치는 영향을 계산하기 위해서는 시장이자율(변동이자율)을 구해야 한다. 시장이자율과 스왑이자율이 동일하게 움직이고 〈표 5-2〉와 같다고 가정하자.

〈표 5-2〉 시장이자율 및 스왑이자율과 이자비용

기간		기	시장이자율	스왑이자율	이자비용
부터	까지				
20×1.01.01	20×1.03.31	1	6.41%	6.41%	64,100원
20×1.04.01	20×1.06.30	2	6.48%	6.48%	64,800원
20×1.07.01	20×1.09.30	3	6.41%	6.41%	64,100원
20×1.10.01	20×1.12.31	4	6.32%	6.32%	63,200원
20×2.01.01	20×2.03.31	5	7.60%	7.60%	76,000원
20×2.04.01	20×2.06.30	6	7.71%	7.71%	77,100원
20×2.07.01	20×2.09.30	7	7.82%	7.82%	78,200원
20×2.10.01	20×2.12.31	8	7.42%	7.42%	74,200원

시장이자율과 스왑이자율이 같다는 것은 수익률곡선(yield curve)이 평탄(flat)하다는 것을 의미한다. 환언하면 금융시장참여자들은 미래이자율이 현재이자율과 같을 것이라고 본다는 것을 의미한다. 그러나 현실에 있어서는 수익률곡선이 상향 추세를 보이는 경우가 많으며 가끔은 하향 추세를 보이기도 한다. 수익률곡선이 상향 추세라는 것은 장기이자율(long-term interest rate)이 단기이자율(short-term interest rate)보다 높다는 것을 의미한다. 예컨대 인플레이션율이 높아진다고 예상할 경우 수익률곡선이 상향 추세를 보이게 된다. 그러나 여기에서는 문제의 본질에 영향을 미치지 않고 시장이자율 변동이 이자율스왑에 미치는 영향을 검토하기 위해 단순하게 시장이자율과 스왑이자율이 동일하다고 가정하기로 하자. 제1기의 이자율이 6.41%이므로 당기손익에 이자비용으로 계상될 금액은 64,100원(4,000,000원 × 6.41% × 3/12)이 된다. 같은 방식으로 다른 기간의 이자비용을 계산할 수 있다. 여기에서 중요한 것은 고정이자율을 변동이자율로 전환하는 스왑거래를 하였기 때문에 이자비용을 결정하는 것은 시장이자율이라는 점이다.

(2) 스왑의 평가

앞에서 언급한 것처럼 모든 파생상품은 공정가치로 재무상태표에 보고해야 한다. 따라서 각 분기말에 파생상품을 공정가치로 평가해야 하고, 스왑의 가치변동에 해당하는 금액만큼을 기초항목의 가치에 조정해줘야 한다. 〈표 5-3〉은 제1분기 말(20×1.03.31) 현재 스왑의 공정가치 평가를 보여주고 있다. 이 시점에서는 스왑이자율이

〈표 5-3〉 스왑의 공정가치 평가 (20×1.03.31)

잔여 기간	명목금액	스왑이자율	확정이자율	차이	현가요소	스왑의 현재가치
1	4,000,000원	6.48%	6.41%	-700원	0.9841	-689원
2	4,000,000원	6.48%	6.41%	-700원	0.9684	-678원
3	4,000,000원	6.48%	6.41%	-700원	0.9529	-667원
4	4,000,000원	6.48%	6.41%	-700원	0.9377	-656원
5	4,000,000원	6.48%	6.41%	-700원	0.9228	-646원
6	4,000,000원	6.48%	6.41%	-700원	0.9081	-636원
7	4,000,000원	6.48%	6.41%	-700원	0.8936	-626원
					6.5676	-4,597원

6.48%이기 때문에 이 이자율을 할인율로 하여 스왑의 공정가치를 평가한다. 또한, 스왑이자율이 상승하였기 때문에 공정가치는 하락하며, 그 결과 스왑거래로부터 손실이 발생하였다.

〈표 5-3〉이 보여주는 것은 A사가 스왑이자율이 6.48%일 때 6.48%의 이자를 수취하는 대신 3개월 전에 체결한 스왑계약으로 인하여 6.41%를 수취하기로 했기 때문에 명목금액의 0.07%p에 해당하는 이자를 덜 받게 되었다는 것이다. 따라서 매 분기 700원씩의 손실을 보며, 이를 현재 시점(3월 31일)의 시장이자율(여기에서는 스왑이자율과 동일)을 할인율로 하는 현재가치로 환산하면 −700원 × 6.5676이 되어 4,597원의 손실을 기록해야 한다.

한편, 동일한 시점에 위험회피대상항목인 회사채에 현재가치를 계산하면 〈표 5-4〉와 같다.

〈표 5-4〉 회사채(위험회피대상부채)의 공정가치 평가 (20×1.03.31)

잔여기간	현금흐름	현가요소	회사채의 현재가치
1	64,100원	0.9841	63,078원
2	64,100원	0.9684	62,073원
3	64,100원	0.9529	61,083원
4	64,100원	0.9377	60,109원
5	64,100원	0.9228	59,151원
6	64,100원	0.9081	58,208원
7	4,064,100원	0.8936	3,631,701원
		6.5676	3,995,403원

이 사례에서는 이자율스왑이 100% 효과적이라는 것을 알 수 있다. 스왑의 공정가치는 0원에서 −4,597원으로 감소했으며, 회사채의 공정가치도 4,000,000원에서 3,995,403원으로 4,597원 감소했다. 그러나 현실 세계에서는 100% 효과적인 경우는 흔하지 않으며, 회사채수익률이 시장이자율보다 높은 경우가 허다하다. 이와 같은 수익률과 이자율 간의 차이를 신용차이(credit spread)라고 한다.

이제 신용차이가 재무상태표에 미치는 영향을 검토하기 위해서 약간 변형된 사례를 만들어 보기로 하자.

A사는 주식발행을 통하여 6,000,000원을 조달하고, 차입금(이자율 6.41%, 2년만기, 매분기말 이자지급 조건)으로 4,000,000원을 조달하여 이를 임대용빌딩에 투자했다고 하자. 이들 거래가 모두 20×1년 1월 1일에 있었다고 하자. 임대수익률은 6%로 예상된다고 하자. 그렇다면 분기별 임대수익은 150,000원(10,000,000원 × 6% × 3/12)이 된다. 한편, A사는 차입금(4,000,000원)에 대한 공정가치 위험회피를 위하여 변동이자를 지급하고 고정이자 6.41%를 받는 이자율스왑을 체결하였다고 하자. A사의 개시 재무상태표를 작성하면 〈표 5-5〉와 같다.

〈표 5-5〉 개시 재무상태표 (20×1.01.01)

자산	
빌딩	10,000,000원
부채	
차입금	4,000,000원
자본	
보통주자본금	6,000,000원

첫째 분기에 A사는 150,000원(10,000,000원 × 6% × 3/12)의 임대수익을 받고, 64,100원(4,000,000원 × 6.41% × 3/12)의 이자를 지급하였기 때문에 85,900원의 당기손익을 획득하였다. 여기에서 주의할 점은 파생상품(스왑)이 위험회피회계를 충족할 경우와 충족하지 못할 경우를 구분해야 한다. 위험회피회계를 충족할 경우에는 파생상품을 공정가치로 재무상태표에 보고하고, 파생상품의 공정가치변동을 관련된 위험회피대상항목의 장부금액을 조정할 수 있다. 따라서 파생상품이 위험회피회계를 충족하지 못할 경우에는 파생상품의 공정가치변동을 당기손익으로 인식해야 하기 때문에 당기손익은 81,303원(85,900원 – 4,597원)이 된다.

이제 한 분기가 지난 20×1년 3월 31일자로 재무상태표를 작성하되 위험회피회계가 충족된 경우와 그렇지 않은 경우를 비교하는 형식으로 작성하면 〈표 5-6〉과 같다.

현금증가는 임대수익에서 이자비용의 지급을 차감한 금액이다. 위험회피회계가 충족된 경우에는 파생상품(스왑)의 공정가치 감소는 부채로 표시되며, 이는 인위적 변동성을 제거하기 위하여 위험회피대상항목인 차입금의 조정항목으로서 사용될 수 있다. 반면에 위험회피회계가 충족되지 못한 경우에는 위험회피대상항목의 장부금액을 조정할 수 없으며, 파생상품의 공정가치 감소만큼 당기손익이 감소한다.

〈표 5-6〉 재무상태표 (20×1.03.31)

	위험회피회계 충족	위험회피회계 불충족
자산		
빌딩	10,000,000원	10,000,000원
현금	85,900원	85,900원
부채		
차입금(〈표 5-4〉참조)	3,995,403원	4,000,000원
스왑(〈표 5-3〉참조)	4,597원	4,597원
자본		
보통주자본금	6,000,000원	6,000,000원
이익잉여금	85,900원	81,303원

(3) 스왑 공정가치 계산 간편법

스왑의 공정가치는 다음 식으로 간단하게 구할 수 있다.

명목금액 × (확정이자율 − 기말 스왑이자율) × CDF

여기에서 CDF는 누적현재가치요소, 즉, 연금의 현재가치요소를 의미한다. CDF는 다음과 같이 계산할 수 있다.

CDF = (1 − 현재가치요소)/기말 스왑이자율 = $(1-(1+i)^{-t})/i$

다만 이자계산이 분기단위로 이루어지기 때문에 연이자율을 분기이자율로 환산하기 위하여 이자율에 1/4을 곱하여 계산한다. 현재가치요소는 기말스왑이자율을 할인율로 한 현재가치요소를 말한다. 예컨대 첫 분기말의 현재가치요소는 $1/(1 + 0.0648/4)^{-7}$인 0.8936이 된다. 여기에서 스왑의 잔여만기는 7개분기이기 때문에 할인을 7번 하는 것이다. 첫 분기 말의 CDF는 위 공식에 따라 (1 − 0.8936)/(0.0648/4)인 6.5676(사사오입 조정)이 된다.

〈표 5-7〉은 간편법을 이용한 각 분기말의 스왑과 회사채의 공정가치 계산방식을 보여주고 있다.

〈표 5-7〉 스왑과 회사채 공정가치 계산방식

기간	잔여 기간	기말스왑 이자율	현재가치 요소	누적현재 가치요소	크레딧 스프레드	스왑 공정가치	회사채 공정가치
1	7	0.0648	0.8936	6.5676	-700	-4,597	3,995,403
2	6	0.0641	0.9090	5.6774	0	0	4,000,000
3	5	0.0632	0.9246	4.7715	900	4,294	4,004,294
4	4	0.0760	0.9275	3.8170	-11,900	-45,422	3,954,578
5	3	0.0771	0.9443	2.8880	-13,000	-37,543	3,962,457
6	2	0.0782	0.9620	1.9428	-14,100	-27,394	3,972,606
7	1	0.0742	0.9818	0.9818	-10,100	-9,916	3,990,084
8	0		1			0	4,000,000

우선 스왑의 공정가치를 계산한다. 스왑의 공정가치 계산을 위해서는 표시이자율(coupon rate)과 스왑이자율의 차이에 명목금액을 곱한 신용차이(credit spread)를 구한다. 본 사례에서는 6.41%와 각 기말의 스왑이자율의 차이에 1/4을 곱하여 분기별 이자율 차이를 구하여 여기에 명목금액 4,000,000원을 곱하여 각 분기말의 신용차이를 구한다. 예컨대, 제1분기말에는 (0.0641 − 0.0648) × 1/4 × 4,000,000을 하면 −700원이 신용차이가 된다. 이렇게 구한 신용차이에 누적현재가치요소(CDF)를 곱하여 각 분기말 스왑의 공정가치를 구한다. 즉, 첫 분기의 스왑의 공정가치는 −700 × 6.5676 = −4.597이 된다.

회사채의 공정가치는 회사채의 명목금액에 스왑의 공정가치를 더하여 구한다. 즉, 첫 분기말의 회사채의 공정가치는 4,000,000 − 4,597 = 3,995,403이 된다.

(4) 회계처리

제2분기(20×1.04.01~20×1.06.30) 임대수익은 10,000,000원 × 6% × 3/12 = 150,000원이 된다. 스왑의 공정가치는 −4,597원에서 0원으로 상승하였다. 스왑의 공정가치 변동에 대한 회계처리는 우선 스왑이 위험회피관계를 충족시키는지에 따라 다르다. 스왑이 위험회피관계를 충족시킨다면, 스왑의 공정가치 변동은 당기손익에 영향을 미치지 않는다. 그러나 스왑이 위험회피관계를 충족시키지 못한다면, 스왑의 가치 상승이 투기거래에 따른 이익으로 보아 당기손익에 가산한다.

위험회피회계 충족여부에 관계없이 임대수익은 150,000원이고, 이자비용은 4,000,000원 × 6.48% × 3/12인 64,800원이다. 따라서 스왑의 공정가치를 고려하기 전의 제2분기 당기순이익은 85,200원이다. 위험회피회계가 충족된 경우에는 당기순이익이 85,200원이 되지만, 위험회피회계가 충족되지 못한 경우는 스왑의 공정가치 상승 4,597원이 여기에 가산되어 당기순이익은 89,797원이 된다. 이들을 반영한 20×1년 6월 30일자 재무상태표는 〈표 5-8〉과 같다. 〈표 5-8〉에서 보는 바와 같이 스왑의 공정가치가 20×1년 6월 30일 현재 0원이기 때문에 결과적으로 재무상태표가 위험회피회계 충족 여부에 관계없이 동일하다. 전기이익잉여금과 당기순이익을 합한 금액이 기말 이익잉여금이 되기 때문에 결과적으로 기말 이익잉여금은 두 경우 모두 171,100원으로 동일하다.

〈표 5-8〉 재무상태표 (20×1.06.30)

	위험회피회계 충족	위험회피회계 불충족
자산		
빌딩	10,000,000원	10,000,000원
현금	171,100원	171,100원
부채		
차입금	4,000,000원	4,000,000원
스왑	0원	0원
자본		
보통주자본금	6,000,000원	6,000,000원
전기이익잉여금	85,900원	81,303원
당기순이익	85,200원	89,797원

제2분기(20×1.07.01~20×1.09.30)도 같은 방식으로 회계처리를 하면 임대수익은 150,000원이고 이자비용은 64,100원이 발생했다는 것을 알 수 있다. 따라서 위험회피회계가 충족되는 경우의 당기순이익은 85,900원이 된다. 제3분기에는 스왑의 공정가치가 0원에서 4,294원으로 상승하였기 때문에 이 금액만큼을 회사채의 장부금액에서 조정해야 한다. 따라서 회사채의 장부금액은 4,004,294원(〈표 5-7〉 참조)이 된다. 그러나 위험회피회계가 충족되지 못한 경우의 당기순이익은 85,900원 + 4,294원으로서 90,194원이 된다.

이제 마찬가지 방식으로 20×1년 9월 30일자 재무상태표를 작성하면 〈표 5-9〉와 같다.

〈표 5-9〉 재무상태표 (20×1.09.30)

	위험회피회계 충족	위험회피회계 불충족
자산		
빌딩	10,000,000원	10,000,000원
현금	257,000원	257,000원
스왑	4,294원	4,294원
부채		
차입금	4,004,294원	4,000,000원
자본		
보통주자본금	6,000,000원	6,000,000원
전기이익잉여금	171,100원	171,100원
당기순이익	85,900원	90,194원

〈표 5-9〉에서 주의할 점은 스왑의 공정가치가 4,294원이므로 이제 자산에 보고해야 한다는 점이다.

신용차이(credit spread)란 시장이자율에 신용위험(credit risk)에 상당하는 프리미엄을 가산하는 것을 말한다. 예컨대 은행이 자금을 대출하면서 차입자가 부도날 확률을 2%로 본다면 기준 시장이자율(LIBOR 등)에 가산금리를 2%더하여 대출금리로 책정할 수 있다.

신용차이가 없는 경우와 있는 경우를 비교하여 사례를 들어 보기로 하자. 먼저 신용차이가 없는 경우의 사례를 들어보자. A사는 은행에서 1,000,000원을 5년 만기, 10% 이자율의 조건으로 차입했다고 하자. A사는 또 고정이자 차입금을 변동이자로 전환하기 위하여 동시에 5년 만기 이자율스왑계약을 체결하였다고 하자. 스왑계약은 A사가 고정이자율 10%를 받고 변동이자를 지급하는 조건이다. 만약 1차년도 말에 만기가 4년 남은 상태에서 스왑이자율이 10%에서 11%로 변경되었다고 하자. 그러면 A사는 차입금의 공정가치가 1,000,000원에서 968,976원(아래 계산 참조)으로 하락하기 때문에 부채가 감소하여 이익을 보게 된다. 그러나 A사는 위험회피회계를 적용하지 않는다면 이를 이익으로 인식하지 않는다. 만약 A사가 공정가치위험회피회계를 적용한다면 이를 이익으로 인식할 수 있다.

차입금의 공정가치 = 1,000,000 × 1.11^{-4} + 100,000 × 3.1024(11%, 4년만기 연금의 현재가치요소) = 968,976원

이익은 부채에 해당하는 것이고, A사는 스왑계약을 하였기 때문에 스왑에서는 정확하게 같은 금액의 손실을 보게 된다. 즉, A사는 스왑계약의 기간동안 10% 고정이자를 받기로 했는데 시장이자율이 11%이기 때문에 스왑계약을 해지하려면 1%의 추가이자를 지급해야 할 것이다. 따라서 1%p에 해당하는 손실을 감수해야 한다. 즉, 손실금액이 1,000,000원에 대한 1%인 10,000원이기 때문에 여기에 현재가치요소 3.1024를 곱하면 스왑계약에 따른 손실은 31,024원이 된다. 따라서 차입금의 공정가치하락에 따른 이익 31,024원(1,000,000원 – 968,976원)과 정확하게 동일한 금액이 된다. 따라서 이 위험회피관계는 100% 효과적이다.

[예시5-2] 신용차이

회사가 자금을 차입할 때는 일반적으로 기준금리(콜거래금리 등)에 약간의 프리미엄을 추가하여 이자를 부담한다. 그 이유는 회사가 은행보다는 더 위험하다고 보기 때문이다. 이 때 회사가 부담하는 프리미엄이 신용차이에 해당한다. 신용차이가 있는 경우 위험회피회계에 항상 비효과적인 부분이 존재하기 마련이다. A사가 은행에서 빌린 차입금의 이자율이 기준금리에 1.5%를 가산한 이자율이라고 하자. 이 경우 시장이자율의 등락에 관계없이 스왑이 항상 차입금의 수익률을 초과하게 된다(스왑의 할인율이 차입금의 할인율보다 낮기 때문). 좀더 구체적으로 차입금과 스왑의 조건이 다음과 같다고 하자.

	차입금	스왑
차입금액/명목금액	1,000,000원	1,000,000원
만기	5년	5년
수익률/확정이자율	11.5%	10.0%
신용차이	1.5%	

이제 1차년도 말에 스왑이자율이 11%인 경우와 9%인 경우를 가정하여 차입금과 스왑의 공정가치를 계산하고 위험회피회계에서 비효과적인 부분이 얼마인가를 계산하여 보기로 하자. 신용차이로 인하여 각각의 경우에 차입금의 수익률은 12.5%와 10.5%가 되며, 스왑의 할인율은 스왑이자율(LIBOR 등 시장이자율)인 11%와 9%가 된다. 따라서 할인율의 차이로 인하여 차입금과 스왑 간의 차이가 발생하며, 그 결과 비효과적인 부분이 있다.

〈표 5-10〉은 이들을 계산한 결과를 보여주고 있다.

〈표 5-10〉 신용차이가 있을 경우의 차입금과 스왑 간의 비효과적인 부분

1차년도 말		스왑이자율 : 11.0%	스왑이자율 : 9.0%
차입금	할인율	12.5%	10.5%
	공정가치	1,000,000 × 1.125^{-4} + 115,000 × 3.0056 = 969,944	1,000,000 × 1.105^{-4} + 115,000 × 3.1359 = 1,031,359
	당기손익에 반영할 부분	1,000,000 - 969,944 = 30,056	1,000,000 - 1,031,359 = -31,359
스왑	할인율	11.0%	9.0%
	공정가치	(10.0% - 11.0%) × 1,000,000 × 3.1024 = -31,024	(10.0% - 9.0%) × 1,000,000 × 3.2397 = 32,397
비효과적인 부분		30,056 - 31,024 = -968	-31,359 + 32,397 = 1,039

차입금에 대한 각 경우의 현재가치 계산에서 이자(연금)부분에 곱할 누적현재가치는 앞에서 언급한 "CDF = (1 − 현재가치요소)/기말 스왑이자율"을 이용하여 구하였다. 예컨대 스왑이자율이 11.0%인 경우는 신용차이로 인하여 할인율이 12.5%이기 때문에 $(1-1.125^{-4})/0.125$ = 3.0056이 된다.

[예시5-3] 내부파생상품 거래를 이용한 공정가치위험회피의 상쇄[15)]

종속기업A는 60일 후에 결제기일이 도래하는 $1,000의 매출채권의 공정가치변동위험을 회피하기 위하여 자금부서와 내부선도계약(internal forward contract)을 체결하였다. 또한, 종속기업B는 60일 후에 결제기일이 도래하는 $500의 매입채무의 공정가치변동위험을 회피하기 위하여 자금부서와 선도계약을 체결하였다.

자금부서는 두 개의 내부파생상품계약을 상계하고 남은 달러표시 수취채권 $500의 외화위험을 회피하기 위하여 60일 후에 $500을 지급하고 원화(₩)를 수취하는 외부선도계약(external forward contract)을 체결하였다.

1월말에 ₩ 대비 $의 약세로 인하여, 종속기업A는 매출채권(위험회피대상)에 대한 환산손실 ₩100을 자금부서와의 선도계약(위험회피수단)에 의한 ₩100의 이익으로 상쇄하였다. 한편, 종속기업B의 경우 매입채무(위험회피대상)에 대한 ₩50의 환산이익이 자금부서와의 선도계약(위험회피수단)으로 인한 ₩50의 손실에 의하여 상쇄되었다. 자금부서의 경우 종속기업A와의 내부선도계약(위험회피대상), 종속기업B와의 내부선도계약(위험회피대상) 및 외부선도계약(위험회피수단)에서 각각 ₩100의 손실, ₩50의 이익과 ₩50의 이익이 발생되었다.

1월말에 종속기업A, 종속기업B 및 자금부서의 개별재무제표 또는 별도재무제표에 반영된 회계처리는 다음과 같다. 동일 연결실체내의 거래나 사건을 반영한 회계처리는 기울임꼴로 표시하기로 한다.

종속기업A는 위험회피대상인 매출채권의 가치는 ₩100만큼의 외환손실이 발생하여 가치가 하락하였지만, 연결실체 내의 자금부서와의 내부파생상품거래를 통하여 ₩100만큼의 내부파생상품이익이 발생하였으며, 그 만큼을 자금부서에서 더 받을 것이기 때문에 자산(내부계약)으로 기록한다.

종속기업B는 위험회피대상인 외화표시 매입채무의 가치는 ₩50만큼의 외환이익을 보았지만 자금부서와의 내부파생상품거래에서 같은 금액의 손실이 발생하였다. 이를 반영하기 위하여 매입채무를 감소시키고 외환이익을 인식하며, 동시에 자금부서에게 건네주어야 할 환차이만큼의 부채를 기록하고 내부거래손실을 기록한다.

자금부서는 내부파생상품거래에서 발생한 손익과 그에 따라 증감한 자산(내부계약

15) IAS39 실무적용지침F.1.7 참조

B) 및 부채(내부계약 A)를 기록하고, 외부파생상품거래에 따른 외환이익과 그에 따라 변동한 자산(외부선도계약)을 기록한다.

종속기업A의 회계처리

(차) 외환손실	₩100	(대) 매출채권	₩100
(차) 내부파생계약(자금부서)	*₩100*	*(대) 내부파생거래이익(자금부서)*	*₩100*

종속기업B의 회계처리

(차) 매입채무	₩ 50	(대) 외환이익	₩ 50
(차) 내부파생거래손실(자금부서)	*₩ 50*	*(대) 내부파생계약(자금부서)*	*₩ 50*

자금부서의 회계처리

(차) 내부파생거래손실(A)	*₩100*	*(대) 내부파생계약(A)*	*₩100*
(차) 내부파생계약(B)	*₩ 50*	*(대) 내부파생거래이익(B)*	*₩ 50*
(차) 외부선도계약	₩ 50	(대) 외환이익	₩ 50

위험회피거래 요건을 충족할 수 있다면 종속기업A 및 종속기업B는 각각의 개별재무제표에서 위험회피회계를 적용할 수 있다. 그러나 이 경우에는 위험회피회계를 적용하지 않더라도 내부파생상품에 관련된 손익과 위험회피대상항목인 매출채권과 매입채무의 상쇄되는 손익이 즉시 당기손익으로 인식되기 때문에 연결실체 차원에서는 내부파생상품거래를 통한 위험회피회계는 불필요하다.

연결재무제표에서는 내부파생거래를 제거한다. 경제적 실질의 측면에서 기업B의 매입채무는 종속기업A의 매출채권의 일부인 $500의 위험을 회피한다. 자금부서의 외부선도계약에 의하여 종속기업A의 나머지 매출채권인 $500에 대한 위험이 회피된다. 위험회피회계의 적용여부에 관계없이 IAS21에 의하여 화폐성항목은 현물환율로 평가되기 때문에 연결재무제표에서도 위험회피회계는 불필요하다.

다음에서 보는 바와 같이, 내부파생상품과 관련된 회계처리의 제거 여부와 관계없이 순잔액(net balances)에 미치는 효과는 동일하므로, IAS39의 요구사항을 충족시키기 위한 추가적인 회계처리는 불필요하다.

	차변	*대변*
매출채권	-	₩100
매입채무	₩50	-
외부선도계약	₩50	-
손익	-	-
내부파생계약	-	-

[예시5-4] 공정가치위험회피 종합사례[16]

(1) 20×1년 1월 1일 현재 A은행은 이자율위험을 회피하고자 하는 자산과 부채를 식별하여 포트폴리오를 구성한다. 부채에는 예금주가 언제라도 통지 없이 인출할 수 있는 요구불예금 부채가 포함되어 있다. A은행은 포트폴리오에 포함된 모든 항목을 위험관리목적상 고정금리항목으로 본다.

(2) 위험관리목적상 A은행은 포트폴리오를 구성하는 자산과 부채를 예상 재조정시점(expected repricing dates)에 기초하여 재조정기간별로 구분한다. A은행은 월단위를 사용하여 향후 5년(총 60개월의 기간)동안 포트폴리오의 구성항목을 월별로 구분한다. 포트폴리오에 포함된 자산은 중도상환가능자산(prepayable assets)이며 A은행은 예상되는 중도상환일에 기초하여 자산을 기간구분한다. 이때, 개별 항목별로 분류하지 아니하고, 모든 자산의 일정 비율을 각 기간에 배분한다. 포트폴리오는 포트폴리오기준으로 한 달에서 5년의 기간 동안 상환될 것으로 예상되는 요구불부채(demandable liabilities)를 포함하며, 위험관리목적상 요구불부채의 경우에도 같은 기준으로 기간 구분한다. 이러한 분석에 기초하여 A은행은 각 기간에 위험회피하고자 하는 금액을 결정한다.

(3) 이 사례에서는 20×1년 3월 31일로 종료하는 3개월의 재조정기간만을 다루고 있다.[17] A은행은 100백만원의 자산과 80백만원의 부채를 이 재조정기간에 구분한다. 모든 부채는 예금주의 요구가 있다면 상환해야 한다.

---

16) IAS39 첨부 적용사례 참조

17) 나머지 59개의 월단위 기간에도 유사한 절차가 적용될 것이다

(4) A은행은 위험관리목적상 20백만원의 순자산포지션(net asset position)에 대해 위험회피하기로 하고, 20×1년 1월 1일에 20백만원을 명목원금(notional principal amount)으로 하여 고정금리를 지급하고 변동금리(LIBOR)를 수취하는 3개월 만기 이자율스왑계약을 체결한다.

(5) 이 사례에서는 사례의 단순화를 위하여 다음과 같이 가정한다.

① 스왑의 고정금리 이자금액은 당해 자산의 이자금액과 일치한다.

② 스왑의 고정금리 이자지급시기는 당해 자산의 이자수취시기와 일치한다.

③ 스왑의 변동금리는 일일 LIBOR 금리로서, 변동금리는 이자율변동에 따른 공정가치변동위험에 노출되어 있지 않으므로, 스왑의 공정가치 변동은 전부 스왑의 고정금리부분에서만 발생한다.

(6) A은행은 위험회피효과를 매달 평가한다.

(7) 중도상환이 불가능한 것 이외에 다른 조건은 동일한 20백만원의 자산[18]에 대한 위험회피기간동안의 시점별 공정가치는 다음과 같다. 단, 이자율의 변동 이외의 요인으로 인한 공정가치의 변동은 무시하기로 한다.

	20×1.1.1.	20×1.1.31.	20×1.2.1.	20×1.2.28.	20×1.3.31.
공정가치(자산)	20,000,000	20,047,408	20,047,408	20,023,795	0

(8) 위험회피기간동안의 시점별 스왑의 공정가치는 다음과 같다.

	20×1.1.1.	20×1.1.31.	20×1.2.1.	20×1.2.28.	20×1.3.31.
공정가치(부채)	0	(47,408)	(47,408)	(23,795)	0

회계처리

(9) 20×1년 1월 1일에 A은행은 자산 중 20백만원의 금액을 3개월 동안 위험회피대상항목(hedged item)으로 지정하고, LIBOR 변동에 기인하는 위험회피대상항목(즉, 20백만원의 자산)의 가치 변동을 회피대상위험으로 지정한다.

(10) A은행은 (4)에서 언급한 이자율스왑을 위험회피수단으로 지정한다.

18) 위험관리목적상으로는 순포지션을 위험회피하지만 회계처리목적상으로는 특정자산이 위험회피대상이 된다.

1월말(20×1.1.31.)

(11) A은행은 위험회피효과를 평가하는 20×1년 1월 31일 현재 LIBOR는 연리 9.8%로 하락하였다. 이자율 하락은 고정금리를 수취하는 자산의 가치를 증가시킨다. 한편, 스왑은 고정금리를 지급하는 부채이기 때문에 이자율 하락은 스왑(부채)의 가치도 증가시킨다. 과거 중도상환경험에 비추어볼 때 이자율이 하락함에 따라 중도상환은 당초의 추정보다 더 가속화될 것으로 예상되어 A은행은 이 기간에 분류한 자산의 추정금액을(1월 중 새로 발생한 자산은 제외하고) 96백만원으로 수정한다.

(12) 명목원금 20백만원인 위험회피대상에 대해 위험회피수단으로 지정된 이자율스왑의 공정가치는 −47,408원이다(이자율스왑은 부채에 해당된다).

(13) A은행은 중도상환에 대한 추정의 변동을 고려하여, 위험회피대상항목의 공정가치 변동을 다음과 같이 계산한다.

① 위험회피비율 = 20백만원 ÷ 100백만원 = 20%

② 수정된 추정금액에 기초한 위험회피대상금액 = 96백만원 × 20% = 19.2백만원

③ 위험회피대상금액의 공정가치변동분 = −47,408원 × (19.2백만원 ÷ 20백만원)
= −45,511원

(14) A은행의 당해 기간과 관련된 회계처리는 다음과 같다.

① 위험회피대상금액(19.2백만원)에서 수취한 이자를 인식:

(차) 현금	172,097	(대) 당기손익(이자수익)	172,097*

* 19.2백만원 × 0.89634%(연이자율 11.3%에 해당) = 172,097원

② 위험회피수단으로 지정된 스왑(고정금리지급, 변동금리수취)에서 수수한 이자를 인식:

(차) 당기손익(이자비용)	179,268	(대) 당기손익(이자수익)	179,268

* 20백만원 × 0.89634%((5)의 ①가정에 따라 자산의 금리와 스왑의 금리가 같다고 가정함) = 179,268원

③ 스왑(위험회피수단)의 공정가치 변동을 인식((8)의 표 참조):

(차) 당기손익(손실)	47,408	(대) 파생상품 부채	47,408

④ 위험회피대상금액의 공정가치 증가를 자산의 증가와 당기이익으로 인식((13)의 ③참조):

(차) 공정가치조정 45,511 (대) 당기손익(이익) 45,511

* 공정가치조정은 위험회피대상항목(자산)의 공정가치가 위험회피거래로 증감되었다는 것을 나타내는 별도의 계정과목을 의미한다. 예컨대 위험회피대상항목이 상각후원가로 측정되는 항목이건 공정가치로 측정되는 항목이건 관계없이 공정가치위험회피대상인 경우에는 평가손익을 당기손익에 반영하고, 장부금액을 조정하기 위하여 별도재무상태표항목(예컨대, 공정가치조정 등)으로 기록할 수 있다.(IAS39 문단89A참조)

(15) (이자수익과 이자비용을 제외하고) 위험회피거래가 궁극적으로 당기손익에 미친 순효과는 손실 1,897원(47,408원과 45,511원의 차이)이다. 이것은 추정된 중도상환시기의 변동으로 인하여 발생한 위험회피관계의 비효과적인 부분을 의미한다.

2월초(20×1.2.1.)

(16) 20×1년 2월 1일에 A은행은 여러 기간에 걸쳐 처분될 자산의 일정 부분을 매각한다. A은행은 자산 전체 포트폴리오의 8⅓%를 매각한 것으로 계산한다. 각 재조정기간에 대하여 (개별 자산별로 배분한 것이 아니라) 자산의 일정비율을 재조정기간별로 분류하였으므로, A은행은 개별 자산의 매각기간을 식별하기 어렵다고 판단하여 체계적이고 합리적인 배분방법(상각방법)을 적용한다. 자산의 포트폴리오 중 매각된 부분이 비례적이라고 가정하고 전체 기간에 대하여 비례적으로 자산을 매각한 것으로 계산한다.

(17) 이러한 배분기준에 따라 A은행은 3개월의 기간에 배분한 자산 중 8⅓%인 8백만원(96백만원 × 8⅓%)을 매각한 것으로 계산하고, 해당 자산의 공정가치와 동일한 8,018,400원(8,000,000 × 20,047,808 ÷ 20,000,000)을 매각대가로 수취하였다. 자산을 제거할 때, A은행은 매각한 위험회피대상항목의 공정가치의 변동을 의미하는 금액도 공정가치조정[19)]에서 제거한다. 매각한 위험회피대상항목의 공정가치 변동은 전체 공정가치조정 45,511원 중 8⅓%인 3,793원이다.

---

19) 공정가치조정은 평가계정의 성격으로서 재무상태표에 별도의 항목으로 표시한다.

(18) A은행은 자산을 매각하고 매각되는 자산과 이와 관련되는 공정가치조정을 제거하기 위한 회계처리는 다음과 같다.

(차) 현금	8,018,400	(대) 자산	8,000,000
		공정가치조정	3,793
		당기손익(이익)	14,607

(공정가치로 자산의 매각을 인식하고, 매각에 따른 이익을 인식)

회피대상위험인 이자율의 변동에 따라 자산의 금액이 변동된 것이 아니므로, 위험회피의 비효과적인 부분은 발생되지 않는다.

(19) A은행은 이 기간에 자산 88백만원(96백만원에서 8백만원을 처분한 부분을 차감한 잔액)과 부채 80백만원(변동 없음)을 보유하고 있다. 이제 A은행이 위험회피하고자 하는 금액은 순액기준으로 8백만원이다. 따라서 A은행은 8백만원을 위험회피대상금액으로 지정한다.

(20) A은행은 최초 스왑의 비례적 부분만을 위험회피수단으로 지정하고자 위험회피수단을 조정하기로 결정하고, 잔존만기가 2개월이며, 현재의 공정가치가 18,963원(47,808×40%)인 최초 스왑의 명목원금 중 40%에 해당하는 8백만원을 위험회피수단으로 지정한다. 더 이상 위험회피수단으로 지정되지 않는 명목원금 12백만원의 스왑은 공정가치의 변동을 당기손익으로 인식하는 단기매매항목으로 분류하거나 다른 위험회피의 위험회피수단으로 지정한다.[20)]

(21) 자산의 매각을 회계처리한 20×1년 2월 1일 현재 공정가치조정 잔액은 41,718원(45,511원 − 3,793원)이며, 이는 잔여 위험회피대상자산 17.6백만원(19.2백만원 − 8⅓% × 19.2백만원)의 누적 공정가치 변동을 의미한다. 그러나 20×1년 2월 1일 현재 A은행이 위험회피하고 있는 자산 금액은 8백만원이며, 이와 관련되는 공정가치의 누적 변동금액은 18,963원(41,718원 × 8백만원 ÷ 17.6백만원) 이므로, A은행이 계속 보유하고 있으나 위험회피대상에서 제외되는 자산과 관련되는 공정가치조정 잔액은 22,755원(41,718원 − 18,963원)이 된다. 따라서 A은행은 22,755원을 잔존기간인 2개월 동안 상각한다.[21)]

---

20) 기업은 위험회피수단의 포지션을 조정하기 위하여 기존 스왑의 일부를 상쇄시키는 명목원금 12백만원의 스왑을 체결할 수 있으며, 이러한 경우 기존의 명목원금 20백만원의 스왑과 기존 스왑의 일부를 상쇄시키는 명목원금 12백만원의 스왑 모두를 위험회피수단으로 지정하게 된다.

(22) A은행은 재계산된 유효이자율에 기초하여 상각하는 방법은 실무적으로 적용할 수 없다고 판단하여 정액법에 의하여 상각하기로 결정한다.

2월말(20×1.2.28.)

(23) A은행이 위험회피효과를 평가하는 20×1년 2월 28일 현재 LIBOR는 변동되지 않고 20×1년 1월 31일과 같은 수준이다. A은행은 중도상환가능성이 변하지 않았다고 본다. 위험회피수단으로 지정된 명목원금이 8백만원인 이자율스왑(부채)의 공정가치는 (−)9,518원[22]이다. 또한 A은행은 위험회피대상자산 8백만원의 20×1년 2월 28일 현재 공정가치를 8,009,518원[23]으로 산출하였다.

(24) A은행의 당해 기간과 관련된 회계처리는 다음과 같다.

① 위험회피대상금액(8백만원)에서 수취한 이자를 인식:

(차)	현금	71,707	(대)	당기손익(이자수익)	71,707*

* 8백만원 × 0.89634%(연이자율 11.3%에 해당) = 71,707원

② 위험회피수단인 이자율스왑(8백만원)에서 수수한 이자를 인식:

(차)	당기손익(이자비용)	71,707	(대)	당기손익(이자수익)	62,115*
				현금	9,592

* 8백만원 × 0.77644%(연이자율 9.8%에 해당) = 62,115원

③ 위험회피수단인 이자율스왑의 공정가치변동(9,518원 − 18,963원)을 인식:

(차)	파생상품부채	9,445	(대)	당기손익(이익)	9,445

④ 위험회피대상금액의 공정가치 변동(8,009,518원 − 8,018,963원)을 인식 :

(차)	당기손익(손실)	9,445	(대)	공정가치조정	9,445

(25) 위험회피가 완전히 효과적이므로, (이자수익과 이자비용을 제외한) 순손익효과는 영(0)이다.

---

21) 위 (16)참조

22) 23,795원((8) 참조) × (8백만원 ÷ 20백만원)

23) 20,023,795원((7) 참조) × (8백만원 ÷ 20백만원)

(26) A은행이 당해 기간에 공정가치조정을 상각하기 위한 회계처리는 다음과 같다.

① 당해 기간에 해당하는 공정가치조정에 대한 상각을 인식:

(차)	당기손익(손실)	11,378	(대) 공정가치조정	11,378*

* 22,755원 ÷ 2

3월말(20×1.3.31.)

(27) 3월중 당해 월의 기간에 분류된 자산 및 부채의 금액상의 변동은 없다. 20×1년 3월 31일 당해 자산과 스왑의 만기가 도래하였으며, 전체 잔액은 손익으로 인식된다.

(28) A은행의 당해 기간과 관련된 회계처리는 다음과 같다.

① 위험회피대상금액(8백만원)의 만기시 수취한 이자와 원금을 인식:

(차)	현금	8,071,707	(대) 자산(재무상태표)	8,000,000
			(대) 당기손익(이자수익)	71,707

② 위험회피수단으로 지정된 스왑(8백만원)에서 수수한 이자를 인식:

(차)	당기손익(이자비용)	71,707	(대) 당기손익(이자수익)	62,115
			(대) 현금	9,592

③ 위험회피수단으로 지정된 이자율스왑(8백만원)의 만기도래를 인식:

(차)	파생상품 부채	9,518	(대) 당기손익(이익)	9,518

④ 당해 기간의 종료에 따라 잔존하는 공정가치조정을 제거:

(차)	당기손익(손실)	9,518	(대) 공정가치조정	9,518

(29) 위험회피가 완전히 효과적이므로, (이자수익과 이자비용을 제외한) 순손익효과는 영(0)이다.

(30) A은행이 당해 기간에 공정가치조정을 상각하기 위한 회계처리는 다음과 같다.

① 당해 기간에 해당하는 공정가치조정에 대한 상각을 인식 :

(차)	당기손익(손실)	11,377	(대) 공정가치조정	11,377*

* 22,755원 ÷ 2 = 11,377원

(31) 이상에서 살펴본 공정가치위험회피 종합사례에 대하여 다음의 사항을 요약하면, 아래의 표와 같다(단위: 원).

(1) 공정가치조정의 변동

(2) 파생상품의 공정가치

(3) 위험회피기간인 3개월 전체의 위험회피로 인한 손익효과

(4) 위험회피대상금액과 관련된 이자수익 및 이자비용

적 요		20×1.1.1.	20×1.1.31.	20×1.2.1.	20×1.2.28.	20×1.3.31.
위험회피대상자산금액		20,000,000	19,200,000	8,000,000	8,000,000	8,000,000
(1) 공정가치조정의 변동						
전월 이월	상각대상금액	-	-	-	22,755	11,377
	잔액	-	-	45,511	18,963	9,518
	자산매각조정	-	-	(3,793)	-	-
차감	공정가치조정	-	45,511	-	(9,445)	(9,518)
	상각	-	-	-	(11,378)	(11,377)
차월 이월	상각대상금액	-	-	22,755	11,377	-
	잔액	-	45,511	18,963	9,518	-
(2) 파생상품의 공정가치						
	20,000,000	-	47,408	-	-	-
	12,000,000	-	-	28,445	위험회피수단 제외부분	
	8,000,000	-	-	18,963	9,518	-
합계		-	47,408	47,408	9,518	-
(3) 위험회피로 인한 손익효과						
공정가치조정 변동		-	45,511	해당무	(9,445)	(9,518)
파생상품 공정가치 변동		-	(47,408)	해당무	9,445	9,518
순손익효과		-	(1,897)	해당무	-	-
상각		-	-	해당무	(11,378)	(11,377)
또한 20×1년 2월 1일 15,330원의 자산처분이익이 발생되었음						
(4) 위험회피와 관련된 이자수익 및 이자비용						
이자수익	위험회피대상	-	172,097	해당무	71,707	71,707
	이자율스왑	-	179,268	해당무	62,115	62,115
이자비용	이자율스왑	-	(179,268)	해당무	(71,707)	(71,707)

제6장 현금흐름위험회피

제1절 현금흐름위험회피의 의의

현금흐름위험회피(cash flow hedge)란 특정위험으로 인하여 당기손익에 영향을 줄 수 있는 것으로서, 인식된 자산이나 부채 또는 발생가능성이 매우 높은 예상거래(forecast transactions)의 현금흐름 변동에 대한 위험회피를 말한다. 인식된 부채에서 발생한 미래현금흐름의 변동의 예로는 변동금리부 채무상품에서 발생한 미래이자지급액을 들 수 있다.

이미 인식된 자산이나 부채의 외화위험회피에 공정가치위험회피회계 또는 현금흐름위험회피회계를 적용할 수 있다. 그러나 예상거래는 공정가치위험회피회계를 적용할 수 없으며, 현금흐름위험회피회계를 적용할 수 있다.

IASB는 예상거래(forecast transaction)에 대한 위험회피에 공정가치위험회피회계를 적용할 수 있는지를 검토하였다. 위험회피회계가 한 가지 유형의 위험회피회계방법만을 인정하는 방식으로 단순화되어야 한다는 주장이 있다. 또한 동일한 위험회피전략에 대하여 두 가지 위험회피회계처리방법 중 하나를 기업이 선택(예: 기존 자산을 매도하기로 한 선도계약(forward contract)을 공정가치위험회피수단으로 지정 할 것인지 또는 자산의 예상매출에 대한 현금흐름 위험회피수단으로 지정할 것인지에 대한 선택)할 수 있는지에 대한 의문이 제기되었다.

한 가지 유형의 위험회피회계만을 허용한다면, 위험회피회계가 단순화되고, 일부 상황에 대해 위험회피회계가 더 일관되게 적용되는 장점이 있을 것이다. 그러나 IASB는 공정가치위험회피회계와 현금흐름위험회피회계를 계속해서 구별해야한다고 결정하였다. 그 이유는 어느 한 유형의 위험회피회계를 제거하면 위험회피회계를 적용할 수 있는 위험회피전략의 범위가 좁아질 수 있기 때문이다.

또한 IASB는 예상거래에 대한 위험회피를 공정가치위험회피로 처리하는 것은 다음과 같은 이유로 적절하지 못하다고 보았다.

① 기업이 계약당사자가 되기 전에 자산이나 부채를 인식하게 된다.

② 개념체계상 자산이나 부채의 정의를 충족하지 못하는 금액을 대차대조표에 인식하게 된다.

③ 공정가치의 변동위험이 없는 거래가 마치 공정가치 변동위험이 있는 것처럼 회계처리된다.

제2절 현금흐름위험회피의 회계처리

현금흐름위험회피가 회계기간에 위험회피회계적용요건(IAS39 문단88)을 충족하면, 다음과 같이 회계처리한다(IAS39 문단95).

① 위험회피수단의 손익 중 위험회피에 효과적인 부분은 기타포괄손익(OCI, other comprehensive income)으로 인식한다.

② 위험회피수단의 손익 중 비효과적인 부분은 당기손익(profit or loss)으로 인식한다.

현금흐름위험회피의 구체적인 회계처리는 다음과 같다(IAS39 문단96).

① 자본 중 위험회피대상항목과 관련된 부분은 다음 중 작은 금액으로 조정한다.

(가) 위험회피 개시 이후 위험회피수단의 손익누계액

(나) 위험회피 개시 이후 위험회피대상항목의 미래예상현금흐름의 공정가치(현재가치) 변동누계액

② 위험회피수단이나 위험회피수단 중 위험회피가 지정된 부분의 잔여 손익

(위험회피에 비효과적인 부분)은 당기손익으로 인식한다.

③ 공식적인 문서에 포함된 특정 위험회피관계에 관한 위험회피전략이 위험회피수단의 손익이나 관련되는 현금흐름 중 특정 부분을 위험회피효과평가에서 제외하고 있다면(IAS39 문단74, 75, 88(1) 참조), 손익 중 제외된 부분은 당기손익으로 회계처리한다(IAS39 문단55).

현금흐름위험회피대상항목인 예상거래에 따라 향후 금융자산이나 금융부채를 인식한다면, 현금흐름위험회피 중 효과적인 부분이어서 기타포괄손익에 인식된 관련 손익은 위험회피대상 예상현금흐름이 당기손익에 영향을 미치는 회계기간(예: 이자수익이나 이자비용이 인식되는 기간)에 재분류조정으로 자본에서 당기손익으로 재분류된다. 그러나 기타포괄손익으로 인식된 손실 중 전부 또는 일부가 미래 회계기간에 회복되지 않을 것으로 예상된다면, 회복되지 않을 것으로 예상되는 그 금액을 재분류조정으로 당기손익으로 재분류한다(IAS39 문단97).

현금흐름위험회피대상항목인 예상거래에 따라 향후 비금융자산이나 비금융부채를 인식하거나 비금융자산이나 비금융부채에 대한 예상거래가 공정가치위험회피회계를 적용하는 확정계약이 된다면, 다음 중 하나의 방법을 선택하여 그 방법에 따라 회계처리한다(IAS39 문단98).

① 현금흐름위험회피가 효과적이어서 기타포괄손익으로 인식된 관련 손익은 당해 비금융자산이나 비금융부채가 당기손익에 영향을 미치는 회계기간(예: 감가상각비나 매출원가가 인식되는 기간)에 재분류조정으로 당기손익으로 재분류된다(IAS1 참조). 그러나 기타포괄손익으로 인식된 손실 중 전부 또는 일부가 미래 회계기간에 회복되지 않을 것으로 예상된다면, 회복되지 않을 것으로 예상되는 그 금액을 재분류조정으로 자본에서 당기손익으로 재분류한다.

② 현금흐름위험회피가 효과적이어서 기타포괄손익으로 인식된 관련 손익을 제거하여, 관련 자산이나 부채의 최초 원가 또는 장부금액에 포함한다.

[그림 6-1]은 현금흐름위험회피회계의 평가손익 회계처리를 간략하게 보여주고 있다. 우선 위험회피수단의 평가손익은 효과적인 경우에는 기타포괄손익으로 처리하고, 비효과적인 부분은 당기손익으로 처리한다. 효과적인 부분은 나중에 해당 위험회피대상 예상현금흐름이 당기손익에 영향을 미치는 회계기간(예: 이자수익이나 이자비용이 인식되는 기간)에 재분류조정으로 자본에서 당기손익으로 재분류된다.

[그림 6-1] 현금흐름위험회피회계의 평가손익처리

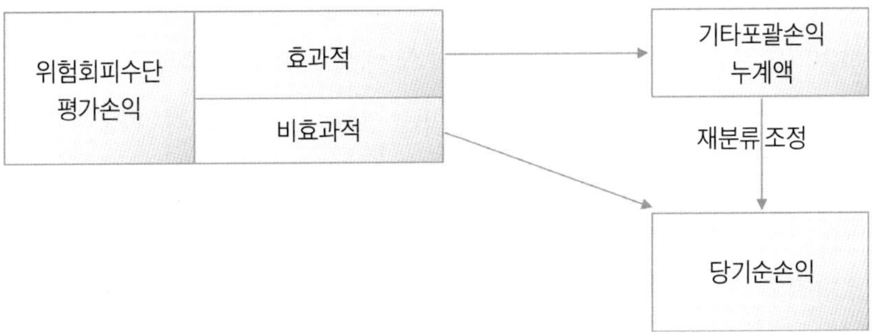

앞에서 살펴 본 것처럼 예상거래에 따라 향후 비금융자산이나 비금융부채를 인식하거나 비금융자산이나 비금융부채에 대한 예상거래가 공정가치위험회피회계를 적용하는 확정계약이 된다면 현금흐름위험회피가 효과적인 부분은 기타포괄손익으로 처리하였다가 ① 당기손익으로 재분류하거나 ② 관련 자산이나 부채의 최초 원가 또는 장부금액에 포함할 수 있다. 이와 같이 선택한 회계처리방법은 관련된 모든 위험회피에 일관성 있게 적용해야 한다.

나머지 현금흐름위험회피(IAS39 문단97과 98이 적용되는 현금흐름위험회피가 아닌 경우)에서 기타포괄손익으로 인식된 관련 손익은 위험회피대상인 예상현금흐름이 당기손익에 영향을 미치는 회계기간(예: 예상매출이 발생한 때)에 재분류조정으로 자본에서 당기손익으로 재분류한다(IAS1 참조).

공정가치위험회피회계와 마찬가지로 다음 중 하나에 해당하는 경우 현금흐름위험회피회계를 전진적으로 중단한다(IAS39 문단101).

① 위험회피수단이 소멸·매각·청산·행사된 경우. 다만, 위험회피수단을 다른 위험회피수단으로 대체하거나 만기연장하는 것이 위험회피전략에 관한 공식적인 문서에 포함되어 있다면, 그 위험회피수단의 대체나 만기연장은 소멸이나 청산으로 보지 않는다. 이때 기타포괄손익으로 인식한 위험회피수단의 누적손익은 향후 예상거래가 발생하는 시점에 당기손익으로 재분류(IAS39 문단97, 98(1) 또는 100)하거나 관련 비금융자산 또는 부채의 장부금액을 조정(IAS39 문단98(2))한다.

② 위험회피회계의 적용요건(IAS39 문단88)을 더 이상 충족하지 못하는 경우. 이 경우 위험회피가 효과적인 기간부터 기타포괄손익으로 인식한 위험회피수단의 누적손익(IAS39 문단95(1) 참조)은 향후 예상거래가가 발생하는 시점에 당기손익으로 재분류(IAS39 문단97, 98(1) 또는 100)하거나 관련 비금융자산 또는 부채의 장부금액을 조정(IAS39 문단98(2))한다.

③ 예상거래가 더 이상 발생하지 않을 것으로 예상되는 경우. 이 경우 위험회피가 효과적인 기간부터 기타포괄손익으로 인식한 위험회피수단의 관련 누적손익(IAS39 문단95(1) 참조)은 당기손익으로 인식한다. 더 이상 발생가능성이 매우 높지는 않게 된 예상거래(IAS39 문단88(3) 참조)도 여전히 발생할 것으로 기대될 수 있다.

④ 위험회피수단의 지정을 철회하는 경우. 예상거래에 대한 위험회피의 경우, 위험회피가 효과적인 기간부터 기타포괄손익으로 인식한 위험회피수단의 누적손익(IAS39 문단95(1) 참조)은 예상거래가 발생하거나 더 이상 발생하지 않을 것으로 기대될 때까지 자본에 별도 항목으로 인식하였다가 다음과 같이 회계처리한다.

(가) 향후 예상거래가 발생하면, 그 시점에 당기손익으로 재분류(IAS39 문단97, 98(1) 또는 100)하거나 관련 비금융자산 또는 부채의 장부금액을 조정(IAS39 문단98(2))한다.

(나) 예상거래가 더 이상 발생하지 않을 것으로 기대되면, 그 시점에 재분류조정으로 자본에서 당기손익으로 재분류한다.

제3절 예상거래의 위험회피에 대한 장부금액조정

3.1 예상거래의 위험회피에 따른 장부금액조정의 개념

기업이 자산의 미래예상매입이나 부채의 미래예상발행에 대하여 위험회피할 때, 장부금액조정(basis adjustment)문제가 발생한다. 한 예로, 한국 소재 기업이 유로화로 독일제 기계를 미래에 매입하기로 하는 경우가 있다. 기업은 미래에 발생할 수 있는 원화 대비 유로화의 환율변동위험을 회피하기 위하여 파생상품계약을 체결한다. 이러한 위험회피는 현금흐름위험회피로 분류되며, 위험회피수단의 손익 중 효과적인 부분은 자본(기타포괄손익)으로 인식되는 효과가 있다. IASB는 미래 예상거래가 발생한 경우 이에 대한 회계처리방법에 대해 검토하면서, 다음의 접근방법들을 참작하였다.

① 위험회피수단의 손익을 자본(기타포괄손익)에서 제거하여 그 금액을 자산이나 부채의 최초 장부금액의 일부(예: 위의 예에서는 '기계')로 인식한다. 위험회피수단의 손익은 미래 기간에 감가상각비(고정자산의 경우), 이자수익이나 이자비용(금융자산 또는 금융부채의 경우) 또는 매출원가(재고자산의 경우) 등에 포함되어 자동적으로 당기손익으로 인식된다. 이러한 회계처리를 흔히 '장부금액조정(basis adjustment)'이라고 한다.

② 위험회피수단의 손익을 자본에 남겨두고 장부금액을 조정하지 않는다. 위험회피수단의 손익은 취득한 자산 또는 부채가 당기손익에 영향을 미치는 기간에 당기순익으로 재순환시킨다. 이러한 회계처리는 개별 조정을 필요로 하며, 대안①처럼 자동적으로 당기손익에 인식되지는 않는다.

위험회피를 현금흐름위험회피로 회계처리하는 한, 두 가지 접근방법은 영향을 받는 전체 기간의 손익과 순자산에 동일한 영향을 미친다. 다만, 대차대조표의 표시와 손익계산서의 분류항목에 차이가 있을 수 있다.

IASB는 예상거래에 대한 '장부금액조정' 접근방법(접근방법①)을 삭제하고, 접근방법②로 대체할 것을 제안하였다. 장부금액조정 접근방법을 삭제하면 IAS39와 SFAS133이 서로 정합한다고 보았다. 이 제안에 대하여 외부반대의견이 많았다. 반대하는 이유는 위험회피대상 예상거래가 발생하더라도 위험회피수단의 손익을 자본에 남겨두는 것은 회계를 불필요하게 복잡하게 만든다는 것이다. 특히 자산이나 부채를 취득한 이후에도 현금흐름위험회피의 효과를 추적하는 것은 복잡하며 시스템 변경을 초래할 수 있다는 주장이 제기되었다. 확정계약에 대한 위험회피를 공정가치위험회피로 회계처리하는 경우나 확정계약을 이행한 결과로 자산이나 부채를 인식하면 장부금액조정이 이루어지는데 이 두 방법은 결과적으로 동일한 효과를 갖는다. 예를 들어, 기계를 매입하기로 하는 확정계약의 외화위험이 완전히 회피되었다면 그 효과는 기계를 현물환율(spot rate)이 아닌 위험회피 개시시점에 유효한 선도환율(forward rate)로 환산한 외화가격으로 인식하는 것이 된다. 따라서 예상거래(forecast transaction)의 위험회피에는 장부금액조정을 허용하지 않으면서 확정계약(firm commitment)의 위험회피에는 공정가치위험회피회계를 적용하는 것이 과연 일관성이 있는지에 대하여 의문이 제기되었다.

한편 장부금액조정은 예상거래에 대하여 이론적으로 충분한 근거를 제시하기가 어려우며, 재무정보의 비교가능성을 훼손시킨다는 주장이 있다. 다시 말하면, 위험회피활동의 여부와 관계없이 동일한 시기와 방법으로 매입된 동일한 자산은 동일한 금액으로 인식되어야 한다.

IASB는 IAS39에서 금융자산이나 금융부채를 인식하게 되는 예상거래의 위험회피와 비금융자산이나 비금융부채를 인식하게 되는 예상거래의 위험회피를 구분해야 한다고 결정하였다. 즉, 예상거래의 위험회피의 결과 금융자산 또는 금융부채를 인식하는 경우에는 장부금액조정이 적절하지 않다고 보았다. 그 이유는 장부금액을 조정하면 예상거래의 결과로 취득한 자산 또는 인수한 부채의 최초장부금액이 공정가치로 인식되지 않게 되어 금융상품을 공정가치로 측정해야 한다는 IAS39의 요구사항과 충돌을 빚기 때문이다. 따라서, 위험회피의 결과로 금융자산 또는 부채를 인식하는 경우에는 위험회피수단과 관련된 손익은 해당 금융항목이 이자수익 또는 이자비용 등으로 손익에 영향을 미치는 기간에 기타포괄손익으로 인식했던 손익을 당기손익으로 재분류하도록 하였다. 한편, 예상거래에 대한 현금흐름위험회피의 결과로 비금융자산 또는 비금융부채를 인식하게 되는 경우에는 위험회피수단과 관련된 손익은 비금융항목의 장부금액으로 조정한 후에 이들이 감가상각비나 매출원가 등으로 손익에 영향을 미치는 기간에 기타포괄손익으로 인식했던 손익을 당기손익으로 재분류하도록 요구하였다.

3.2 금융자산·부채를 인식하는 예상거래의 위험회피에 대한 장부금액조정

위험회피대상항목인 예상거래(forecast transaction)에 따라 향후 금융자산이나 금융부채를 인식하게 되는 경우, 위험회피수단과 관련된 손익은 위험회피대상항목이 당기손익에 영향을 미치는 회계기간(예: 이자수익이나 이자비용이 인식되는 기간)에 재분류조정(reclassification adjustment)으로 자본(기타포괄손익)에서 당기손익으로 재분류해야 한다(IAS39 문단97).

위험회피대상항목으로 지정된 현금흐름 위험(노출정도)이 위험회피대상 예상현금흐름으로부터 발생되는 금융상품과 다른 경우 어떻게 회계처리해야할까? 사례를 들어 살펴보기로 하자.

A사는 20×1년 1월 1일에 이자율의 변동으로 인한 예상현금흐름의 변동위험을 위험회피대상으로 지정한다. 예상현금흐름의 변동은 20×1년 4월 1일에 기존 금융상품의 조건(예, 이자율 등)을 재조정함에 따라 발생할 것으로 예상된다. A사는 20×1년 1월 1일부터 20×1년 3월 31일까지의 이자율 변동 위험으로 인하여 20×1년 4월 1일에 개시하는 3개월간의 현금흐름 변동에 노출되어 있다. 예상현금흐름은 발생 가능성이 매우 높으며, 위험회피회계 적용요건을 모두 충족한다고 하자. 위험회피대상 예상현금흐름을 발생시키는 금융상품은 5년 만기 이자부 금융상품이라고 하자.

위험회피수단에서 발생한 손익을 위험회피대상항목인 예상거래의 결과로 취득한 자산이나 발생한 부채가 당기손익에 영향을 미치는 회계기간에 재분류조정으로 자본에서 당기손익으로 재분류해야 한다(IAS39 문단97). 예상거래의 결과로 인식된 금융상품은 5년 동안 당기손익에 영향을 미칠 5년 만기 금융상품이다. IAS39 문단97의 문맥에 따르면 위험회피대상항목으로 지정된 현금흐름이 단지 3개월 동안의 이자율 변동으로 인한 영향에 대해 위험회피되었다 하더라도, 손익은 5년에 걸쳐 재분류되어야 한다는 것을 의미한다. IASB는 IAS39 문단

97의 문맥에 따르면 위험회피수단의 손익은 위험회피대상항목의 손익과 상계되어야 하며, 그러한 상계는 재분류조정의 방식에 의해 당기손익에 반영되어야 한다는 위험회피회계의 기초 논리를 반영하지 못한다고 판단했다. IASB는 위의 사례에서 손익은 20×1년 4월 1일에 개시하는 3개월의 기간 동안 재분류되어야 하며 20×1년 4월 1일에 개시하는 5년간에 걸쳐 재분류되어서는 안 된다고 판단했다.

3.3 비금융자산·부채를 인식하는 예상거래의 위험회피에 대한 장부금액조정

IASB는 비금융자산이나 비금융부채를 인식하게 되는 예상거래의 위험회피에 대하여 기업이 선택적으로 장부금액조정을 적용할 수 있도록 허용하기로 결정했다. IASB는 위험회피수단의 공정가치 변동은 인식하는 자산 또는 부채의 '원가'의 일부를 구성하므로 그러한 변동을 자산이나 부채의 최초 장부금액에 적절히 포함시켜야 한다는 주장을 검토하였다. IASB는 금융항목은 공정가치로 측정하고 비금융항목은 원가로 측정하므로, 최초 인식시 금융항목과 비금융항목이 반드시 동일한 금액으로 측정될 필요는 없다고 보았다.

IASB는 결국 이 경우에 선택적으로 장부금액조정을 적용할 수 있도록 규정하는 것이 적절하다고 보았다. IASB는 장부금액조정을 허용하지 않으면 예상거래의 위험회피회계를 복잡하게 만들 수 있다는 우려를 장부금액조정을 허용함으로써 불식시킬 수 있다고 보았다. 또한, 이와 같은 조치로 영향을 받게 되는 대차대조표의 항목의 수는 일반적으로 유형자산, 재고자산 및 자본에 있는 현금흐름위험회피항목 등으로 매우 적다. 또한 IASB는 미국 GAAP이 장부금액조정을 허용하지 않는다는 점과 장부금액조정을 적용하는 것은 금융자산이나 금융부채를 인식하게 되는 예상거래의 위험회피에 대한 회계처리와 일관되지 않는다고 보았다. 이에 IASB는 이러한 주장의 타당성을 받아들이고 IAS39에서는 선택적용을 허용함으로써 기업이 US GAAP에서 요구하는 회계처리를 적용할 수 있도록 하였다.

3.4 예상거래에 대한 위험회피효과의 측정

이자부자산에 대해 투자할 것으로 예상되거나 이자부부채를 발행할 것으로 예상하는 경우 그 예상거래가 발생하는 시점의 시장이자율에 따라 관련 이자가 결정되기 때문에 이자율변동에 따른 현금흐름변동위험에 노출된다. 이자율의 변동에 따른 현금흐름변동위험을 회피하는 목적은 단일의 고정이자율획득을 통해 미래 이자율의 변동효과를 상쇄하는 것이다. 통상 단일의 고정이자율은 위험회피의 개시시점에 존재하는 예상거래의 만기와 시기에 상응하는 이자율이 된다. 위험회피기간 중에는 위험회피가 종결되거나 예상거래가 발생할 시점의 예상거래에 적용될 시장이자율을 결정하는 것은 불가능하다. 이러한 경우, 위험회피기간 중 위험회피효과는 위험회피관계의 지정시점과 위험회피효과에 대한 중간측정시점간의 이자율 변동에 기초하여 측정할 수 있다. 이러한 측정에 사용되는 이자율은 위험회피 개시시점의 이자율과 중간 측정시점의 이자율이다. 여기에서 개시시점의 이자율은 예상거래의 기간과 예상거래 발생을 감안하여 결정한 이자율을 말하며, 중간측정시점의 이자율은 이자율의 기간구조를 감안하여 중간측정시점에 결정한 이자율을 말한다.

일반적으로 위험회피대상항목의 현금흐름과 위험회피수단인 파생상품의 현금흐름을 현금지급이나 수취에 따라 단순 비교하는 것만으로는 충분하지 않다. 이러한 접근법은 후속 기간에 현금흐름이 상쇄될 것인지의 여부와 결과적으로 비효과적인 부분이 존재하는지에 관한 기업의 기대를 간과하기 때문이다.

수익률곡선(yield curve)에 기초하여 위험회피관계의 개시시점과 위험회피기간의 미래 현금흐름 및 미래 현금흐름의 공정가치를 계산할 수 있다. 수익률곡선은 시장에서 거래되는 적절한 기준 채권(reference bonds)의 현행 시장수익률(market yields)에 기초한다. 시장수익률은 현물이자율(spot interest rate)로 환산할 수 있는데, 시장수익률에서 이자지급효과(the effect of coupon payments)를 제거하여 현물이자율(또는 '무이표채이자율')을 얻을 수 있다. 현물이자율은 원금과 이자 등 미래 현금흐름을 할인하여 공정가치를 산출하는데 사용되며, 변동금리에 의한 추정 미래현금흐름을 산출하기 위해 사용되는 선도이자율(forward interest rate)을 계산하는 데에도 이용된다. 현물이자율과 1기간 선도이자율의 관계를 설명하는 산식은 다음과 같다.

$$F_t = \frac{(1+S_t)^t}{(1+S_{t-1})^{t-1}} - 1$$

여기에서 F = 선도이자율 (forward rate, %)

S = 현물이자율 (spot rate, %)

t = 기간 (예: 1, 2, 3, 4, 5)

제4절 현금흐름위험회피의 실무사례

[예시6-1] 위험회피수단으로 이용되는 비파생화폐성자산·부채[1)]

비파생화폐성부채(non-derivative monetary liability)의 원금상환에 대한 외화현금흐름위험회피의 위험회피수단으로 비파생화폐성자산(non-derivative monetary asset)을 지정하는 경우, 위험회피대상항목의 외환차이는 당기손익으로 인식하고(IAS21 문단28), 위험회피수단의 외환차이는 부채를 상환하는 시점까지 기타포괄손익으로 인식하는가(IAS39 문단95)?

[해석]

아니다. 화폐성자산과 화폐성부채의 외환차이는 모두 그 외환차이가 발생하는 회계기간의 당기손익으로 인식한다(IAS21 문단28). 비파생화폐성자산과 비파생화폐성부채 사이에 위험회피관계가 있다면 해당 금융상품의 공정가치 변동은 당기손익으로 인식한다(IAS39 문단AG83).

[예시6-2] 현금흐름위험회피: 위험회피수단의 위험회피효과(1)[2)]

A사는 잔여만기가 5년이고 액면가액이 1,000원인 변동금리부 부채를 보유하고 있

1) IAS39 실무적용지침F.5.1 참조

2) IAS39 실무적용지침F.5.2 참조

다. A사는 이자율 변동에 따른 현금흐름의 변동위험에 노출된 당해 부채의 위험을 회피하고자 부채와 주요 조건이 동일하고 동일한 통화로 표시된 5년 만기 고정금리를 지급하고 변동금리를 수취하는 이자율스왑계약을 체결한다. 체결시점에 이자율스왑의 공정가치는 영(0)이었으나, 이후 49원으로 상승하였으며, 이는 시장이자율의 상승에 기인하는 50원과 당해 스왑의 거래상대방의 신용위험 증가에 기인하는 -1원으로 구성된다. 변동금리부 부채의 공정가치 변동은 없으나, 부채의 변동이자율 현금흐름을 상쇄하기 위한 미래현금흐름의 공정가치(현재가치)는 50원만큼 증가하였다. A사는 위험회피효과가 여전히 매우 높다고 판단한다고 가정하는 경우, A사의 당기손익으로 인식될 비효과적인 부분이 존재하는가?

[해석]

존재하지 않는다. 파생상품의 공정가치 변동 중 일부가 거래상대방의 신용위험으로 인한 것이라면, 이자율위험회피는 완전히 효과적인 것은 아니다(IAS39 문단AG109). 그러나 A사는 위험회피관계에 여전히 매우 높은 위험회피효과가 있다고 판단하였기 때문에, 스왑의 공정가치 변동 중 효과적인 부분, 즉 공정가치의 순변동액 49원을 기타포괄손익으로 인식한다. 위험회피대상항목의 이자현금흐름 변동 위험을 상쇄하기 위한 미래현금흐름의 현재가치 누적변동액 50원이 위험회피수단의 공정가치의 누적변동액 49원을 초과하므로, 스왑 거래상대방의 신용하락으로 인한 스왑의 공정가치 변동 중에서 당기손실로 인식할 부분은 없다.

(차) 스왑	49원	(대) 기타포괄손익	49원

만약 A사가 위험회피효과가 더 이상 높지 않다고 판단하면, 매우 높은 위험회피효과가 없어진 시점부터 전진적으로 위험회피회계를 중단한다(IAS39 문단101).

스왑의 공정가치가 51원으로 증가하고, 이러한 51원의 변동이 시장이자율의 상승에 기인하는 50원과 스왑 거래상대방의 신용위험 감소에 기인하는 1원으로 구성되는 경우 상기 결론이 달라지는가?

[해석]

달라진다. 스왑 거래상대방의 신용상태 개선에 기인하는 스왑의 공정가치 변동액

1원은 당기이익으로 인식하여야 한다. 이는 위험회피수단의 공정가치 누적변동액 51원이, 위험회피대상항목의 이자현금흐름 변동 위험을 상쇄하기 위해 필요한 미래현금흐름의 현재가치 누적변동액 50원을 초과하기 때문이다. 1원의 차이는 위험회피수단인 파생상품(스왑)의 공정가치 변동 중 위험회피에 비효과적인 부분이며, 당기손익으로 인식된다.

(차) 스왑	51원	(대) 기타포괄손익	50원
		당기손익	1원

[예시6-3] 현금흐름위험회피: 위험회피수단의 위험회피효과(2)[3)]

20×1년 9월 30일, A사는 20×2년 3월 1일에 발생할 것으로 예상하는 24톤의 펄프 매출에 대한 위험을 회피하고자 펄프 24톤에 대한 매도선도계약을 체결하였다. 매도선도계약에 따라 특정 거래소에서의 펄프의 미래 현물가격과 1,000원의 차이에 대해 현금으로 차액결제하게 되어 있다. A사는 선도계약에서 지정한 거래소가 아닌 다른 지역 시장에서 당해 펄프를 판매할 예정이다. A사는 당해 선도계약이 예상매출에 대한 효과적인 위험회피수단이고, 다른 위험회피회계의 적용조건을 충족한다고 판단하고 있으며, 선도계약의 전체 공정가치 변동과 예상 현금유입의 공정가치의 변동을 비교하여 위험회피효과를 평가한다. 20×1년 12월 31일 현재 펄프에 대한 지역시장과 거래소의 현물가격은 모두 상승하였으나, 지역시장에서의 상승폭이 거래소의 상승폭보다 컸다. 지역시장에서의 매출로 인한 예상 현금유입액의 현재가치는 1,100원이며, 선도계약의 공정가치는 −80원이다. A사는 위험회피효과가 여전히 매우 높다고 판단한다고 가정하는 경우 당기손익으로 인식할 비효과적인 부분이 있는가?

[해석]

없다. 현금흐름위험회피에서 위험회피대상 현금흐름의 공정가치 누적변동액이 위험회피수단의 공정가치 누적변동액보다 크다면, 비효과적인 부분은 재무제표에 인식되지 않는다. 위의 경우 위험회피대상항목인 미래예상현금흐름의 공정가치 누적변동

3) IAS39 실무적용지침F5.3 참조

액은 100원인 반면, 선도계약의 공정가치 누적변동액은 80원이다. 위험회피의 개시시점 이후 위험회피대상 미래예상현금흐름의 공정가치 누적변동액이 위험회피수단의 공정가치 누적변동액(절대금액)을 초과하므로, 위험회피수단과 관련된 손익 중 당기손익으로 인식할 부분은 없다(IAS39 문단95(2)). A사가 위험회피관계의 위험회피효과가 여전히 매우 높다고 판단하기 때문에 선도계약의 공정가치 변동인 80원 전체를 기타포괄손익으로 직접 인식한다.

(차) 기타포괄손익	80원	(대) 선도	80원

만약 A사가 위험회피관계의 위험회피효과가 매우 높지 않다고 판단하면, 매우 높은 위험회피효과가 없어진 시점부터 전진적으로 위험회피회계를 중단한다(IAS39 문단101).

[예시6-4] 현금흐름위험회피를 위한 이자율스왑

A사는 20×1년 1월 1일에 투자목적으로 만기 2년, 액면가액이 10,000,000원이 회사채를 취득하였다. 취득한 회사채는 3개월 단위로 매 분기말에 LIBOR이자율에 2.25%의 신용스프레드를 가산한 이자를 지급하는 조건이다. A사는 변동이자율을 고정이자로 확정짓는 이자율스왑을 하는 것을 내규로 정하고 있다. 이에 따라 A사는 LIBOR를 지급하고 고정이자 6.65%를 받는 것으로 약정하는 스왑계약을 같은 날자에 체결하였다. 따라서 스왑을 통하여 취득한 회사채의 수익률이 8.9%가 되도록 만들었다. 회사채는 매분기 225,000원(890,000원/4)의 이자를 받도록 되어 있다.

회계처리목적 상 A사가 체결한 스왑은 변동이자를 고정이자로 확정하는 효과를 갖기 때문에 현금흐름위험회피목적으로 분류된다. 따라서 스왑은 재무상태표에 공정가치로 보고되어야 하며, 스왑 공정가치의 변동은 기타포괄손익누계액으로 보고해야 한다. 이 경우 스왑의 공정가치는 LIBOR이자율로 할인하고, 투자회사채의 공정가치는 LIBOR + 2.25%로 할인하기 때문에 위험회피에 비효과적인 부분이 있게 된다.

회사채와 스왑의 만기인 2년의 기간 동안 각 분기 말의 LIBOR이자율이 〈표 6-1〉과 같다고 하자.

〈표 6-1〉 분기별 3개월 만기 LIBOR이자율

시점	3개월 만기 LIBOR이자율
20×1.01.01	5.56%
20×1.03.31	5.63%
20×1.06.30	5.56%
20×1.09.30	5.47%
20×1.12.31	6.75%
20×2.03.31	6.86%
20×2.06.30	6.97%
20×2.09.30	6.57%

주어진 자료에 따라 각 분기별 이자수익을 계산하면 〈표 6-2〉와 같다.

〈표 6-2〉 분기별 이자수익

투자회사채 : 액면가액 10,000,000원
스왑확정이자율 : 6.65%
신용스프레드 : 2.25%

기간	LIBOR이자율	회사채이자수익	스왑결제액	당기손익
20×1.01.01~03.31	5.56%	195,250원	27,250원	222,500원
20×1.04.01~06.30	5.63%	197,000원	25,500원	222,500원
20×1.07.01~09.30	5.56%	195,250원	27,250원	222,500원
20×1.10.01~12.31	5.47%	193,000원	29,500원	222,500원
20×2.01.01~03.31	6.75%	225,000원	-2,500원	222,500원
20×2.04.01~06.30	6.86%	227,750원	-5,250원	222,500원
20×2.07.01~09.30	6.97%	230,500원	-8,000원	222,500원
20×2.10.01~12.31	6.57%	220,500원	2,000원	222,500원

각 분기별 회사채이자수익은 (LIBOR + 2.25%)/4에 회사채의 액면가액 10,000,000원을 곱하여 구한다. 각 분기별 스왑결제액은 10,000,000원 × (6.65% − LIBOR) × 1/4이다. 당기손익에 반영되는 금액은 회사채이자수익과 스왑결제액의 합계액이다. 이 금액은 LIBOR이자율의 등락에 관계없이 222,500원으로 일정한데 스왑을 통하여

6.65%로 이자수익을 확정했으며, 여기에 신용스프레드에 해당하는 이자율 2.25%를 받기 때문이다. 따라서 연수익률은 8.90%이며 분기별 수익률은 8.90% × 1/4인 2.225%로 일정하게 된다.

[예시6-5] 현금흐름위험회피효과를 측정하는 방법[4)]

A사는 1년 만기 액면가액 100,000원의 변동금리부 채무상품을 3개월(1분기) 후에 발행할 예정이다. 이자는 분기별로 지급하며, 원금은 만기에 일시 상환한다. A사는 이자율이 상승할 위험에 노출되어 있으며, 채무상품의 이자현금흐름에 대하여 위험회피하기 위해 미래시점에 개시되는 이자율스왑계약(forward starting interest rate swap)을 체결하였다. 스왑의 만기는 1년이고, 발행예정 채무상품의 기간에 대응시키기 위하여 3개월 후에 개시하며, 고정금리를 지급하고, 변동금리를 수취한다. 회피대상위험은 발행할 예정인 채무상품의 LIBOR 기준 이자율 요소로 지정하였다.

(1) 수익률곡선

위험회피의 개시시점 현재 수익률곡선으로서 〈표 6-3〉의 분기별 복리이자율 기간구조(term structure)를 가정한다.

〈표 6-3〉 개시시점의 수익률곡선 (기간1의 기초)

선도기간	1	2	3	4	5
현물이자율	3.75%	4.50%	5.50%	6.00%	6.25%
선도이자율	3.75%	5.25%	7.51%	7.50%	7.25%

한 기간 선도이자율(one-period forward rate)은 만기별 현물이자율(spot rate for the applicable maturities)에 기초하여 산출한다. 예를 들면, 기간2에 대한 현행 선도이자율(F_2)을 앞의 공식에 따라 계산하면 $(1.0450^2/1.0375) - 1 = 0.0525(5.25\%)$가 된다. 마찬가지로 기간2에 대한 현행 선도이자율(F_3)을 앞의 공식에 따라 계산하면 $(1.0550^3/1.0450^2) - 1 = 0.0751(7.51\%)$가 된다.

4) IAS39 실무적용지침F.5.5 참조

여기에서 기간2의 현행 선도이자율(F_2)은 기간2의 기초부터 기간2의 기말까지의 한 기간의 이자율을 의미한다. 한편, 기간2의 현물이자율은 기간1의 기초부터 기간2의 기말까지의 2 기간 이자율(기하평균이자율)을 의미한다. 따라서 기간2의 선도이자율과 기간2의 현물이자율은 상이하다. 즉, 기간2의 현물이자율은 $(1.0375\times1.0525)^{1/2}-1 = 0.045$이다. 마찬가지로 기간3의 현물이자율은 $(1.0375\times1.0525\times1.0751)^{1/3}-1 = 0.055$이다. 이와 같이 당기와 전기의 현물이자율로부터 당기의 선도이자율을 구할 수 있으며, 선도이자율이 있으면 해당 만기까지의 선도이자율의 기하평균으로 현물이자율을 구할 수 있다.

(2) 위험회피대상항목

A사는 1년 만기 100,000원의 채무상품을 분기마다 이자를 지급하는 조건으로 3개월(1분기) 후에 발행할 예정이다. A사는 이자율이 상승할 위험에 노출되어 있기 때문에, 예상거래가 일어나기 이전에 발생할 수 있는 이자율의 변동이 현금흐름에 미치는 효과를 제거하고자 한다. 이러한 위험이 제거되면, A사는 3개월 후에 발행할 채무상품의 이자율을 현재 시장에서 형성된 3개월 이후부터 만기가 1년인 선도표면이자율(forward coupon rate)로 확정할 수 있다. 이자율 기간구조에서 산출된 선도표면이자율은 6.86%(아래의 계산근거 참조)이며, 이는 선도(현물)이자율과는 다르다. 선도표면이자율은 예상되는 채무상품의 발행조건에 부합하는 위험회피의 개시시점 현재의 시장이자율이다. 이로서 채무상품의 공정가치는 발행시 액면금액이 된다.

선도표면이자율의 계산:

$$
\begin{aligned}
100{,}000 &= i/(1+0.0525/4)\\
&+ i/(1+0.0525/4)\times(1+0.0751/4)\\
&+ i/(1+0.0525/4)\times(1+0.0751/4)\times(1+0.0750/4)\\
&+ i/(1+0.0525/4)\times(1+0.0751/4)\times(1+0.0750/4)\times(1+0.0725/4)\\
&+ 100{,}000/(1+0.0525/4)\times(1+0.0751/4)\times(1+0.0750/4)\times(1+0.0725/4)\\
&= i\times(0.98705+0.96885+0.95102+0.93409)+100{,}000\times0.93409
\end{aligned}
$$

이를 i(분기별이자지급액)에 대해서 풀면 $i = 1{,}716$이 되고, 분기이자율은 1,716/100,000이기 때문에 연율로 표시한 이자율은 $0.0176 \times 4 = 0.0686$(6.86%)이 된다.

위험회피관계의 개시시점에, 채무상품의 예상 현금흐름은 현재의 이자율 기간구조에 기초하여 산출될 수 있다. 이자율의 변동은 없으며, 채무상품을 기간2의 기초에 6.86%로 발행하는 것으로 가정한다. 이 경우 기간2의 기초시점 현재 채무상품의 현금흐름과 공정가치는 〈표 6-4〉와 같을 것이다.

〈표 6-4〉 채무상품의 발행 – 현물이자율 및 발행가액의 결정(기간2의 기초)

		합계					
최초 선도 기간			1	2	3	4	5
잔존 기간				1	2	3	4
현물이자율(아래 계산참조)				5.25%	6.38%	6.75%	6.88%
선도이자율				5.25%	7.51%	7.50%	7.25%
현금흐름 :	이자			1,716	1,716	1,716	1,716
	원금						100,000
현재가치요소				0.98705	0.96885	0.95102	0.93409
공정가치 :	이자	6,591		1,694	1,662	1,632	1,603
	원금	93,409					93,409
합계		100,000					

이자율의 변동이 없는 것으로 가정하였으므로, 선도이자율은 이전과 동일하다. 현물이자율은 다르게 보이지만 실질적인 변동은 없다. 현물이자율은 한 기간 이후의 이자율로서 해당 선도이자율에 기초하여 다음과 같이 산출한다.

선도이자율에 근거한 현물이자율의 계산:

잔존기간 1기와 2기의 선도이자율(F_2 = 0.0751)이 주어져 있을 때 위에서 주어진 현물이자율과 선도이자율의 관계에 따라 잔존기간 2기의 현물이자율은 다음과 같이 구한다.

$(1 + S_2)^2/(1 + S_1) - 1 = F_2$

$(1 + S_2)^2/(1 + S_1) = (1 + F_2)$

$(1 + S_2)^2 = 1.0751 \times 1.0525$ (여기에서 S_1과 F_1은 0.0525로 동일함)

$(1 + S_2) = (1.0751 \times 1.0525)^{1/2}$

따라서, S_2(잔존기간 2기의 현물이자율) = $(1.0751 \times 1.0525)^{1/2} - 1 = [(1 + F_2)(1 + F_1)]^{1/2} - 1 = 0.0638(6.38\%)$이 된다.

같은 공식을 이용하여 잔존기간 3기와 4기의 현물이자율은 다음과 같이 구한다.

$(1 + S_3)^3 / (1 + S_2)^2 = (1 + F_3)$

$(1 + S_3)^3 / (1 + (1 + F_2)(1 + F_1)]^{1/2} - 1)^2 = (1 + F_3)$

$(1 + S_3)^3 = (1 + F_1)(1 + F_2)(1 + F_3)$

따라서 $S_3 = [(1 + F_1)(1 + F_2)(1 + F_3)]^{1/3} - 1 = [(1.0525)(1.0751)(1.0750)]^{1/3} - 1 = 0.675(6.75\%)$

그리고 $S_4 = [(1 + F_1)(1 + F_2)(1 + F_3)(1 + F_4)]^{1/4} - 1 = [(1.0525)(1.0751)(1.0750)(1.0725)]^{1/4} - 1 = 0.0688(6.88\%)$

이자율의 변동이 없는 것으로 가정하였으므로, 이자와 원금의 공정가치(fair value)는 예상거래의 액면금액(face value)인 100,000원과 동일하다. 각 기간별로 발생하는 현금흐름을 위험회피 개시시점에 존재하는 현물이자율로 할인하여 공정가치를 산출한다. 공정가치는 채무상품이 발행된 이후 잔여 기간 동안의 현금흐름을 할인한 효과가 반영되어 있다. 예를 들어, 6.38%의 현물이자율은 기간3에 지급될 이자현금흐름을 할인하는 데 이용되지만, 예상거래가 발생한지 2개 기간 후에 발생하므로 2차례 할인하게 된다. 즉, 이 경우의 적절한 할인율은 현물이자율을 이용한 2기간 할인방법과 두 기간의 선도이자율을 이용한 할인율을 사용하는 방법이 동일한 효과를 가져다 준다. 환언하면, 현물이자율은 앞에서 확인한 것처럼 선도이자율의 (기하)평균이자율이기 때문에 최초선도기간3(잔존기간2)의 현재가치요소는 다음과 같이 두 가지 방식으로 계산할 수 있다.

현물이자율을 이용한 현재가치요소 : $1/(1 + 0.0638/4)^2 = 0.96885$

선도이자율을 이용한 현재가치요소 : $1/(1 + 0.0525/4)(1 + 0.0751/4) = 0.96885$

(3) 위험회피수단

위험회피의 목적은 예상거래(forecast transaction)와 위험회피수단의 전체 이자율을 기간 2부터 기간 5까지에 대한 위험회피 개시시점 현재의 시장이자율인 6.86%로 확정하는 것이다. 이러한 목적을 달성하기 위하여 6.86%의 고정금리를 지급하는 조건으로 1기간 후에 계약이 개시되는 이자율스왑계약을 체결한다. 위험회피 개시시점의 이자율의 기간구조에 기초하여 이자율스왑의 이자율은 6.86%가 된다. 위험회피 개시 시점에 이자율스왑의 고정금리지급액의 공정가치와 변동금리지급액의 공정가치는 일치하기 때문에 이자율스왑의 공정가치는 영(0)이 된다. 이자율스왑의 예상현금흐름과 공정가치는 〈표 6-5〉와 같다.

〈표 6-5〉 이자율스왑의 공정가치 – 위험회피 개시시점

	합계					
최초선도기간		**1**	**2**	**3**	**4**	**5**
잔존기간			**1**	**2**	**3**	**4**
현금흐름:						
고정이자지급(6.86%)			1,716	1,716	1,716	1,716
선도이자율			**5.25%**	**7.51%**	**7.50%**	**7.25%**
예상변동이자수취 (선도이자율/4×액면금액)			1,313	1,877	1,876	1,813
순이자액(변동이자-고정이자)			(403)	161	160	97
공정가치:						
할인율(현물이자율)			**5.25%**	**6.38%**	**6.75%**	**6.88%**
현재가치요소 = $(1+현물이자율/4)^{-t}$			0.98705	0.96885	0.95102	0.93409
고정이자의 현재가치	6,591		1,694	1,662	1,632	1,603
예상변동이자의 현재가치	6,591		1,296	1,818	1,784	1,693
이자율스왑의 공정가치	0		(398)	156	152	90

위험회피 개시시점에 당해 이자율스왑의 고정이자는, 현재의 조건으로 3개월 후에 채무상품을 발행할 경우 수취할 수 있는 고정이자와 일치한다.

(4) 위험회피효과의 측정

위험회피기간 중 이자율이 변동하는 경우 위험회피효과는 다양한 방법으로 측정될 수 있다.

기간2의 기초에 채무상품을 발행하기 직전에 이자율의 변동은 〈표 6-6〉과 같다고 가정한다.

〈표 6-6〉 수익률곡선: 2%의 이자율 상승

최초기간 잔존기간	1	2 1	3 2	4 3	5 4
현물이자율		5.75%	6.50%	7.50%	8.00%
선도이자율		5.75%	7.25%	9.51%	9.50%

이자율이 〈표 6-6〉과 같이 변경된 경우, 위험회피수단으로 지정된 이자율스왑(6.86%의 고정금리 지급, 변동금리 수취)의 공정가치는 〈표 6-7〉과 같이 계산된다.

〈표 6-7〉 이자율스왑의 공정가치 - 이자율 2% 상승

	합계					
최초선도기간 잔존기간		1	2 1	3 2	4 3	5 4
현금흐름:						
고정이자지급액(6.86%)			1,716	1,716	1,716	1,716
신규 선도이자율			**5.25%**	**7.25%**	**9.51%**	**9.50%**
예상변동이자수취액			1,438	1,813	2,377	2,376
순이자액			(279)	97	661	660
공정가치:						
신규할인율(현물이자율)			**5.75%**	**6.50%**	**7.50%**	**8.00%**
현재가치요소 = $(1+현물이자율/4)^{-t}$			0.9858	0.9683	0.9458	0.9238
고정금리부분	6,562		1,692	1,662	1,623	1,585
예상변동금리부분	7,615		1,417	1,755	2,248	2,195
순이자액의 공정가치	1,053		(275)	93	625	610

위험회피효과를 계산하기 위해서 위험회피대상 예상거래의 가치변동이나 현금흐름의 현재가치 변동을 측정하여야 한다. 이러한 측정방법에는 적어도 두 가지의 방법이 있다.

〈표 6-8〉 채무상품의 공정가치 변동의 계산 – 제1방법

	합계					
최초선도기간		1	2	3	4	5
잔존기간			1	2	3	4
현금흐름:						
고정금리부분(6.86%)			1,716	1,716	1,716	1,716
원금						100,000
공정가치:						
신규할인율(현물이자율)			**5.75%**	**6.50%**	**7.50%**	**8.00%**
현재가치요소			0.9858	0.9683	0.9458	0.9238
이자	6,562		1,692	1,662	1,623	1,585
원금	92,385					92,385*
합계	98,947					
최초 공정가치	100,000					
공정가치 변동	(1,053)					

* 100,000원/(1+[0.08/4])^4

제1방법에서는, 위험회피관계의 개시시점에 존재했던 선도표면이자율(6.86%)과 동일한 이자율 조건의 채무상품의 현금흐름을 신규할인율로 할인하여 공정가치를 산출한다. 이렇게 산출된 공정가치를, 위험회피관계의 개시시점에 존재하였던 이자율의 기간구조에 기초하여 계산된 예상 공정가치와 비교하여 공정가치 변동을 측정한다. 이 사례의 경우 스왑(위험회피수단)과 예상거래(위험회피대상)의 조건이 서로 대응되기 때문에 스왑의 공정가치 변동과 채무상품의 예상 공정가치 변동이 정확히 상쇄되고 있다.

〈표 6-9〉 현금흐름의 공정가치 변동의 계산 – 제2방법

	합계					
최초선도기간		1	2	3	4	5
잔존기간			1	2	3	4
최초시장이자율			6.86%	6.86%	6.86%	6.86%
현행선도이자율			5.75%	7.25%	9.51%	9.50%
이자율차이			1.11%	(0.39%)	(2.65%)	(2.64%)
현금흐름변동(원금×이자율)			279원	(97원)	(661원)	(660원)
할인율(현물이자율)			5.75%	6.50%	7.50%	8.00%
현재가치요소			0.9858	0.9683	0.9458	0.9238
현금흐름변동의 공정가치	(1,053원)		275원	(93원)	(625원)	(610원)

제2방법에서는, 현금흐름변동의 현재가치는, 위험회피효과 측정일의 해당 기간별 선도이자율과 위험회피 개시시점에 존재하였던 시장이자율(6.86%)로 발행한 것을 가정한 경우의 이자율의 차이에 기초하여 계산한다. 위험회피 개시시점의 시장이자율은 3개월 후의 1년 만기 표면이자율이다. 현금흐름변동의 현재가치는, 현금흐름이 발생할 것으로 기대되는 기간에 해당하는 위험회피효과 측정일 시점의 현행 현물이자율에 기초하여 계산한다. 이 방법은 채무상품에 대해 위험회피 후의 고정금리 부분과 현행의 변동금리 부분을 비교하기 때문에 (이자율스왑의 고정금리와 변동금리부분의 현금흐름을 비교하는 것과 동일함), '이론적 스왑(theoretical swap)'방법(또는 '가상의 파생상품(hypothetical derivative)방법)이라고도 지칭할 수 있다.

제1방법과 마찬가지로, 이 사례에서는 스왑의 공정가치 변동과 현금흐름의 현재가치 변동은 스왑과 예상거래의 조건이 서로 대응되기 때문에 정확히 상쇄된다.

(5) 기타 고려사항

이 사례에서는 고려하지 않았으나, 예상거래가 발생되기 이전에 비효과적인 부분을 산출하기 위해서는 추가적인 계산이 필요하다. 이 사례에서는 예상거래가 발생하기 직전의 예상거래 발생예정일(기간2의 기초)을 기준으로 공정가치변동이 결정되었다. 예상거래 발생 이전에 위험회피효과에 대한 평가가 이루어진다면, 비효과적인 부분의 실제 금액을 산출하기 위하여 공정가치의 변동은 현재시점으로 할인하여야 한다. 예를 들어, 측정일이 위험회피관계 설정 후 1개월이 경과한 시점이고, 예상거래가 2개월 후에 발생할 예정이라면, 실제의 공정가치를 산출하기 위해서는 공정가치의 변동을 예상거래가 발생하기까지 남아있는 2개월의 기간에 대해 할인하여야 한다. 비효과적인 부분이 없는 이 사례에서는 이러한 추가적인 과정이 필요하지 않다. 즉, 영(0)인 금액을 추가적으로 할인하더라도 결과는 달라지지 않는다.

제2방법에서는, 위험회피효과 측정일 현재 해당 기간의 선도표면이자율(현행선도이자율)과 채무상품이 위험회피 개시시점에 존재하였던 시장이자율로 발행되었을 경우에 적용되었을 이자율(최초선도이자율)의 차이에 기초하여 비효과적인 부분을 산출한다. 예상되는 일련의 이자지급을 단일한 고정금리로 설정하는 것이 위험회피의 목적이라면, 위험회피 개시시점의 선도이자율과 위험회피효과 측정일의 선도이자율의 차이에 기초하여 현금흐름의 변동을 계산하는 것은 부적절하다. 이러한 목적은 상기 예에서와 같은 이자율스왑으로 노출된 위험을 회피함으로써 달성된다. 스왑의 고정이자율은 스왑기간 중의 선도이자율들이 혼합되어 구성되어 있는 이자율이다. 수익률곡선이 수평(flat)이 아닌 경우, 스왑기간 동안의 변동되는 선도이자율과 스왑의 고정이자율을 비교해보면 위험회피개시시점에는 동일했던 현금흐름의 공정가치가 더 이상 같지 않다는 것을 알게 된다. 이러한 차이를 예시하면 〈표 6-10〉과 같다.

〈표 6-10〉 수익률곡선이 수평이 아닌 경우의 스왑의 공정가치

	합계					
최초기간		1	2	3	4	5
잔존기간			1	2	3	4
최초선도이자율			5.25%	7.51%	7.50%	7.25%
현행선도이자율			5.75%	7.25%	9.51%	9.50%
선도이자율차이			(0.50%)	0.26%	(2.01%)	(2.25%)
현금흐름변동(원금×이자율)			(125원)	64원	(501원)	(563원)
할인율(현물이자율)			5.75%	6.50%	7.50%	8.00%
현재가치요소			0.9858	0.9683	0.9458	0.9238
차이의 공정가치	(1,055원)		(123원)	62원	(474원)	(520원)
이자율스왑의 공정가치	1,053원					
비효과인 부분	(2원)					

위험회피의 목적이 위험회피 개시시점에 존재한 선도이자율(forward rate)로 현금흐름을 확정하는 것이라면, 해당 이자율스왑은 비효과적이 된다. 그 이유는 이자율스왑은 하나의 혼합 고정표면이자율(blended fixed coupon rate)을 갖고 있어서 상이한 일련의 선도이자율들을 상쇄하지 못하게 되기 때문이다. 그러나 위험회피의 목적이 위험회피 개시시점에 존재한 선도표면이자율(forward coupon rate)로 현금흐름을 확정하는 것이라면, 해당 이자율스왑은 효과적이 된다. 선도이자율의 차이에 의한 비교는 비효과적인 부분이 존재하지 않는 상황에서도 비효과적인 부분을 보여주게 된다. 위험회피의 목적이 위험회피 개시시점의 선도이자율로 확정하는 것이라면, 위험회피 개시시점의 선도이자율과 위험회피효과 측정일의 선도이자율의 차이에 기초하여 비효과적인 부분을 계산하는 것이 비효과적인 부분을 측정하는 적절한 방법이 된다. 그러한 경우, 적절한 위험회피수단은 예상거래의 발생시점과 대응하는 재조정시점(repricing date)마다 선도계약 각각의 만기가 도래하는 일련의 선도계약이 될 것이다.

이자율스왑의 변동현금흐름과 선도이자율에 의해 발생하는 채무상품의 이자현금흐름을 단순히 비교하는 것은 적절하지 않다. 이러한 방법은 파생상품의 일부에 대해서만 비효과적인 부분을 측정하는 효과가 있고, IAS39에 따르면 이러한 상황에서는 위험회피효과를 평가할 목적으로 파생상품을 분리할 수 없다(IAS39 문단74). 그러나 이자율스왑의 고정이자율이 위험회피 개시시점에 채무상품에 대하여 적용되었을 고정이자율과 동일하다면, 조건에 차이가 없고 신용위험의 변동이 없다는 가정 하에서는 비효과적인 부분은 없을 것이며, 그렇지 않다면 위험회피관계가 설정되지 않았을 것이다.

[예시6-6] 현금흐름위험회피: 재고자산을 외화로 매입하기로 하는 확정계약5)

기업A는 원화(₩)를 기능통화 및 표시통화로 하고 있다. 기업A는 20×2년 6월 30일에 USD1,000을 수취하고 ₩1,096,000을 지급하는 통화선도계약(forward exchange contract)을 20×1년 6월 30일 체결하였다. 이 통화선도계약의 최초 원가와 공정가치는 영(0)이다. 기업A는 20×2년 3월 31일에 일정량의 상품을 매입하기로 하는 확정계약을 체결하였으며, 이와 관련된 USD1,000의 채무는 20×2년 6월 30일에 결제될 예정이다. 기업A는 당해 통화선도계약을 상기 확정계약에 대한 현금흐름 위험회피수단으로 지정하였다. IAS39의 위험회피회계 적용조건이 모두 충족된다.

〈표 6-11〉과 같이, 20×1년 6월 30일 현재의 현물환율은 1USD당 ₩1,072이며, 12개월물 선도환율은 1USD당 ₩1,096이다. 20×1년 12월 31일 현재의 현물환율과 6개월물 선도환율은 1USD당 각각 ₩1,080과 ₩1,092이고, 20×2년 3월 31일 현재의 현물환율은 1USD당 ₩1,074이고 3개월물 선도환율은 1USD당 ₩1,076이며, 20×2년 6월 30일 현재의 현물환율은 1USD당 ₩1,072이다. 원화(₩)에 적용될 수익률곡선(할인율)은 전 기간이 연6%로서 수평이다. 20×1년 12월 31일, 20×2년 3월 31일과 20×2년 6월 30일의 통화선도계약의 공정가치는 각각 －₩3,885*, －₩19,711**과 －₩24,000***이다.

* $[(1{,}092-1{,}096)\times 1{,}000]/1.06^{(6/12)}$

** $[(1{,}076-1{,}096)\times 1{,}000]/1.06^{(3/12)}$

*** $(1{,}072-1{,}096)\times 1{,}000$

5) IAS39 실무적용지침F.5.6 참조

〈표 6-11〉 통화선도계약의 공정가치 계산

날짜	현물환율	선도환율*	선도계약의 공정가치
20×1.06.30.	1,072	1,096	-
20×1.12.31.	1,080	1,092	-3,885
20×2.03.31.	1,074	1,076	-19,711
20×2.06.30.	1,072	-	-24,000

* 20×2년 6월 30일까지의 선도환율

회계문제 (1) : 통화선도계약의 공정가치(fair value) 변동에 대하여 위험회피관계를 지정하여, 회계정책에 따라 위험회피대상 예상거래로 인해 발생하는 비금융자산의 장부금액을 조정하려고 한다면, 이러한 거래를 어떻게 회계처리하는가?

회계처리는 다음과 같다.

20×1년 6월 30일

(차) 통화선도 0 (대) 현금 0

* 20×2년 6월 30일까지의 선도환율

최초 인식 시 통화선도계약의 공정가치인 영(0)으로 회계처리한다(IAS39 문단43). 통화선도계약과 매입계약의 주요 조건 및 위험회피효과를 선도가격에 기초하기 때문에 위험회피는 완전한 효과가 있을 것으로 예상한다(IAS39 문단AG108).

20×1년 12월 31일

(차) 기타포괄손익 3,885 (대) 통화선도(부채) 3,885

20×1년 6월 30일과 20×1년 12월 31일 사이의 통화선도계약의 공정가치 변동인 -₩3,885(-₩3,885-₩0)을 기타포괄손익으로 인식한다(IAS39 문단95). 통화선도계약의 손실(₩3,885)이 선도가격에 기초한 매입계약과 관련된 현금흐름의 변동*을 정확히 상쇄하므로 완전한 위험회피효과가 있다.

* $[\{(1{,}092-1{,}096)\times1{,}000\}/1.06^{(6/12)}]-[\{(1{,}096-1{,}096)\times1{,}000)\}/1.06]=-₩3{,}885$

20×2년 3월 31일

(차)	기타포괄손익	15,826	(대)	통화선도(부채)	15,826

20×2년 1월 1일과 20×2년 3월 31일 사이의 통화선도계약의 공정가치 변동인 ₩15,826을 기타포괄손익으로 인식한다(IAS39 문단95). 통화선도계약의 손실(₩15,826)이, 선도가격에 기초한 매입계약과 관련된 현금흐름의 변동*을 정확히 상쇄하므로 완전한 위험회피효과가 있다.

* $[\{(1,076-1,096)\times 1,000)\}/1.06^{(3/12)}]-[\{(1,092-1,096)\times 1,000\}/1.06^{(6/12)}]=-$₩15,826

(차)	상품(매입가격)	1,074,000	(대)	기타포괄손익	19,711
	상품(위험회피손실)	19,711		매입채무	1,074,000

매입한 상품을 현물환율로 인식하고(1,074×USD1,000), 기타포괄손익으로 인식했던 통화선도계약의 누적손실(₩19,711)을 제거하여 매입한 상품의 원가에서 조정한다. 따라서 매입한 상품의 최초 측정금액은 매입대가 ₩1,074,000과 위험회피수단에서 발생한 손실 ₩19,711의 합계인 ₩1,093,711이다.

20×2년 6월 30일

(차)	매입채무	1,074,000	(대)	현금	1,072,000
				당기손익	2,000

현물환율로 매입채무(USD1,000×1,072=1,072,000)를 결제하고 외환차익 ₩2,000(₩1,074,000−₩1,072,000)을 인식한다.

(차)	당기손익	4,289	(대)	통화선도(부채)	4,289

20×2년 4월 1일과 20×2년 6월 30일 사이의 통화선도계약의 손실*을 당기손익에 반영한다. 통화선도계약의 손실(₩4,289)이 선도가격에 기초한 미지급채무의 공정가치변동**을 정확히 상쇄하기 때문에, 완전한 위험회피효과가 있다.

* ₩24,000 − ₩19,711 = ₩4,289

** $\{(1,072-1,096)\times 1,000\}-[(1,076-1,096)\times 1,000\}/1.06^{(3/12)}]=-$₩4,289

(차) 통화선도(부채) 24,000 (대) 현금 24,000

통화선도계약에 대한 차액결제를 기록한다.

회계문제 (2) : 위험회피관계가 통화선도계약의 현물환요소(spot element)의 변동으로 지정되며 이자율요소는 위험회피관계에서 제외되는 경우 회계처리는 어떻게 되는가(IAS39 문단74)?

회계처리는 다음과 같다.

20×1년 6월 30일

(차) 통화선도 0 (대) 현금 0

최초 인식 시 통화선도계약의 공정가치인 0으로 회계처리한다(IAS39 문단43). 통화선도계약과 매입계약의 주요 조건이 일치하며, 위험회피효과 평가에서 통화선도계약의 프리미엄 또는 디스카운트의 변동을 제외하기 때문에 완전한 위험회피효과가 있을 것으로 예상한다(IAS39 문단AG108).

20×1년 12월 31일

(차)	당기손익(이자율요소)	11,655	(대) 기타포괄손익(현물환요소)	7,770
			통화선도(부채)	3,885

20×1년 6월 30일과 20×1년 12월 31일 사이의 통화선도계약의 공정가치 변동인 ₩3,885(₩3,885－₩0)을 반영한다. 통화선도계약을 현물환율로 결제하는 경우의 현재가치 변동 7,770*을 기타포괄손익으로 인식한다(IAS39 문단95(1)). 통화선도계약의 이자율요소에 관련된 변동(공정가치의 변동 중 상기 차이를 제외한 부분)은 손실 11,655**이며, 당기손익으로 인식한다(IAS39 문단74와 55(1)). 통화선도계약의 현물환요소에서의 이익이 현물환율에 기초한 매입가격변동을 정확히 상쇄하므로, 완전한 위험회피효과***가 있다.

* $[\{(1{,}080-1{,}072)\times 1{,}000\}/1.06^{(6/12)}]-[\{(1{,}072-1{,}072)\times 1{,}000\}/1.06]$ = ₩7,770

** ₩3,885 + ₩7,770 = ₩11,655

*** $[\{(1{,}080-1{,}072)\times 1{,}000\}/1.06^{(6/12)}]-[\{(1{,}072-1{,}072)\times 1{,}000\}/1.06]$ = ₩7,770

20×2년 3월 31일

(차) 기타포괄손익 (현물환요소)	5,799	(대) 통화선도(부채)	15,826
당기손익 (이자율요소)	10,027		

20×2년 1월 1일과 20×2년 3월 31일 사이의 통화선도계약의 공정가치 변동인 ₩15,826*을 반영한다. 통화선도계약을 현물환율로 결제하는 경우의 현재가치 변동 ₩5,799**을 기타포괄손익으로 인식한다(IAS39 문단95(1)). 통화선도계약의 이자율요소에 관련된 변동(공정가치의 잔여 변동분)은 손실 ₩10,027***이며, 당기손실로 인식한다(IAS39 문단74와 55(1)). 통화선도계약의 현물환요소에서의 손실이 현물환율에 기초한 매입가격변동을 정확히 상쇄하므로, 완전한 위험회피효과****가 있다.

* ₩19,711 − ₩3,885 = ₩15,826

** $[\{(1,074-1,072)\times 1,000\}/1.06^{(3/12)}]-[\{(1,080-1,072)\times 1,000/1.06^{(6/12)}]$

*** ₩15,826 − ₩5,799 = ₩10,027

**** $[\{(1,074-1,072)\times 1,000\}/1.06^{(3/12)}]-[\{(1,080-1,072)\times 1,000\}/1.06^{(6/12)}]=5,799$

(차) 상품(매입가격)	1,074,000	(대) 매입채무	1,074,000
(차) 기타포괄손익	1,971	(대) 상품(위험회피이익)	1,971

매입한 상품을 현물환율로 인식하고(1,074×USD1,000), 기타포괄손익으로 인식하였던 통화선도계약의 현물환요소에서의 누적이익(₩1,971*)을 제거하여 매입한 종이의 원가에서 조정한다. 따라서 매입한 종이의 최초 측정금액은 매입대가 ₩1,074,000에서 위험회피수단에서 발생한 이익 ₩1,971을 차감한 ₩1,072,023이다.

* ₩7,770 − ₩5,799 = ₩1,971

20×2년 6월 30일

(차) 매입채무	1,074,000	(대) 현금	1,072,000
		(대) 당기손익	2,000

현물환율로 매입채무(USD1,000×1,072 = 1,072,000)를 결제하고 관련 외환차익 ₩2,000(−[1,072 − 1,074]×USD1,000)을 인식한다.

(차) 당기손익(현물환요소) 1,971 (대) 통화선도(부채) 4,289
(차) 당기손익(이자율요소) 2,318

20×2년 4월 1일과 20×2년 6월 30일 사이의 통화선도계약의 공정가치 변동*을 반영한다. 통화선도계약을 현물환율로 결제하는 경우의 현재가치 변동 ₩1,971**을 당기손실로 인식한다. 통화선도계약의 이자율요소에 관련된 변동(공정가치의 잔여 변동분)은 손실 ₩2,318***이며, 당기손익으로 인식한다. 통화선도계약의 현물환요소에서의 손실이 현물환율로 결제되는 미지급채무의 현재가치 변동을 정확히 상쇄하므로, 완전한 위험회피효과****가 있다.

* ₩24,000 − ₩19,711 = ₩4,289

** $\{(1{,}072-1{,}072)\times 1{,}000\}-\{(1{,}074-1{,}072)\times 1{,}000)/1.06^{(3/12)}\}$ = ₩1,971

*** ₩4,289 − ₩1,971 = ₩2,318

**** $\{(1{,}072-1{,}072)\times 1{,}000\}-[\{(1{,}074-1{,}072)\times 1{,}000\}/1.06^{(3/12)}]$ = −₩1,971

(차) 통화선도(부채) 24,000 (대) 현금 24,000

통화선도계약에 대한 차액결제를 기록한다.

〈표 6-12〉는 위험회피기간 중 위험회피수단의 공정가치변동을 구성요소별로 나타낸다. 이는 위험회피관계를 지정하는 방식은 위험회피효과를 평가하고 손익을 인식하는 등의 위험회피관계에 대한 후속적인 회계처리에 영향을 미친다는 것을 보여준다.

〈표 6-12〉 위험회피수단의 구성요소별 공정가치 변동 (단위:₩)

기간	결제(예정) 금액변동 (현물환율)	공정가치변동 (현물환율)	결제(예정) 금액변동 (선도환율)	공정가치변동 (선도환율)	공정가치변동 (이자율요소)
20×1년 6월	-	-	-	-	-
20×1년 12월	8,000	7,770	(4,000)	(3,885)	(11,655)
20×2년 3월	(6,000)	(5,799)	(16,000)	(15,826)	(10,027)
20×2년 6월	(2,000)	(1,971)	(4,000)	(4,289)	(2,318)
합계	-	-	(24,000)	(24,000)	(24,000)

[예시6-7] 내부파생상품거래를 이용한 현금흐름위험회피의 상쇄[6)]

종속기업A는 90일 후에 미래 매출을 통하여 $2,000의 현금을 수취할 수 있는 가능성이 매우 높다고 예상하고 있다. 한편, 종속기업B는 90일 후에 $5,000을 광고비로 지불할 가능성이 매우 높다고 예상하고 있다. 종속기업A와 종속기업B는 그러한 위험회피를 위하여 각각 자금부서와 별도의 선도계약을 체결하였으며, 자금부서는 90일 후에 $3,000을 수취하는 외부선도계약을 체결하였다.

1월말에 $의 가치가 10%하락한 경우, 종속기업A는 미래 예상매출에서 ₩의 가치가 감소됨에 따라 예상매출에 대하여 ₩200의 손실이 발생하고, 이러한 손실은 자금부서와의 내부선도계약에 따른 ₩200의 이익과 상쇄된다. 종속기업B는 예상되는 광고비 지출에서 ₩500의 이익이 발생하고, 이러한 이익은 자금부서와의 내부선도계약에 따른 ₩500의 손실과 상쇄된다.

자금부서의 경우 종속기업A와의 내부거래, 종속기업B와의 내부거래 및 외부선도계약에서 각각 ₩200의 손실, ₩500의 이익과 ₩300의 손실이 발생한다.

종속기업A와 종속기업B는 위험회피회계를 적용하기 위하여 필요한 문서화 및 효과적인 위험회피 등 위험회피회계의 적용요건을 충족하였다. 종속기업A와 종속기업B는 내부파생거래에서 발생된 ₩200의 이익과 ₩500의 손실을 기타포괄손익으로 인식하였다. 자금부서는 위험회피회계를 적용하지 아니하였으나, 내부파생계약 및 외부파생계약을 공정가치로 측정하여 순효과는 영(0)이다.

1월말에 종속기업A, 종속기업B 및 자금부서의 개별 또는 별도재무제표에 반영된 회계처리는 다음과 같다. 동일 연결실체내의 거래나 사건을 반영한 회계처리는 기울임꼴로 표시하기로 한다.

종속기업A의 회계처리

(차) 내부파생계약(자금부서)	*₩200*	*(대) 기타포괄손익*	*₩200*

종속기업B의 회계처리

(차) 기타포괄손익	*₩500*	*(대) 내부파생계약(자금부서)*	*₩500*

6) IAS39 실무적용지침F.1.7 참조

자금부서의 회계처리

(차) 내부파생거래손실(A)	*₩200*	*(대) 내부파생계약(A)*	*₩200*
(차) 내부파생계약(B)	*₩500*	*(대) 내부파생거래이익(B)*	*₩500*
(차) 외환손실	₩300	(대) 외부선도계약	₩300

1월초에 연결실체는 종속기업B의 발생가능성이 매우 높은 예상비용 중 최초 $3,000에 대하여 자금부서가 체결한 $3,000의 외부선도계약을 위험회피수단으로 지정하였다. IAS39에 따라 1월말의 연결재무제표에서 내부파생거래로 인한 회계처리 효과는 제거되어야 한다.

그러나 내부파생상품과 관련된 회계처리의 제거 여부와 관계없이 재무제표에 미치는 순효과는 동일하므로, IAS39에서 요구하는 사항을 충족시키기 위한 추가적인 회계처리는 불필요하다.

	차변	*대변*
외부선도계약	-	₩300
기타포괄손익	₩300	-
손익	-	-
내부파생계약	-	-

개별실체는 공정가치위험회피회계에서 발생한 위험회피수단(파생상품)의 공정가치변동에 따른 손익을 당기손익으로 인식하고, 관련된 자산과 부채의 장부금액을 조정한다. 그러나 현금흐름위험회피회계에서는 위험회피수단의 공정가치변동에서 발생한 손익을 기타포괄손익으로 인식하고 위험회피대상항목의 장부금액을 조정하지 않는다. 한편, 기존자산 및 부채에 대해서는 공정가치위험회피를 적용하고, 예상거래에 대해서는 현금흐름위험회피회계를 적용한다는 것을 기억하기 바란다.

이제 내부파생상품을 이용하여 공정가치위험회피와 현금흐름위험회피를 동시에 추구하는 경우 내부파생상품거래가 미치는 효과를 종합적으로 살펴보기로 하자.

[예시6-8] 공정가치위험회피와 현금흐름위험회피의 상쇄[7)]

종속기업A와 종속기업B가 다음과 같은 외환위험에 노출된 자산 및 부채와 예상현금흐름을 가지고 있다.

	자산 및 부채 (공정가치위험회피대상)	예상거래 (현금흐름위험회피대상)
종속기업A	60일후에 수취예정인 매출채권 $1,000	90일후에 매출로부터 수취할 가능성이 아주 높은 $2,000
종속기업B	60일후에 지급예정인 매입채무 $500	90일후에 지출 가능성이 아주 높은 비용 $5,000
외환위험노출액	순수취채권 $500	순외화현금유출 ($3,000)

자금부서가 공정가치위험과 현금흐름위험에 대하여 각각 1개씩 2개의 외부파생계약을 체결하는 대신에 90일 후에 ₩와 교환하여 $2,500을 수취하는 하나의 순외부파생상품(net external derivative) 계약을 체결하였다.

자금부서는 60일 후에 만기가 도래하는 2개의 내부파생상품(종속기업A로부터는 $1,000를 선매수하고 종속기업B에게는 $500를 선매도)과 90일 후에 만기가 도래하는 2개의 내부파생상품(종속기업A로부터는 $2,000을 선매수하고 종속기업B에게는 $5,000을 선매도)으로 구성된 총 4개의 내부파생상품계약을 체결하였다. 이러한 내부파생상품은 90일 후에 만기가 도래하는 하나의 순외부파생상품에 의하여 상쇄된다. $와 ₩의 이자율 차이는 매우 미미하므로, 만기의 불일치로 인한 비효과적인 부분은 자금부서의 당기손익에 미치는 영향이 매우 적을 것으로 기대하고 있다.

종속기업A와 종속기업B는 각각 현금흐름위험회피회계를 적용하고, 자금부서는 파생상품들을 공정가치로 측정한다. 1월말에 $의 가치가 10%하락했다고 가정하자. 종속기업A와 종속기업B는 공정가치위험회피회계에서 발생한 손익은 당기손익으로 인식하고, 현금흐름위험회피 목적 내부파생상품에서 발생한 ₩200의 이익과 ₩500의 손실을 기타포괄손익으로 인식하였다.

1월말에 종속기업A, 종속기업B 및 자금부서의 개별재무제표 또는 별도재무제표에

7) IAS39 실무적용지침F.1.7 참조

반영된 회계처리는 다음과 같다. 동일 연결실체내의 거래나 사건을 반영한 회계처리는 기울임꼴로 표시하기로 한다.

대상	**종속기업A의 회계처리**			
FV	(차) 외환손실	100	(대) 매출채권	100
FV	*(차) 내부파생계약(자금부서)*	*100*	*(대) 내부파생거래이익(자금부서)*	*100*
CF	*(차) 내부파생계약(자금부서)*	*200*	*(대) 기타포괄손익*	*200*

	종속기업B의 회계처리			
FV	(차) 매입채무	50	(대) 외환이익	50
FV	*(차) 내부파생거래손실(자금부서)*	*50*	*(대) 내부파생계약(자금부서)*	*50*
CF	*(차) 기타포괄손익*	*500*	*(대) 내부파생계약(자금부서)*	*500*

	자금부서의 회계처리			
FV	*(차) 내부파생거래손실(A)*	*100*	*(대) 내부파생계약(A)*	*100*
CF	*(차) 내부파생거래손실(A)*	*200*	*(대) 내부파생계약(A)*	*200*
FV	*(차) 내부파생계약(B)*	*50*	*(대) 내부파생거래이익(B)*	*50*
CF	*(차) 내부파생계약(B)*	*500*	*(대) 내부파생거래이익(B)*	*500*
FV	(차) 외환손실	250	(대) 외부선도계약	250

내부파생상품손익합계(단위:₩)	종속기업A	종속기업B	자금부서/총계
당기손익(공정가치위험회피)	100	(50)	50
기타포괄손익(현금흐름위험회피)	200	(500)	(300)
합계	300	(550)	(250)

[표주] FV = 공정가치위험회피회계 적용; CF = 현금흐름위험회피회계 적용

위 표에서 FV와 CF는 각각 공정가치위험회피회계와 현금흐름위험회피회계를 적용한다는 것을 나타낸다.

상기 내부선도계약의 효과와 외부거래의 효과(기울임꼴로 표시되지 아니한 부분의 회계처리효과)를 합산하여 내부파생거래를 제거하기 전의 재무제표에 미치는 순효과를 산출하면 다음과 같다.

	차변	*대변*
매출채권	-	₩100
매입채무	₩ 50	-
외부선도계약	-	₩250
기타포괄손익	₩300	-
손익	-	-
내부파생계약	-	-

1월초에 연결실체는 다음과 같은 위험회피관계를 지정하였다.

종속기업B의 매입채무(비파생금융부채) $500을 종속기업A의 발생가능성이 매우 높은 예상매출 중 최초 $500에 대한 현금흐름위험회피수단으로 지정하였다. 이에 따라 1월말 연결재무제표에 포함되어야 할 회계처리는 다음과 같다.

(차) 매입채무	₩50	(대) 기타포괄손익	₩50

종속기업A의 매출채권(비파생금융자산) $1,000을 종속기업B의 발생가능성이 매우 높은 예상비용 중 최초 $1,000에 대한 현금흐름위험회피수단으로 지정하였다. 이에 따라 1월말 연결재무제표에 포함되어야 할 회계처리는 다음과 같다.

(차) 기타포괄손익	₩100	(대) 매출채권	₩100

자금부서의 $2,500에 대한 외부선도계약을 종속기업B의 발생가능성이 매우 높은 예상비용 중 나머지 $2,500에 대한 현금흐름위험회피수단으로 지정하였다. 이에 따라 1월말 연결재무제표에 포함되어야 할 회계처리는 다음과 같다.

(차) 기타포괄손익	₩250	(대) 외부선도계약	₩250

1월말 연결재무제표의 작성을 위하여 IAS39에 따라 내부파생거래의 회계처리 효과는 제거되어야 한다.

그러나 다음에서 보는 바와 같이, 내부파생상품과 관련된 회계처리의 반영 여부와 관계없이 재무제표에 미치는 순효과는 동일하므로, IAS39의 규정에서 추가적으로 요구하는 회계처리는 없다.

	차변	*대변*
매출채권	-	₩100
매입채무	₩ 50	-
외부선도계약	-	₩250
기타포괄손익	₩300	-
손익	-	-
내부파생계약	-	-

[예시6-9] 재고자산의 장부금액 조정이 있는 경우의 공정가치위험회피와 현금흐름위험회피의 상쇄[8)]

[예시6-8]과 동일한 상황에서 60일 후의 예상 현금유출액이 $5,000의 비용지출이 아닌 재고자산의 취득과 관련된다고 가정한다. 기업B는 위험회피대상항목인 예상거래가 비금융항목인 경우, 비금융항목의 장부금액에서 조정하는 회계정책을 가지고 있다고 가정한다. 2월말에 추가적인 환율이나 공정가치의 변동은 없었으며, 2월말에 재고자산을 취득함에 따라 1월중 기타포괄손익으로 인식한 내부파생상품의 손실 ₩500을 종속기업B의 재고자산 장부금액에서 조정하였다. 종속기업A의 내부파생상품과 관련된 이익 ₩200은 기타포괄손익으로 이연하여 인식한 1월말의 상황과 동일하다.

이러한 경우 연결재무제표에서 위험회피관계를 종결하고 재지정하는 것과 비교하여 대응되지 않는 부분이 발생된다. 외부파생상품($2,500)과 매출채권의 비례적 부분($500)이 재고자산을 매입하는 예상거래 중 일부($3,000)와 상쇄된다. 종속기업B의 예상 현금유출액 $2,000과 종속기업A의 예상 현금유입액 $2,000은 자연적으로 위험이 회피된다. 이러한 위험회피관계는 IAS39의 위험회피회계 적용요건을 충족하지 못하며, 예상 현금흐름을 위험회피하기 위한 내부파생상품과 관련된 손익은 부분적으로만 상계된다.

1월말과 2월말에 종속기업A, 종속기업B 및 자금부서의 개별재무제표 또는 별도재무제표에 반영된 회계처리는 다음과 같다. 동일 연결실체내의 거래나 사건을 반영한 회계처리는 기울임꼴로 표시하기로 한다.

8) IAS39 실무적용지침F.1.7 참조

종속기업A의 회계처리

1월말:

(차) 외환손실	₩100	(대) 매출채권	₩100
(차) 내부파생계약(자금부서)	*₩100*	*(대) 내부파생거래이익(자금부서)*	*₩100*
(차) 내부파생계약(자금부서)	*₩200*	*(대) 기타포괄손익*	*₩200*

종속기업B의 회계처리

1월말:

(차) 매입채무	₩ 50	(대) 외환이익	₩ 50
(차) 내부파생거래손실(자금부서)	*₩ 50*	*(대) 내부파생계약(자금부서)*	*₩ 50*
(차) 기타포괄손익	*₩500*	*(대) 내부파생계약(자금부서)*	*₩500*

2월말:

(차) 재고자산	₩500	(대) 기타포괄손익	₩500

자금부서의 회계처리

1월말:

(차) 내부파생거래손실(A)	*₩100*	*(대) 내부파생계약(A)*	*₩100*
(차) 내부파생거래손실(A)	*₩200*	*(대) 내부파생계약(A)*	*₩200*
(차) 내부파생계약(B)	*₩ 50*	*(대) 내부파생거래이익(B)*	*₩ 50*
(차) 내부파생계약(B)	*₩500*	*(대) 내부파생거래이익(B)*	*₩500*
(차) 외환손실	₩250	(대) 선도계약	₩250

내부파생상품손익합계(단위:₩)	A	B	자금부서/총계
당기손익(공정가치위험회피)	100	(50)	50
기타포괄손익(현금흐름위험회피)	200	-	200
장부금액조정(재고자산)	-	(500)	(500)
합계	300	(550)	(250)

상기 내부선도계약의 효과와 외부거래의 효과(기울임꼴로 표시되지 아니한 회계처리효과)를 합산하여 내부파생거래를 제거하기 전에 재무제표에 미치는 순효과를 산출하면 다음과 같다.

	차변	*대변*
매출채권	-	₩100
매입채무	₩ 50	-
선도계약	-	₩250
기타포괄손익	-	₩200
장부금액조정(재고자산)	₩500	-
손익	-	-
내부파생계약	-	-

1월초에 연결실체는 다음과 같은 위험회피관계를 지정하였다.

종속기업B의 매입채무(비파생금융부채) \$500을 종속기업A의 예상매출 중 최초의 \$500에 대한 현금흐름위험회피수단으로 지정하였다. 이에 따라 1월말 연결재무제표에 포함되어야 할 회계처리는 다음과 같다.

(차)	매입채무	₩500	(대) 기타포괄손익	₩500

종속기업A의 매출채권 \$1,000을 종속기업B의 발생가능성이 매우 높은 예상비용 중 \$1,000에 대한 현금흐름위험회피수단으로 지정하였다. 이에 따라 1월말과 2월말 연결재무제표에 포함되어야 할 회계처리는 다음과 같다.

1월말:

(차)	기타포괄손익	₩100	(대) 매출채권	₩100

2월말:

(차)	재고자산	₩100	(대) 기타포괄손익	₩100

자금부서의 \$2,500에 대한 외부선도계약을 종속기업B의 발생가능성이 매우 높은 예상비용 중 나머지 \$2,500에 대한 위험위험회피수단으로 지정하였다. 이에 따라 1월말과 2월말 연결재무제표에 포함되어야 할 회계처리는 다음과 같다.

1월말:

(차)	기타포괄손익	₩250	(대) 외부선도계약	₩250

2월말:

(차)	재고자산	₩250	(대) 기타포괄손익	₩250

내부파생상품과 관련된 회계처리를 제거한 후의 재무제표에 미치는 순효과는 다음과 같다.

	차변	*대변*
매출채권	-	₩100
매입채무	₩ 50	-
선도계약	-	₩250
기타포괄손익	-	₩ 50
장부금액조정(재고자산)	₩350	-
손익	-	-
내부파생계약	-	-

IAS39에서 연결재무제표에 포함하도록 요구하고 있는 재무제표에 미치는 순효과는, 내부파생거래가 제거되지 않은 경우에 인식되었을 재무제표에 미치는 순효과와 상이하다. 내부파생상품을 제거하기 전의 순효과를 조정하기 위한 회계처리는 다음과 같다.

(1) 재고자산에 포함된 종속기업B의 내부파생상품에 대한 ₩150의 손실을 계정 재분류한다. 이는 예상 재고자산 매입액 중 $1,500이 자금부서가 체결한 외부선도계약($2,500)이나 기업A의 매입채무($1,000)와 같은 외부상품에 의하여 위험이 회피되지 않은 것을 반영하기 위함이다.

(2) 종속기업A의 내부파생상품에 대한 ₩150의 이익을 계정 재분류한다. 이는 그와 관련된 $150의 미래 예상매출이 외부와의 거래에 의하여 위험이 회피되지 않은 것을 반영하기 위함이다.

상기 두 조정사항의 순효과는 다음과 같다.

(차) 기타포괄손익	₩150	(대) 재고자산	₩150

제7장 위험회피효과

제1절 위험회피효과의 평가

1.1 위험회피의 효과성

다음의 조건을 모두 충족하는 경우에만 높은 위험회피효과가 있는 것으로 본다(IAS39 문단AG105).

① 위험회피의 개시시점과 위험회피관계가 지정된 이후의 기간에 회피대상위험인 공정가치 변동 또는 현금흐름의 변동을 상쇄하는 높은 위험회피효과를 기대할 수 있다. 이러한 기대는 여러 가지 방법으로 제시할 수 있으며, 그 예는 다음과 같다.

(가) 회피대상위험인 위험회피대상항목의 공정가치의 과거 변동 또는 현금흐름의 과거 변동과 위험회피수단의 공정가치의 과거 변동 또는 현금흐름의 과거 변동을 비교한다.

(나) 위험회피대상항목과 위험회피수단의 공정가치의 과거 변동 또는 현금흐름의 과거 변동 사이에 높은 통계적 상관관계가 있음을 제시한다.

위험회피효과를 개선하기 위하여 일대일이 아닌 다른 위험회피비율을 선택할 수도 있다(IAS39 문단AG100).

② 위험회피의 실제 결과가 80～125%의 범위에 있다. 예를 들면, 실제 결과

가 위험회피수단에서 손실 120원이 발생되고, 비파생상품에서 이익 100원이 발생되는 경우 상쇄효과는 120%(120/100) 또는 83%(100/120)으로 측정할 수 있다. 이 예에서 위의 ①의 조건이 충족된다면, 위험회피관계가 높은 위험회피효과를 갖는 것으로 본다.

1.2 위험회피효과의 평가시점

위험회피효과는 최소한 연차재무제표나 중간재무제표를 작성하는 시점에 평가한다(IAS39 문단AG106). 따라서 1년에 한 차례 이상 위험회피효과를 평가하여야 하며, 반기 또는 분기재무제표를 작성하는 경우 반기 또는 분기말에 위험회피효과를 평가해야 한다.

1.3 위험회피효과의 평가방법[1)]

IAS39는 위험회피효과를 평가하는 방법을 특정한 방법으로 한정하지 않는다

---

1) 이자율스왑의 수익률은 기준이자율(LIBOR 등)이고, 회사채의 수익률은 기준이자율에 신용차이를 더한 수익률이다. 신용차이는 일반적으로 회사채의 발행에서 현재가치할인차금을 발생시키는 원천이다. 미국 회계기준에서는 이 두 가지를 구분하지 않고 있다. 그러나 IASB에서는 회사채수익률과 스왑수익률이 다를 경우 위험회피가 100% 효과적이지 않다고 보고 있다.

미국 회계기준서 SFAS 133 "파생상품과 위험회피활동의 회계처리(Accounting for Derivative Instruments and Hedging Activities)"에 의하면, 위험회피수단으로 이자율스왑을 사용하여 이자율변동위험을 회피하는 경우, 특정 요건을 충족한다면 위험회피효과를 평가할 때 완전한 위험회피를 가정하는 '간편법(shortcut method)'을 사용할 수 있다. 간편법에서는 현재가치할인차금의 시간경과에 따른 가치변동과 이자율의 비기대변동을 구분하지 않고 있다. 한편, 간편법에 대비해 현재가치할인차금의 시간경과에 따를 가치변동을 별도로 인식하는 방법을 long-method라고 한다. Long-method에서는 스왑을 할인차금의 시간경과에 따른 변동은 위험회피효과가 없다고 보아 항상 당기손익으로 처리하고, 이자율의 비기대 변동에 대해서만 위험회피효과를 평가한다.

IAS39에서도 간편법의 이용을 허용해야 한다는 주장이 있었다. 그러나 간편법이 허용되면 완전위험회피(즉, 모두 효과적인 위험회피라고 봄)를 가정하기 때문에 이자율스왑을 이용한 현금흐름위험회피는 모두 기타포괄손익(OCI)으로 인식해야 한다. 따라서 간편법이 허용되면 위험회피관계에서 비효과적인 부분을 측정하여 당기손익으로 인식하도록 하는 IAS39의 원칙에 예외를 두어야 한다. IASB는 이 원칙에 예외를 두어서는 안 된다고 보아 IAS39에서 간편법은 허용하지 않기로 결정했다.

(IAS39 문단AG107). 위험회피효과를 평가하기 위한 방법은 위험관리전략에 따라 다르다. 예를 들면, 위험회피대상항목의 포지션 변동을 반영하기 위하여 위험회피수단의 금액을 주기적으로 조정하는 위험회피전략을 가진다면, 위험회피수단의 금액을 조정하기 직전까지의 기간에 대해서만 높은 위험회피효과가 기대된다는 것을 제시할 필요가 있다.

위험회피의 형태에 따라 다른 평가방법을 사용하기도 한다. 위험회피효과를 평가하는 절차는 위험회피전략에 관한 공식적인 문서화에 포함시켜야 한다. 이러한 평가절차에는 위험회피수단에서 발생하는 모든 손익을 포함하여 평가하는지 여부와 위험회피수단의 시간가치를 제외하는지 여부를 기재한다.

1.4 일부 위험회피의 경우 위험회피 효과의 평가

위험노출항목의 일부분(예: 85%)만을 위험회피할 수도 있다. 이와 같이 일부에 대해서만 위험회피를 하고자 한다면, 위험노출항목의 일부분(예:85%)을 위험회피대상항목으로 지정한다. 이렇게 일부분을 지정하는 경우, 지정된 항목의 85%에 해당하는 변동에 기초하여 비효과적인 부분을 측정한다. 그러나 지정된 위험노출항목의 85%를 위험회피하는 경우, 위험회피효과를 개선하기 위하여 일대일이 아닌 다른 위험회피비율을 사용할 수도 있다(IAS39 문단AG100).

1.5 회피대상위험의 상쇄에 대한 판단

위험회피수단과 위험회피대상(자산, 부채, 확정계약 또는 발생가능성이 매우 높은 예상거래)의 주요 조건이 동일하다면, 회피대상위험으로 인한 공정가치와 현금흐름의 변동은 위험회피의 개시시점과 후속 기간에 서로 완전히 상쇄될 수 있다고 본다(IAS39 문단AG108). 예를 들면, 위험회피수단과 위험회피대상항목의 계약단위의 수량과 원금, 기간, 재조정시점, 이자와 원금의 수령일과 지급일 및 이자율 측정의 근거가 동일하다면, 이자율스왑은 효과적인 위험회피가 될 가능성이 높다. 발생가능성이 매우 높은 일반상품(commodity) 예상매입거래를 선도계약으로 위험회피하는 경우 선도계약이 다음과 같은 조건을 모두 충족한다면,

당해 위험회피관계는 효과적인 위험회피가 될 가능성이 높다.

① 선도계약이 위험회피대상 예상매입거래와 동일한 시기와 장소에서 동일한 수량의 동일한 상품을 매입하는 계약이다.

② 계약시점에 선도계약의 공정가치가 영(0)이다.

③ 선도가격과 현물가격 차이의 변동을 위험회피효과평가에서 제외하여 당기손익으로 인식하거나 발생가능성이 매우 높은 예상거래의 기대현금흐름이 일반상품의 선도가격에 기초하여 변동한다.

위험회피수단이 회피대상위험의 일부분만을 상쇄하는 경우가 있다(IAS39 문단AG109). 예를 들면, 위험회피수단과 위험회피대상항목이 서로 다른 통화로 표시되며 같은 방향으로 움직이지 않는다면, 위험회피효과는 완전하지 않을 수 있다. 또 파생상품의 공정가치 변동 중 일부가 거래상대방의 신용위험으로 인한 것이라면, 그 파생상품을 이용한 이자율위험회피는 완전히 효과적이지는 않을 수 있다.

1.6 일반위험과 특정위험

위험회피회계의 적용조건을 충족하려면, 위험회피가 기업의 일반적인 사업위험(general business risk)과 관련되지 않고, 별도로 식별 · 지정한 특정위험(specific identified and designated risk)과 관련되어야 하며, 궁극적으로는 당기손익에 영향을 미쳐야 한다(IAS39 문단AG110). 물리적 형체가 있는 자산의 진부화 위험이나 정부에 의한 부동산 수용위험에 대한 위험회피는 위험회피회계의 적용조건을 충족하지 못한다. 이러한 일반적인 위험은 특정위험이 아니므로 별도로 구분하여 신뢰성 있게 측정할 수 없으므로 위험회피효과를 측정할 수 없다.

1.7 옵션의 프리미엄에 내포된 시간가치의 상쇄효과 부재

만일 기업이 예상거래에서 발생하는 현금흐름 변동 위험에 대해 매입옵션 전체를 위험회피수단으로 지정한다면 위험회피관계가 완전히 효과적이지는 않을 것이다. 이는 옵션의 대가로 지급한 프리미엄은 내재가치(intrinsic value)와 시간가치(time value)로 구성되어 있으나, 예상거래에서 발생하는 현금흐름 변동위험은 옵션의 시간가치를 포함하고 있지 않기 때문이다. 따라서 이 경우에는 옵션의 대가로 지급한 프리미엄의 시간가치와 회피대상위험으로 지정된 현금흐름 사이에는 상쇄효과가 없다.

IASB는 일반상품의 예상매입에서 가격 상승으로 인한 미래 현금흐름의 변동성(일방의 위험)을 고려하여 시간가치의 변동을 포함하는 매입옵션의 모든 공정가치 변동을 효과적이라고 간주하여 기타포괄손익으로 인식하는 방식으로 매입옵션전체를 위험회피수단으로 지정할 수 없다는 결론을 내렸다. IASB는 (지정된 위험과 주요 조건이 동일한) 매입옵션(위험회피수단)의 시간가치에 대응되면서 당기손익에 영향을 미치며 별도로 식별할 수 있는 위험이 예상거래에는 포함되어 있지 않다고 보았다. 그러나 IASB는 매입옵션의 (시간가치가 아닌) 내재가치는 위험회피대상항목의 일방의 위험을 반영한다고 보았다. IASB는 이때 매입옵션 전체가 위험회피수단으로 지정된 경우를 고려하였고, 위험회피회계는 위험회피수단과 위험회피대상항목의 공정가치나 현금흐름의 변동이 서로 상쇄된다는 원칙에 근거를 두고 있다고 보았다. 지급한 옵션 프리미엄의 시간가치와 관련된 현금흐름과 지정된 회피대상위험 사이에는 상쇄효과가 없을 것이라고 보고, IASB는 일방의 위험을 회피하기 위하여 전체가 위험회피수단으로 지정된 매입옵션이 완전히 효과적이지는 않을 것이라고 결론내렸다.

또한, 고정금리부 금융상품에 대한 위험회피를 위해 기업이 인플레이션을 위험회피대상항목으로 지정할 수 있는지에 의문이 제기되었다. IASB는 인플레이션을 위험회피대상항목으로 지정할 수 없다고 결론지었다.

IASB는 미래 인플레이션율에 대한 기대는 명목이자의 경제적 구성요소로 보여질 수 있다는 점을 인정하였다. 그러나 IASB는 위험회피회계를 위험회피대상항목(공정가치위험회피의 경우)이나 위험회피수단(현금흐름위험회피의 경우)에 대한 일반적인 회계원칙의 예외라고 보고 있다. IASB는 위험회피회계가 원칙하에서 올바르게 사용되기 위해서는 적용요건을 충족하는 위험회피대상항목(특히, 공정가치 또는 현금흐름의 전체 변동이 지정되지 않은 위험회피대상항목)에 대한 제한이 필요하다고 보았다.

기업은 금융상품의 공정가치 또는 현금흐름의 전체 변동 이외에 일부를 위험회피대상항목으로 지정할 수 있다(IAS39 문단81). 예를 들면, 기업은 금융상품의 (전부가 아닌) 일부의 위험 또는 금융상품 현금흐름의 (전부가 아닌) 부분('일부')을 지정할 수 있다.

IASB는, 위험회피회계의 적용요건을 충족하기 위해서는 지정된 위험과 일부가 금융상품에서 별도로 식별가능한 구성요소이어야 하며, 지정된 위험과 일부의 변동으로 인한 전체 금융상품의 공정가치 또는 현금흐름의 변동을 신뢰성 있게 측정할 수 있어야 한다고 보았다. 이러한 원칙은 위험회피효과에 대한 요구사항을 실천하기 위하여 중요하다고 보았다. 또한 IASB는 지정된 위험과 일부가 별도로 식별가능하고 신뢰성 있게 측정가능한지를 결정하는 것은 판단이 필요하다고 보았다. 그러나 IASB는 인플레이션 부분이 계약상 특정된 현금흐름의 일부가 아니거나 그 금융상품의 기타 현금흐름이 인플레이션 부분에 영향을 받는다면, 인플레이션은 별도로 식별가능하지 않으며 신뢰성 있게 측정가능하지 않아 금융상품의 회피대상위험이나 일부로서 지정될 수 없다는 점을 밝히고 있다.

1.8 이자율위험의 위험회피효과 평가

이자율위험의 경우, 이자율위험에 노출된 순액이 당해 위험을 발생시키는 특정 금융자산이나 금융부채(또는 특정 금융자산이나 금융부채의 집합 또는 일부)와 관련될 수 있다. 이러한 경우에 당해 자산과 부채의 현금흐름을 만기별로 집계하고 각 기간별 이자율위험에 노출된 순액을 파악하여 위험회피효과를 평가할 수 있다. 이 경우 위험회피효과는 당해 자산이나 부채에 대하여 평가하여야 한다.

1.9 위험회피효과의 공정가치 평가

위험회피효과를 평가할 때 일반적으로 화폐의 시간가치를 고려하도록 되어 있다(IAS39 문단AG112). 공정가치위험회피에서 위험회피수단으로 지정된 스왑의 고정이자율과 위험회피대상항목의 고정이자율이 정확하게 일치할 필요는 없다. 마찬가지로 현금흐름위험회피에서 위험회피수단으로 지정된 스왑의 변동이자율과 이자부자산이나 이자부부채의 변동이자율도 일치할 필요는 없다. 스왑의 공정가치는 순결제 때문에 발생한다. 만약, 스왑의 고정이자율과 변동이자율이 변동하더라도 그 변동폭이 동일하다면, 순결제액에 영향을 미치지 않을 것이고, 스왑의 공정가치에 영향을 미치지 않을 것이다.

1.10 위험회피회계의 중단

위험회피효과의 적용조건을 충족하지 못하면, 위험회피가 효과적임을 제시하였던 최종일부터 위험회피회계를 중단하여야 한다(IAS39 문단AG113). 그러나 위험회피효과의 적용조건을 충족하지 못하도록 하는 사건이나 상황변화를 식별하고, 당해 사건이나 상황변화가 발생하기 이전에는 위험회피가 효과적이었음을 제시할 수 있다면, 당해 사건이나 상황변화가 발생한 날부디 위험회피회계를 중단한다.

제2절 포트폴리오 이자율위험회피의 위험회피효과평가

위험회피효과평가(IAS39 문단AG105)를 포트폴리오 이자율위험회피에도 적용하여야 할 것인가? 이 문제에 대해 IASB는 포트폴리오 이자율위험회피에도 위험회피회계의 원칙을 계속 유지하면서 공정가치위험회피회계를 좀 더 쉽게 적용할 수 있도록 해야 한다고 보았다. 이러한 원칙 중의 하나가 위험회피효과가 매우 높아야 한다는 것이다. 따라서 IASB는 위험회피효과에 관한 IAS39의 요구사항이 포트폴리오 이자율위험회피에도 동일하게 적용되어야 한다고 결정하였다(IAS39 BC216).

또 다른 문제는 위험회피효과평가를 포트폴리오 위험회피에 어떻게 적용할 것인지에 관한 것이다. 특히, 기업이 주기적으로 위험회피를 조정할 때(즉, 위험회피대상항목의 변동을 반영하기 위하여 위험회피수단의 금액을 조정할 때), 전진적 위험회피효과평가를 어떻게 적용해야 할 것인가? IASB는 기업이 위험관리 전략에 따라 위험회피대상 포지션의 변동을 반영하기 위하여 위험회피수단의 금액을 주기적으로 변경한다면 그러한 전략은 위험회피기간의 결정에 영향을 미친다고 보았다. 따라서 기업은 위험회피수단의 금액이 다시 재조정되기 전까지의 기간에 대해서만 위험회피효과가 매우 높을 것으로 기대된다는 것을 제시할 필요가 있다. IASB는 이 결정이 '위험회피수단의 잔여만기 중 일부 기간에 대하여 위험회피관계를 지정할 수 없다'는 IAS39 문단75의 규정과 상충되지는 않는다고 보았다. 이는 위험회피가 재조정될 때까지의 현금흐름과 같이 현금흐름의 일부를 지정한 것이 아니라 위험회피수단 전체를 지정한 것이기 때문이다. 그러나 기대 위험회피효과를 평가할 때에는 위험회피수단이 재조정되기 전까지의 기간에 대해서만 전체 위험회피수단의 공정가치 변동을 고려한다(IAS39 BC217).

세 번째 회계문제는 포트폴리오 위험회피에서 소급적 위험회피효과평가를 전체 기간을 누적하여 평가하여야 하는지 각 기간을 개별적으로 평가하여야 하는지에 관한 것이다. IASB는 소급적 위험회피효과를 평가하기 위하여 기업은 어떤 방법이든 사용할 수 있다고 결정하였으며, 선택된 방법은 IAS39 문단88(1)에 따라 위험회피의 개시시점에 위험회피관계에 관한 문서에 명시되어야 하므로 소급적 위험회피효과평가가 이루어지는 시점에 결정될 수는 없다고 보았다(IAS39 BC218).

제3절 위험회피효과의 실무적용지침

3.1 세후 기준 위험회피

위험회피는 흔히 세후 기준으로 이루어진다. 이 경우 위험회피의 효과를 세후 기준으로 평가해야 하는가? IAS39에 따르면 위험회피효과를 세후 기준으로 평가할 수는 있으나, 반드시 세후 기준으로 평가하는 것은 아니다. 위험회피가 세후 기준으로 이루어지는 경우에는 위험회피 개시시점에 세후 기준의 위험회피관계와 위험회피전략을 공식적인 문서에 포함해야 한다.

3.2 누적기준 위험회피효과의 평가

위험회피회계를 적용하기 위해서는 매우 높은 위험회피효과가 기대되어야 한다(IAS39 문단88(2)). 기대 위험회피효과를 평가하는 경우 개별 기간별로 평가해야 하는가 혹은 위험회피관계가 지속되는 전체 기간을 누적하여 평가해야 하는가?

위험회피관계가 기대 위험회피효과를 누적기준으로 평가하도록 지정되고, 이러한 조건이 공식적인 문서에 포함된 경우에는, 예상 위험회피효과를 누적기준으로 평가할 수 있다. 그러므로 특정 기간에는 높은 위험회피효과가 기대되지 않지만, 위험회피관계가 지속되는 전체 기간에 대해서는 위험회피효과가 매우 높게 유지될 것으로 기대된다면 위험회피회계를 적용할 수 있다. 다만, 위험회피에 비효과적인 부분은 발생하는 즉시 당기손익으로 인식해야 한다.

예를 들어, 한국은행 기준금리에 일정 금리를 가산하여 이자를 지급하는 차입금에 대한 위험회피수단으로 기준금리가 LIBOR인 이자율스왑을 지정한 경우, LIBOR는 매일 변동하는 반면, 한국은행기준금리는 분기별로 아주 적게 변동되거나 변동되지 않는 경우도 있다. 1년~2년의 기간 동안 거의 완벽한 위험회피효과가 있을 것으로 기대되지만, 특정 분기에 LIBOR는 많이 변동한 반면, 한국은행 기준금리는 전혀 변동하지 않을 수 있다. 이러한 경우에 위험회피회계가 반드시 배제되는 것은 아니다.

[예시7-1] 위험회피효과: 거래상대방의 신용위험[2)]

위험회피효과를 평가할 때 위험회피수단의 거래상대방이 거래를 이행하지 않을 가능성을 고려해야 하는가?

---

2) IAS39 실무적용지침F.4.3 참조

[해석]

고려해야 한다. 위험회피수단의 약정 상 모든 금액이 회수될 수 있는지를 고려해야 한다. 위험회피효과를 개시시점과 그 후 시점에 평가할 때 위험회피수단의 거래상대방이 계약상의 지급을 이행하지 못할 위험을 고려해야 한다. 현금흐름위험회피의 경우, 거래상대상이 지급을 이행하지 못할 가능성이 높다면, 위험회피관계가 현금흐름을 상쇄하는 데 매우 효과적이라고 판단할 수 없게 된다. 이 경우에는 위험회피회계를 중단해야 한다. 공정가치위험회피의 경우, 거래상대방의 신용도에 변화가 있다면 위험회피수단의 공정가치 역시 변동될 것이며, 이는 위험회피관계가 매우 효과적인지에 대한 평가와 계속적으로 위험회피회계를 적용할 수 있는지에 대한 평가에 영향을 미치게 된다.

[예시7-2] 위험회피효과: 위험회피효과의 평가3)

위험회피회계의 적용요건 충족 여부를 최초로 판단하는 시점과 위험회피회계의 계속적인 적용가능성을 판단하는 시점에 위험회피효과를 어떻게 측정하는가?

[해석]

이에 대해 IAS39는 위험회피효과를 평가하는 방법에 대하여 구체적인 지침을 제공하지는 않는다. (1) 위험회피의 개시시점과 위험회피관계가 지정된 후속 기간에 회피대상위험으로 인한 공정가치나 현금흐름의 변동을 상쇄하는 매우 높은 위험회피효과를 기대할 수 있고 (2) 위험회피의 실제 결과가 80%~125%의 범위에 있는 경우에만, 높은 위험회피효과가 있는 것으로 통상 간주된다. 또한 (1)에 대한 기대는 여러 가지 방법으로 제시될 수 있다(IAS39 문단AG105).

위험회피효과를 평가하는 방법의 적정성은 회피대상위험의 성격과 위험회피수단의 유형에 따라 좌우된다. 위험회피효과를 평가하는 방법은 합리적이어야 하며, 다른 평가방법의 사용이 명백히 정당화되지 않는다면, 유사한 위험회피에 적용한 평가방법과 일관성을 유지해야 한다. 기업은 위험회피의 개시시점에 위험회피효과의 평가 방법을

3) IAS39 실무적용지침F.4.4 참조

문서화해야 하며, 위험회피기간동안에 위험회피효과를 평가하는 방법을 매기 일관되게 적용해야 한다.

위험회피효과를 측정하기 위하여 다양한 수리적 기법이 사용될 수 있다. 이러한 방법에는 특정 시점에서 위험회피수단과 위험회피대상항목의 관련 손익을 비교하는 비율분석과 회귀분석과 같은 통계적 측정방법이 포함될 수 있다. 회귀분석을 사용하는 경우에는 공식적인 문서에 회귀분석결과를 평가하는 방법을 규정해야 한다.

[예시7-3] 100% 미만의 위험 상쇄효과[4)]

실제 위험의 상쇄 효과가 100%는 아니지만 허용범위인 80%~125%범위 안에 존재하기 때문에 현금흐름위험회피를 매우 효과적이라고 간주하는 경우, 위험회피에 비효과적인 부분의 손익도 기타포괄손익으로 인식하는가?

[해석]

인식하지 않는다. 위험회피에 효과적인 부분만을 기타포괄손익으로 인식하며(IAS39 문단95(1)), 비효과적인 부분은 당기손익으로 인식한다(IAS39 문단95(2)). 즉, 위험회피효과가 80%~125%범위 안에 존재하지 않으면 효과적이라고 보지 않기 때문에 기타포괄손익으로 인식하는 부분이 없게 되며, 위험회피효과가 80%~125%범위 안에 존재하더라도 효과적인 부분만 기타포괄손익으로 인식하게 된다.

[예시7-4] 완전위험회피의 가정[5)]

위험회피수단과 전체 위험회피대상항목(자산, 부채 또는 예상거래)의 주요 조건이 동일한 경우 추가적인 위험회피효과 평가를 하지 않은 상태에서 위험회피효과가 완전한 것으로 가정할 수 있는가?

---

4) IAS39 실무적용지침F.4.5 참조

5) IAS39 실무적용지침F.4.7 참조

[해석]

완전위험회피를 가정할 수 없다. 위험회피효과는 계속적으로 평가해야 한다(IAS39 문단88(5)). 위험회피의 비효과적인 부분은 위험회피수단의 유동성이나 신용위험과 같은 다른 요인에 의하여 발생할 수 있으므로, 위험회피수단과 위험회피대상항목의 주요 조건이 동일할 지라도, 위험회피가 효과적임을 가정할 수는 없다(IAS39 문단 AG109). 그러나 노출된 전체 위험 중에서 특정 위험만을 회피대상위험으로 지정하면 위험회피관계의 위험회피효과를 증가시킬 수 있다. 예를 들어, 채무상품의 공정가치 위험회피에서 위험회피수단인 파생상품에 내재된 신용위험이 AA 등급에 해당하는 경우 AA 등급의 이자율 변동과 관련된 위험만을 회피대상위험으로 지정하면, 신용 스프레드의 변동은 일반적으로 위험회피효과에 영향을 미치지 않을 것이다.

제4절 결론도출근거: 기대 위험회피효과[6)]

위험회피회계 적용요건은 미래 위험회피효과에 대한 기대(전진적)와 실제 위험회피효과의 평가(소급적)에 근거한다. 전진적 평가는 '거의 전부 상쇄되는 경우(almost fully offset)'로 표현되는 반면에 소급적 평가는 '80%~125%이내인 경우(within a range of 80~125%)'로 표현되었다. IASB는 전진적 평가와 소급적 평가에 일관성을 유지하기 위하여 전진적 평가에 있어서 위험회피효과가 있는 경우를 '거의 전부 상쇄되는 경우'보다는 '80%~125%이내인 경우'로 하는 개정을 고려하였다. IASB는 이러한 방향으로 개정한다면 기업이 현금흐름위험회피에서 위험회피대상항목을 의도적으로 과소위험회피(underhedge)하여 비효과적인 부분의 인식을 줄이는 바람직하지 못한 결과를 초래할 수 있다고 보았다. 따라서 IASB는 전진적평가에 대해서는 '거의 전부 상쇄' 지침을 유지하기로 결정하였다.

그러나 이후 포트폴리오 이자율위험회피에 대한 회계처리 규정을 확정하면서 IASB는 US GAAP의 간편법 요건을 충족하여 100% 효과적이라고 볼 수 있는

6) IAS39 문단AG105-AG113 참조

위험회피 조차도 IAS39의 '거의 전부 상쇄되는 경우'를 충족하지 못할 수 있다는 지적이 있었다. IASB는 기업이 위험회피대상항목을 의도적으로 과소위험회피할 수 있다는 우려에 대하여, 기업이 의도적으로 위험노출항목을 100%보다 낮게 줄여서 위험회피할 수 없으며, 위험노출항목의 100%를 위험회피대상항목으로 지정하고 있다는 사실을 명시함으로써 그러한 우려를 해결할 수 있다고 보아 IAS39를 다음과 같이 개정하기로 결정하였다.

① 전진적 위험회피효과평가에서 '거의 전부 상쇄되는 경우'라는 문구를 삭제하고, US GAAP의 표현과 일관되게 '매우 높은 위험회피효과가 기대되는 경우(expected to be highly effective)'로 대체하였다.

② 기업이 위험노출항목의 85%만을 위험회피하는 경우, 위험의 85%를 위험회피대상항목으로 지정하며, 지정된 85%의 위험변동에서 비효과적인 부분을 측정한다는 것을 IAS39의 '적용지침(AG)'에 명시하였다.

IASB는 전진적 위험회피효과를 평가하는 목적이 매우 높은 위험회피효과가 기대된다는 것을 확실히 입증하는 데 있다고 보았다. 또한, 매우 높은 위험회피효과가 기대되는 것은 여러 가지 방법으로 입증할 수 있다고 보았다. 예컨대 회피대상위험으로 인한 위험회피대상항목의 공정가치나 현금흐름의 과거 변동액과 위험회피수단의 공정가치나 현금흐름의 과거 변동액을 비교함으로써 기대되는 위험회피효과를 측정할 수 있다. 또한, 위험회피대상항목과 위험회피수단의 공정가치 또는 현금흐름 사이에 매우 높은 통계적 상관관계를 입증함으로써 위험회피효과를 측정할 수 있다. IASB는 위험회피효과를 개선하기 위하여 기업은 위험회피대상항목과 위험회피수단의 위험회피비율(hedge ratio)을 1:1의 비율이 아니더라도 괜찮다고 보았다(IAS39 문단AG100).

제8장 금융기관의 이자율위험회피

제1절 순액기준 위험관리의 위험회피 적용요건

은행을 포함한 금융기관은 전체 영업이나 일부 활동과 관련하여 노출된 이자율위험을 흔히 순액기준(net basis)으로 관리한다. 이들 금융기관은 여신약정을 포함해 금융자산, 금융부채 및 선도약정에 대하여 전사적으로 주요 정보를 축적하는 시스템을 구축한다. 이 정보는 현금흐름을 추정하고 합산하기 위해 사용되며, 이렇게 추정된 현금흐름은 지출 또는 수취가 예상되는 미래기간에 대하여 기간별로 구분한다. 시스템은 금융상품의 계약조건과 중도상환 및 채무불이행에 대한 추정치와 같은 기타 요소들에 기초하여 현금흐름의 추정치를 산출한다. 위험관리목적상 많은 금융기관들이 노출된 이자율위험의 전부 또는 일부를 순액기준으로 상쇄시키기 위하여 파생상품을 사용한다.

금융기관이 이자율위험을 순액기준으로 관리하는 경우 이러한 활동은 IAS39에 따른 위험회피회계의 적용조건을 잠재적으로 충족할 수 있다. 그러나 위험관리목적상 순포지션(net position)을 위험회피하는 데 사용되는 파생상품이 위험회피회계의 적용조건을 충족하기 위해서는, 순액기준의 위험을 발생시키는 관련 자산, 부채, 예상되는 현금수취액 또는 예상되는 현금유출액의 총포지션에 대한 위험회피수단으로 지정되어야 한다(IAS39 문단84, AG101 및 AG111). IAS39에서는 순포지션을 위험회피대상항목으로 지정할 수 없다. 그 이유는 위험회피에 따른 손익을 특정 위험회피대상항목별로 관련시킬 수가 없으며, 이러한 손익을 당기손익으로 인식해야 하는 기간을 합리적으로 결정할 수 없기 때문이다.

위험회피활동의 목적이 개별적으로 식별가능하고 위험회피 대상으로 지정된 특정위험을 상쇄시키는 것이다. 이와 같이 개별적으로 식별된 특정위험이 궁극적으로 기업의 당기손익에 영향을 미치는 경우(IAS39 문단AG110)에 이와 같은 이자율위험을 총액으로 지정하여 문서화한다면 이자율위험에 노출된 순액에 대한 위험회피 활동은 위험회피회계의 적용요건을 충족하는 것으로 볼 수 있다. 또한, 위험회피회계의 적용조건을 충족하기 위해서는 정보시스템을 통하여 위험관리활동의 효과와 현금흐름의 금액과 시기에 관한 충분한 정보를 얻을 수 있어야 한다.

제2절 순액기준 이자율위험관리의 고려사항[1)]

한편, 순액기준으로 이자율위험을 관리하는 기업이 위험회피회계의 적용조건을 충족하기 위하여 이자율위험 관리활동을 정의하여 문서화하고, 위험회피관계를 설정하여 회계처리 해야 한다. 순액기준으로 이자율위험을 관리하는 경우에 고려하여야 할 사항은 다음과 같은 12개의 회계문제로 설명할 수 있다.

2.1 위험회피수단의 지정

이자율위험 관리활동에 사용되는 파생상품을 현금흐름위험회피수단으로 지정한다면 위험회피회계의 회계처리 결과를 더 용이하게 얻을 수 있다. 그러므로 여기에서는 현금흐름위험회피회계의 다양한 측면에 대하여 더 자세히 살펴보기로 한다. 회계문제 (1)과 (2)는 공정가치위험회피와 현금흐름위험회피에서 이자율위험관리활동에 사용되는 파생상품을 위험회피수단으로 지정하는 것과 관련된 문제이다. 공정가치위험회피와 현금흐름위험회피는 위험회피회계의 적용요건과 회계 결과가 각각 다르다. 또한 회계문제 (3)~(6)에서는 현금흐름위험회피

1) IAS39 실무적용지침F.6.2 참조

회계의 적용요건을 적용하는 문제에 대해 살펴보고, 회계문제 (7) 및 (8)에서는 현금흐름위험회피회계의 회계처리방법에 대하여 살펴본다.

회계문제 (1): 순액기준으로 이자율위험을 관리하기 위하여 사용되는 파생상품을 이자율위험에 노출된 총액에 대한 공정가치위험회피나 현금흐름위험회피의 위험회피수단으로 지정할 수 있는가?

IAS39에 따르면 두 가지 유형의 지정 모두 가능하다. 기업은 이자율위험 관리활동에 사용되는 파생상품을 자산, 부채 및 확정계약(firm commitment)에 대한 공정가치위험회피(fair value hedge)의 수단으로 지정할 수 있다. 또한, 이자율위험 관리에 사용되는 파생상품을 예상되는 현금유입액의 재투자, 금융부채에 대한 예상되는 재차입이나 만기연장 및 자산이나 부채의 이자율의 재설정에 따른 현금흐름과 같은 예상거래(forecast transaction)에 대한 현금흐름위험회피(cash flow hedge)의 수단으로도 지정할 수 있다.

경제적인 측면에서는 파생상품이 공정가치위험회피를 위한 수단으로 간주되든 현금흐름위험회피를 위한 수단으로 간주되든 중요하지 않다. 노출된 위험의 측면에서 보면 어느 쪽에서든, 파생상품은 그 순위험을 감소시키는 동일한 경제적 효과를 가져 온다. 예를 들면, 고정금리를 수취하고 변동금리를 지급하는 이자율스왑의 경우 변동금리부 자산에 대한 현금흐름위험회피의 수단으로 볼 수도 있으며, 고정금리부 부채에 대한 공정가치위험회피의 수단으로 볼 수도 있다. 어느 경우이든, 이자율스왑의 공정가치 또는 현금흐름은 이자율변동에 노출된 위험을 상쇄시킨다. 그러나 파생상품이 공정가치위험회피수단으로 지정된 경우와 현금흐름위험회피수단으로 지정된 경우의 회계처리결과는 달라진다(회계문제 (2) 참조).

[예시8-1] 이자율스왑의 위험회피수단 지정

A은행은 다음과 같은 2년 만기 자산 및 부채를 보유하고 있다.

	변동금리부	고정금리부
자산	60원	100원
부채	(100원)	(60원)
순자산(부채)	(40원)	40원

A은행은 위험에 노출된 순액에 대한 위험회피를 위하여 변동금리를 수취하고, 고정금리를 지급하는 명목원금 40원의 2년 만기 스왑을 취득한다. A은행은 이 스왑을 공정가치위험회피수단 또는 현금흐름위험회피수단으로 지정할 수 있는가

[해석]

A은행은 이 스왑을 고정금리부 자산 40원에 대한 공정가치위험회피수단으로 지정할 수 있으며, 변동금리부 부채 40원에 대한 현금흐름위험회피수단으로 지정할 수도 있다. 즉, 고정금리부 자산과 부채는 순액으로 40원 순고정금리자산상태(net fixed rate asset position)이기 때문에 고정금리수취에 따른 공정가치위험에 노출되어 있다. 따라서 A은행이 취득한 이자율스왑을 위험회피수단으로 이용할 경우 고정금리수취 순자산을 변동금리수취 순자산상태로 전환함으로써 공정가치위험을 회피할 수 있다. 한편, 변동금리부 자산과 부채는 순액으로 40원 순변동금리부채상태(net variable rate liability position)이기 때문에 변동금리지급에 따른 현금흐름위험에 노출되어 있다. 따라서 A은행이 취득한 이자율스왑을 위험회피수단을 이용할 경우 변동금리지급 순부채를 고정금리지급 순부채로 전환함으로써 현금흐름위험을 회피할 수 있다.

2.2 순액기준 이자율위험관리에 있어서 중요한 고려사항

회계문제 (2): 순액기준으로 이자율위험을 관리하기 위하여 사용된 파생상품을 총액기준의 위험에 대한 공정가치위험회피수단으로 지정할 것인지 현금흐름위험회피수단으로 지정할 것이지를 결정하는데 있어 중요하게 고려할 사항은 무엇인가?

중요하게 고려할 사항에는 중도상환위험(prepayment risk)이 존재하는 경우 어떻게 위험회피효과를 평가할 것인가와 정보시스템으로 위험회피수단의 공정가치변동 또는 현금흐름변동을 위험회피대상항목의 공정가치변동 또는 현금흐름변동에 각각 귀속 시킬 수 있는 능력을 갖고 있는가 하는 점이다.

회계목적상, 파생상품을 공정가치위험회피수단이나 현금흐름위험회피수단으로 지정하는 문제는 각각의 지정에 따라 위험회피회계를 적용하기 위한 요건과 위험회피활동과 관련된 손익의 인식이 다르기 때문에 중요하다. 흔히 공정가치위험회피의 경우 보다는 현금흐름위험회피의 경우가 매우 높은 위험회피효과를 입증하기가 더 쉽다.

2.2.1 중도상환의 영향

많은 금융상품에 내재되어 있는 중도상환위험은 금융상품의 공정가치와 현금흐름의 시기에 영향을 주게 된다. 중도상환위험은 공정가치위험회피의 경우는 위험회피효과 평가에 영향을 미치고 현금흐름위험회피의 경우는 현금흐름의 발생가능성이 매우 높은지에 대한 평가에 영향을 미친다.

위험회피대상항목이 중도상환위험에 노출되어 있다면, 흔히 공정가치위험회피는 현금흐름위험회피보다 위험회피효과의 조건을 충족시키기 어렵다. 공정가치위험회피에 위험회피회계를 적용하기 위해서는 위험회피수단인 파생상품의 공정가치 변동이 위험회피대상항목의 공정가치 변동을 매우 효과적으로 상쇄할 것으로 예상되어야 한다(IAS39 문단88(2)).

예를 들어 위험회피수단인 파생상품은 고정된 만기의 선도계약(forward contract)이고, 위험회피대상항목은 차입자에 의해 중도상환이 가능한 금융자산이라고 하자. 이런 경우에는 위험회피대상항목의 중도상환위험으로 인하여 위험회피효과의 조건을 충족하는 것이 어려울 수 있다. 또한, 중도상환이 가능한 고정금리부 자산으로 구성된 포트폴리오의 경우, 포트폴리오를 구성하는 각 개별항목의 공정가치 변동은 전체 포트폴리오의 회피대상위험으로 인한 공정가치의 변동에 거의 비례해야 한다. 그러나 이러한 조건을 충족하는 것으로 기대된다고 결론내리기 어려울 수 있다. 회피대상위험이 지표금리(benchmark interest rate)

일 경우에도 포트폴리오 내 개별 항목의 공정가치 변동이 비례적이라고 결론을 내리기 위해서는 자산 포트폴리오를 만기(term), 이자지급조건(coupon), 신용도(credit), 대출형태(type of loan) 및 그 밖의 특성에 따라 분류하는 것이 필요할 수 있다.

경제적인 측면에서, 선도계약은 중도상환이 가능한 자산의 위험회피수단으로 사용될 수는 있으나, 이자율 변동이 작을 경우에만 효과적일 것이다. 현재의 이자율 환경을 고려하여 중도상환을 합리적으로 추정할 수 있으며, 이자율 환경이 변함에 따라 파생상품의 포지션을 조정할 수 있다. 위험관리정책에 따라 위험회피대상항목의 포지션 변화를 반영하기 위하여 주기적으로 위험회피수단의 금액을 조정할 수 있다. 이 경우 기업은 위험회피수단의 금액이 다시 조정되기 직전까지의 기간에 대해서만 위험회피효과가 매우 높을 것으로 기대된다는 것을 밝힐 필요가 있다. 이 기간에 대하여 위험회피효과를 추정할 때에는 현재의 공정가치 변동위험과 잠재적인 이자율 변동가능성은 고려해야 하지만, 향후에 있을 수 있는 이러한 상태들에 대한 조정은 감안하지 않는다. 더욱이 중도상환위험으로 인한 공정가치변동위험은 일반적으로 옵션으로 회피할 수 있다.

현금흐름위험회피에 위험회피회계를 적용하기 위해서는 현금유입액의 재투자(reinvestment of cash inflows)나 현금유출액의 재차입(refinancing of cash outlfows)과 같은 예상현금흐름이 발생할 가능성이 매우 높아야 한다(IAS39 문단88(3)). 또한, 위험회피대상항목의 현금흐름 변동을 위험회피수단의 현금흐름 변동으로 상쇄하는 데 매우 높은 위험회피효과를 기대할 수 있어야 한다(IAS39 문단88(2)). 중도상환은 현금흐름의 발생시기에 영향을 미치고, 결과적으로 예상거래의 발생가능성에 영향을 미치게 된다. 위험관리목적상 순액기준(net basis)으로 위험회피가 설정되는 경우, 회계목적상 현금흐름 총액의 일부와 관련되는 예상거래를 위험회피대상항목으로 지정할 수 있도록 발생가능성이 매우 높은 총액기준(gross basis)의 충분한 현금흐름을 보유할 수 있다. 이 경우 위험관리목적상 위험회피대상이 되는 순액기준의 현금흐름액과 일치되도록 총액기준의 현금흐름의 일부를 위험회피대상항목으로 선택할 수 있다.

2.2.2 위험회피대상항목의 지정과 요구불 특성을 가진 부채[2)]

IASB는 포트폴리오순액에 대한 위험회피는 안되지만 순액에 해당하는 자산 또는 부채를 위험회피대상으로 지정하는 회계문제를 해결하기 위하여 다음과 같은 두 가지 방법을 고려하였다.

① 자산과 부채를 포함한 포트폴리오와 관련된 순포지션을 위험회피대상항목으로 지정한다. 예를 들어, 고정금리부 자산 100원과 고정금리부 부채 90원이 일정 재조정기간에 포함되는 경우, 순포지션 10원이 위험회피대상항목으로 지정될 것이다.

② 자산의 일부(즉, 위의 예에서 자산 10원)를 위험회피대상항목으로 지정한다. 그러나 개별자산을 지정할 필요는 없다.

외부검토의견 중 일부는 자산과 부채를 포함하는 포트폴리오와 관련된 순포지션을 위험회피대상항목으로 지정하는 것이 합당하다는 주장이 있었다. 이러한 외부검토의견에 따르면, 기존 자산부채관리(asset-liability management: ALM) 시스템은 식별된 자산과 부채를 자연적 위험회피(natural hedge)로 처리한다. 경영진은 기업의 잔여 순위험에 초점을 맞춰 위험회피의 추가 여부를 결정한다. 또한 자산이나 부채의 일부를 위험회피대상항목으로 지정하는 것은 기존 자산부채관리시스템과 일관되지 않으며 추가적인 시스템 변경 원가를 발생시킬 수 있다.

IASB는 위험회피대상항목 지정문제와 함께 측정문제도 검토하였다. 특히, IASB는 공정가치위험회피회계를 적용하면 회피대상위험으로 인한 위험회피대상항목의 공정가치 변동을 측정해야 한다고 보았다. 순포지션을 위험회피대상항목으로 지정하면 순포지션의 공정가치를 산정하기 위하여 (회피대상위험으로 인한) 포트폴리오에 포함된 각 자산과 부채를 공정가치로 측정해야 한다. 이러한 공정가치를 추정하는데 통계적 기법 등이 사용될 수 있지만, 위험회피수단의 공정가치 변동과 순포지션의 공정가치 변동이 동일하다고 가정하는 것은 적절

2) IAS39 BC182-192 참조

하지 않다고 IASB는 판단하였다.

IASB는 포트폴리오의 순포지션을 위험회피대상항목으로 지정하는 방법의 경우 요구가 있을 때 또는 일정한 통지기간 후 상환해야 하는 부채(이하 '요구불부채(demandable liabilities)'라 한다)가 있다면 한 가지 회계문제가 발생한다고 보았다. 이러한 요구불부채의 예로는 요구불예금(demand deposits)과 특정 형태의 정기예금(time deposits)이 있다. IASB는 요구불부채를 보유하는 많은 금융기업들은 이자율위험을 관리할 때 요구불부채의 지급시기별로 포트폴리오를 구성하여 위험회피를 한다는 사실을 알게 되었다. 즉, 하나의 포트폴리오에서 발생하는 순인출로 인해 해당 포트폴리오의 모든 요구불부채가 지급될 것으로 예상되는 기대상환일(expected repayment date)을 기준으로 요구불부채를 기간구분하여 포트폴리오 관리를 하고 있다는 사실을 알게 되었다. 이러한 기대상환일은 대체로 향후 일정기간(예: 0~10년)으로 구성된다. 또한 IASB는 일부 기업은 이러한 기간구분에 기초하여 공정가치위험회피회계를 적용하고자 한다는 것을 알게 되었다. 즉, 일부 기업은 요구불부채를 기대상환일에 기초하여 기간구분하고 이를 포트폴리오 공정가치위험회피에 포함시키고자 한다. 이러한 관점은 다음사항에 근거하고 있다.

① 이 관점은 위험관리목적상 요구불부채가 기간구분되는 방식과 일관성이 있다. 이자율위험관리(interest rate risk management)는 자산과 부채에서 발생하는 이자율차이(interest rate margin)의 위험을 회피하는 것과 관련되며, 위험회피대상 포트폴리오에 포함된 자산과 부채의 전부 또는 일부의 공정가치와 관련되지 않는다. 특정 기간의 이자율차이는 그 기간의 고정금리부 자산금액과 고정금리부 부채금액이 달라지는 순간 변동하기 마련이다.

② 기대상환일에 따라 요구불부채를 포트폴리오 위험회피에 포함하는 것은 중도상환가능자산을 포트폴리오 위험회피에 포함하는 방법과 일관성이 있다.

③ 중도상환가능자산의 경우처럼 요구불부채의 기대만기도 고객의 과거 행동양상에 기초한다.

④ 요구불부채를 포함하는 포트폴리오에 공정가치위험회피회계체계를 적용하더라도 모든 자산과 부채는 장부금액으로 위험회피대상 포트폴리오에 포함되기

때문에, 요구불부채가 위험회피대상 포트폴리오에 포함되는 즉시 이익이 발생되지는 않을 것이다. 더구나, 금융부채의 장부금액을 최초로 인식하는 경우에는 공정가치로 인식해야 하며, 이때의 공정가치는 일반적으로 거래가격(예: 예치된 금액)과 동일하다(IAS39 문단AG76).

⑤ 과거 경험에 의하면, 당좌계정(checking account)과 같은 요구불부채로 구성된 포트폴리오의 기초잔고(base level)는 매우 안정적이다. 요구불부채 포트폴리오의 일부는 이자율에 따라 변동되지만, 그 부분을 제외한 나머지부분인 기초잔고는 변동되지 않는다. 이러한 이유로, 기업은 이 기초잔고를 장기성 고정이자율항목으로 간주하고 위험관리목적상 사용되는 기간구분에서도 이를 장기성 고정이자율항목에 포함한다.

⑥ 포트폴리오 수준에서는 기존금액(old money)과 신규금액(new money)의 구별이 의미가 없다. 포트폴리오내의 개별 부채가 장기성 항목의 특성을 갖지 않더라도 포트폴리오는 단일의 장기성 항목처럼 움직인다.

IASB는 이러한 회계문제가 요구불부채의 공정가치를 측정하는 방법과 관련되어 있다고 보았다. 특히, 이 문제는 요구불 특성을 가진 부채의 공정가치는 요구하면 지급해야할 금액 이상이어야 한다는 규정(IAS39 문단49)과 관련되어 있다. 이러한 규정은 요구불 특성을 갖는 모든 부채에 적용되며, 포트폴리오 위험회피에 포함된 요구불 특성을 갖는 부채에만 적용되는 것은 아니다.

또한 IASB는 다음 각각의 항목을 고려하였다.

① 위험을 관리할 때, 기업이 포트폴리오 계정 전체 잔액의 기대상환일에 기초하여 요구불부채를 기간구분하더라도, 기간구분된 잔액에 포함된 요구불부채가 장기간(예: 수 년) 미인출된 상태로 장부에 남아있을 가능성은 거의 없다. 오히려 이러한 예금은 신규예금으로 대체되기도 하면서 일반적으로 단기간 내(예: 몇 개월 이내)에 인출될 것으로 기대된다. 다시 말하면, 포트폴리오의 잔액이 상대적으로 안정적인 것은 특정 계정에서의 (일반적으로 비교적 빠른 시일 내에 발생한) 인출이 다른 계정으로의 신규예금에 의해서 상쇄되기 때문이다. 따라서

위험회피되는 부채는 실질적으로 신규예금을 수취하여 기존 예금을 대체하는 예상거래이다. IAS39에서는 그러한 예상거래의 위험회피에 공정가치위험회피회계를 적용할 수 없다. 공정가치위험회피회계는 기존의 자산 및 부채 또는 확정계약에만 적용할 수 있다.

② 요구불부채의 포트폴리오는 매입채무(trade payable)의 포트폴리오와 유사하다. 두 포트폴리오 모두 단기간 내(예: 몇 개월 이내)에 지급되고 새로운 잔액에 의해 대체될 것으로 통상 기대되는 개별 잔액으로 구성된다. 또한 두 포트폴리오 모두 안정적이고 무한히 존재할 것으로 기대되는 금액인 기초잔고(base level)가 있다. 따라서 예상대체에 의해 창출되는 안정적인 기초잔고에 근거하여 요구불부채가 공정가치위험회피에 포함되는 것을 허용한다면, 이와 마찬가지로 매입채무 포트폴리오의 위험회피에 공정가치위험회피회계를 적용하는 것도 같은 근거에서 허용해야 한다.

③ 유사한 핵심예금(corc deposits)[3]으로 구성된 포트폴리오는 '대수의 법칙(law of large numbers)'이라는 관점에서 포트폴리오의 변동이 더 예측가능하다는 점을 제외하고는 개별예금과 다르지 않다. 유사한 항목들을 집합으로 구성할 경우 분산효과(diversification effects)는 나타나지 않는다.

④ 요구불 특성을 가진 부채의 공정가치는 청구하면 지급할 금액을 청구가능한 최초일로부터 할인한 금액 이상이어야 한다는 IAS39의 규정에도 불구하고 위험회피목적으로 이와 다른 일자에 기초하여 요구불 특성을 가진 부채를 기간구분하는 것은 일관성이 결여될 것이다. 예를 들면, 청구 시 위약금 없이 인출할 수 있는 예금 100원의 경우를 생각해 보자. IAS39에 의하면 그러한 예금의 공정가치는 100원이다. 그 공정가치는 이자율에 의해 영향을 받지 않으며, 이자율이 변동할 때에도 변동하지 않는다. 따라서 요구불예금은 회피할 공정가치 변동위험이 없기 때문에 이자율 위험에 대한 공정가치위험회피에 포함될 수 없다.

이러한 이유로 IASB는 요구불부채 포트폴리오 전체 잔액을 기대상환일에 근

3) 핵심예금이란 시장이자율보다 훨씬 낮은 이자를 지급하거나 이자를 지급하지 않는 예금을 말한다. 예컨대 공탁금, 이행보증금과 같은 예금을 유치하는 경우가 이에 해당한다.

거하여 기간구분한 요구불부채는 포트폴리오 위험회피에 포함할 수 없다고 결론을 내렸다. 즉, 기존예금을 신규예금으로 만기연장하거나 대체하는 경우는 포트폴리오 위험회피에 포함될 수 없다. 그러나 외부검토의견을 검토하면서 IASB는 기존예금을 신규예금으로 만기연장하거나 대체하는 경우를 무시한다면, 개별 예금 잔액의 기대상환일에 근거하여 분류한 요구불부채(예: 요구불예금)를 포트폴리오 위험회피에 포함할 수 있는지 고려하였다. IASB는 다음 사항에 주목하였다.

① 이 접근방법에 따르면, 많은 요구불부채의 기대상환일은 위험관리목적을 위해 일반적으로 가정하는 것보다 훨씬 빠를 것이다. 특히, 당좌계정의 기대만기는 거의 대부분 몇 개월 이내일 것이다. 그러나 예금자가 적지 않은 위약금을 지불해야만 인출할 수 있는 고정만기예금과 같은 요구불부채의 기대상환일은 위험관리목적상 가정한 기간에 더 근접할 것이다.

② 이 접근방법에서도 요구불부채의 공정가치는 현재 잔액의 기대상환일을 반영해야 한다. 즉, 요구불예금 부채의 공정가치는 기대상환일로부터 할인된 예금의 현재가치라는 것을 의미한다. IASB는 기대상환일에 기초하여 공정가치위험회피회계를 적용할 수 있도록 하면서 최초 인식 시에는 이와는 다른 기준에 의해 부채의 공정가치를 측정하는 것은 일관되지 않는다고 보았다. 또한 이 접근방법은 최초 인식시 예치된 금액과 대차대조표에 인식된 공정가치 사이의 차이를 초래하며 후속적으로 그 차이가 어떤 의미를 갖는지에 대해 회계적 논란을 발생시킨다. IASB는 그러한 차이는 (가) 기대 만기 전에 예금자가 인출할 수 있는 권리의 가치, (나) 선급서비스원가 또는 (다) 이익이 될 수 있다고 보았으나 어떤 의미를 갖는지에 대해 결론을 내리지 못했다. 그러나 그러한 차이를 인식해야 한다면 이는 포트폴리오 위험회피에 포함된 요구불부채 뿐만 아니라 모든 요구불부채에 적용하여야 한다는 점에 동의하였다. 이러한 규정은 현재의 실무 관행에 많은 차이를 가져올 것이다.

③ 최초 인식시 요구불예금 부채의 공정가치가 예치된 금액과 동일하다고 본다면, 기대상환일에 기초한 공정가치 포트폴리오 위험회피는 효과적이지 못할 가능성이 있다. 왜냐하면 이러한 예금은 대체로 회피대상 이자율보다 현저히 낮

은 이자율로 이자를 지급하기 때문이다(예를 들어 예금은 매우 낮은 이자율로 이자를 지급하거나 전혀 지급하지 않지만, 회피대상 이자율은 LIBOR이거나 이와 유사한 기준이자율일 수 있다). 따라서 예금의 공정가치는 위험회피수단의 공정가치보다 이자율 변동에 훨씬 덜 민감할 것이다.

결과적으로, IASB는 다음과 같이 결정했다.

① 요구불 특성을 가진 금융부채(예: 요구불예금)의 공정가치는 청구되면 지급할 금액을 청구가능한 최초일로부터 할인한 금액 이상이어야 한다는 IAS39 문단49의 입장을 확인하였다.

② 따라서 요구불부채의 경우 거래당사자가 지급을 청구할 수 있는 가장 짧은 기간을 초과하는 경우 기간의 장단에 관계없이 공정가치위험회피회계를 적용할 수 없다.

IASB는 다른 과제(주로 보험계약(2단계), 수익인식, 리스 및 측정)에서의 논의 결과에 따라 이러한 결정을 장래에 재검토할 수 있다고 보았다.

또한 IASB는 포트폴리오 위험회피에서 무엇을 위험회피대상항목으로 지정하느냐가 이 회계문제와 적어도 어느 정도 관련이 있다고 판단하였다. 특히, 포트폴리오에 포함된 자산의 일부를 위험회피대상항목으로 지정하면, 이 회계문제와 관련이 없다. 예를 들어, 기업이 특정 재조정기간에 고정금리부 자산 100원과 고정금리부 부채 80원을 가지고 있으며, 위험에 노출된 순액 20원을 위험회피하고자 한다. 또한 모든 부채는 요구불부채이며 특정 재조정기간은 부채항목이 상환될 수 있는 가장 빠른 날이 포함되는 기간보다 이후라고 가정하자. 자산 20원을 위험회피대상항목으로 지정하면, 요구불부채는 위험회피대상항목에 포함되지 않으며, 기업이 위험회피대상으로 지정하고자 하는 자산의 크기를 결정하는 데에만 사용된다. 이러한 경우, 요구불부채가 공정가치위험회피에서 위험회피대상항목으로 지정될 수 있는 지는 의미가 없게 된다. 그러나 전체 순포지션을 위험회피대상항목으로 지정한다면, 순포지션은 자산 100원과 요구불부채 80원으로 구성되므로 요구불부채가 공정가치위험회피에서 위험회피대상항목으로 지정될 수 있는지가 중요하게 된다.

IASB는 위의 논점들을 검토한 후 요구불부채에 관한 회계문제 중 일부를 해결하기 위하여 (전체 순포지션이 아닌) 자산이나 부채의 일부분을 위험회피대상항목으로 지정할 수 있다고 결정하였다. 또한 IASB는 자산이나 부채의 일부분을 위험회피대상으로 지정할 수 있는 접근방법은 IAS39 문단84와 일관되지만, 전체 순포지션을 지정하는 것은 IAS39와 일관되지 않는다고 보았다. IAS39 문단AG101에서는 전체 순포지션을 위험회피대상항목으로 지정할 수는 없지만 그 순포지션과 동일한 자산(또는 부채)의 금액을 지정하여 그와 유사한 효과를 달성하는 것은 가능하다.

그러나 IASB는 자산 또는 부채의 일부분을 위험회피대상으로 지정하는 접근방법이 요구불부채와 관련된 회계문제를 완전히 해결할 수는 없을 것이라고 보았다. 특히, 특정 재조정기간에 기업이 보유하고 있는 많은 요구불부채의 가장 빠른 상환일이 재조정기간 이전이어서 (1) 그러한 요구불부채가 기업의 고정금리부 부채의 거의 전부를 구성하게 되고, (2) 해당되는 재조정기간에 고정금리부 부채(요구불부채 포함)가 고정금리부 자산을 초과한다면, 앞에서 언급한 회계문제가 관련이 있다. 이 경우 기업은 순부채포지션을 갖게 된다. 따라서 기업은 부채의 금액을 위험회피대상항목으로 지정할 필요가 있다. 그러나 기업이 재조정기간 이전에 지급이 청구될 수 있는 부채 이외에 충분한 고정금리부 부채를 가지고 있지 않다면, 이는 요구불부채를 위험회피대상항목으로 지정해야 한다는 것을 의미한다. 위에서 논의된 IASB의 결정에 따라 그러한 위험회피에는 공정가치위험회피회계를 적용할 수 없다. (만약 부채가 무이자 조건이라면, 부채의 현금흐름은 이자율의 변동에 따라 변하지 않으므로 즉, 이자율에 따라 현금흐름이 변동하는 위험에 노출되어 있지 않으므로 그 부채는 현금흐름위험회피에서 위험회피대상항목으로 지정될 수 없다.[4] 그러나 관련자산의 위험회피로 지정된다면 그 위험회피관계는 현금흐름위험회피회계의 적용요건을 충족할 수 있다.)

4) IAS39 실무적용지침F.6.3 참조

2.2.3 시스템 상의 고려사항

공정가치위험회피회계는 현금흐름위험회피회계와 다르다. 위험회피에 필요한 정보를 추적·관리하는 데 기존 시스템을 활용한다면, 일반적으로 현금흐름위험회피가 공정가치위험회피보다 쉽다.

(1) 공정가치위험회피의 시스템 상의 고려사항

공정가치위험회피회계의 경우, 위험회피대상항목으로 지정된 자산이나 부채는 위험회피대상기간동안에 회피대상위험으로 인하여 변동된 공정가치를 반영하여 재측정한다. 이러한 공정가치 변동으로 위험회피대상항목의 장부금액이 변동되며 위험회피대상항목이 이자에 민감한 자산과 부채인 경우에는 유효이자율이 조정될 수 있다(IAS39 문단89).

공정가치위험회피 활동의 결과로 공정가치가 변동하면 다음과 같은 처리가 필요하다(IAS39 문단89와 92).

첫째, 공정가치의 변동에 따라 위험회피대상항목인 자산과 부채의 장부금액을 조정해야 한다.

둘째, 공정가치의 변동에 따라 유효이자율을 재계산해야한다.

셋째, 공정가치조정(fair value adjustment)을 후속기간에 상각하여 당기손익으로 인식해야 한다.

넷째, 자산이 매각되거나 부채가 소멸될 때 자본에서 당기손익으로 재분류할 금액을 결정하여야 한다.

공정가치위험회피회계의 적용요건을 충족하려면, 회피대상위험과 관련되는 공정가치의 변동을 추적하고, 이러한 변동을 개별 위험회피대상 항목에 귀속시키며, 위험회피대상항목의 유효이자율을 재계산하고, 위험회피대상항목 각각의 만기에 걸쳐 공정가치조정을 상각해 당기손익으로 인식하기 위한 시스템을 구축할 필요가 있다.

(2) 현금흐름위험회피의 시스템 상의 고려사항

현금흐름위험회피회계의 경우, 위험회피대상항목으로 지정된 예상거래(forecast transaction)에 대한 현금흐름에는 이자율의 변동이 반영된다. 위험회피수단인 파생상품의 공정가치 변동 중 위험회피에 효과적인 부분은 먼저 기타포괄손익(OCI)으로 인식된다(IAS39 문단95). 현금흐름위험회피회계에 관한 규정에 따라 회계처리하기 위해서는, 위험회피수단의 공정가치 변동 중 기타포괄손익으로 인식된 누적손익을 당기손익으로 재분류할 시기를 결정하여야 한다(IAS39 문단 100과 101). 현금흐름위험회피의 경우, 이러한 시기를 결정하기 위하여 별도의 시스템을 구축할 필요는 없다. 위험에 노출된 순액을 결정하기 위해 사용되는 시스템을 통하여 파생상품 현금흐름의 변동을 기간 분류하고 그 변동분을 당기손익으로 인식할 시기를 결정하는 자료를 얻을 수 있다.

위험회피가 현금흐름의 변동 위험과 관련될 경우에는 당기손익으로 인식할 시기를 사전에 결정할 수 있다. 위험회피되는 예상거래는 이자율의 변동에 따라 현금흐름이 변동되는 위험을 야기시키는 변동금리부 자산 및 재투자될 현금유입액과 변동금리부 부채 및 재차입될 현금유출액으로 구성된 미래 특정기간의 특정 명목원금과 관련지을 수 있다. 미래 특정기간의 특정 원금이 위험회피수단인 파생상품의 명목원금과 일치하고 그에 대한 위험회피가 파생상품의 재조정기간 또는 만기에 상응하는 기간 동안만 이루어진다면 이자율 변동에 따른 현금흐름의 변동은 위험회피수단인 파생상품과 대응하게 된다. 기타포괄손익으로 인식한 금액은 위험회피대상항목이 당기손익에 영향을 미치는 기간과 동일한 기간에 자본에서 당기손익으로 인식해야 한다(IAS39 문단100).

2.2.4 위험회피대상항목으로 지정될 수 있는 자산 중 일부분과 위험회피 중 비효과적인 부분에 미치는 영향[5)]

자산(또는 부채)의 일부분을 위험회피대상항목으로 지정할 수 있다고 결정한 이후 IASB는 앞에서 언급한 시스템상의 문제를 어떻게 해결할 것인지를 고려하

5) IAS39 BC193-195 참조

였다. IASB는 이 문제가 개별자산(또는 개별부채)을 위험회피대상항목으로 지정함에 따라 발생한다고 보았다. 따라서 IASB는 위험회피대상항목은 개별자산이나 개별부채보다는 (자산이나 부채의) 금액으로 표현할 수 있다고 결정하였다.

IASB는 특정항목이 아닌 자산이나 부채의 금액을 위험회피대상항목으로 지정할 수 있다는 결정은 위험회피대상항목으로 지정되는 금액을 어떻게 특정해야 하는지에 대한 회계문제를 야기한다고 보았다. IASB는 위험회피대상항목을 지정하고 그에 따라 위험회피효과를 측정하는 방법을 특정해서는 안 된다는 외부검토의견을 검토하였다. 그러나 IASB는 이에 관한 지침을 제공하지 않는다면 기업은 서로 다른 방식으로 위험회피대상항목을 지정하여 기업간 비교가능성이 훼손될 것이라고 결론지었다. 또한 IASB는 금액을 위험회피대상항목으로 지정하도록 허용한 목적은 개별항목을 위험회피대상항목으로 지정하는 것과 매우 유사한 회계처리 결과도 얻으면서 그와 관련된 시스템 문제는 해결하는 것이라고 보았다. 따라서 IASB는 개별항목을 위험회피대상항목으로 지정하여 얻을 수 있는 회계처리 결과에 아주 가까운 지정방법을 요구하기로 했다.

또한 IASB는 특정 재조정기간 내에 있는 실제 재조정일이 추정된 재조정일과 다르거나 추정된 재조정일이 수정되는 경우, 지정 방법에 따라 비효과적인 부분이 달라진다고 보았다. 재조정기간에 고정금리부 자산 100원을 보유하고 있으며 그 자산 중 20원을 위험회피대상항목으로 지정한 위 사례에 대하여 IASB는 아래에 요약된 바와 같이 두 가지의 접근방법(층화접근법과 비율접근법)을 고려하였다. 검토결과 층화접근법을 기각하고 비율접근법을 채택하였는데 이에 대한 설명과 결론도출근거는 다음과 같다.

(1) 층화접근법

층화접근법(layer approach)에서는 재조정기간에 포함된 자산(또는 부채)의 '층'(예: ① 하부층, ② 상부층 ③ 상부층의 일부)을 위험회피대상항목으로 지정한다([그림 8-1] 참조). 층화접근법에 의하면 포트폴리오는 위험회피층(hedged layer)과 비위험회피층(unhedged layer)으로 구성된 것으로 본다.

[그림 8-1] 자산의 금액을 위험회피대상항목으로 지정하는 예시

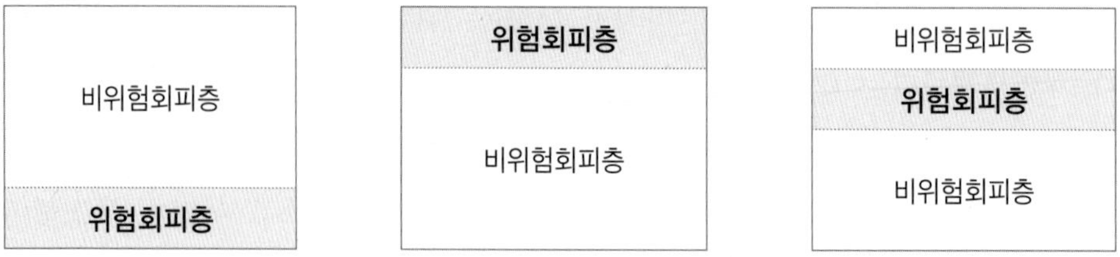

① 하부층　② 상부층　③ 상부층 일부

IASB는 층화접근법에서는 자산(또는 부채)의 추정금액이 변동되더라도 비효과적인 부분이 인식되지 않는다고 보았다. 예를 들어, 하부층 접근방법([그림 8-2] 참조)에서는, 일부 자산이 예상보다 빨리 중도상환되어 기업이 재조정기간에 포함된 자산금액의 추정치를 감소시킨다면(예: 100원에서 90원으로 수정), 이러한 감소는 위험회피대상이 아닌 상부층(비위험회피층)에서 먼저 발생한 것으로 가정한다([그림 8-2]의 ② 참조). 비효과적인 부분의 발생여부는 감소시키는 수정을 위험회피층(20원)까지 하느냐에 따라 다르다. 따라서 하부층이 위험회피대상항목으로 지정되면, 위험회피대상인 (하부)층까지 추정치가 감소되어 비효과적인 부분이 발생할 가능성은 낮다. 반대로 상부층이 지정되면([그림 8-3] 참조), 재조정기간에 포함된 추정금액을 감소시키는 수정은 위험회피대상(상부층)을 감소시키므로 비효과적인 부분이 발생할 것이다([그림 8-3]의 ② 참조).

[그림 8-2] 하부층 접근방법에서 중도상환금액 변동 효과의 예시

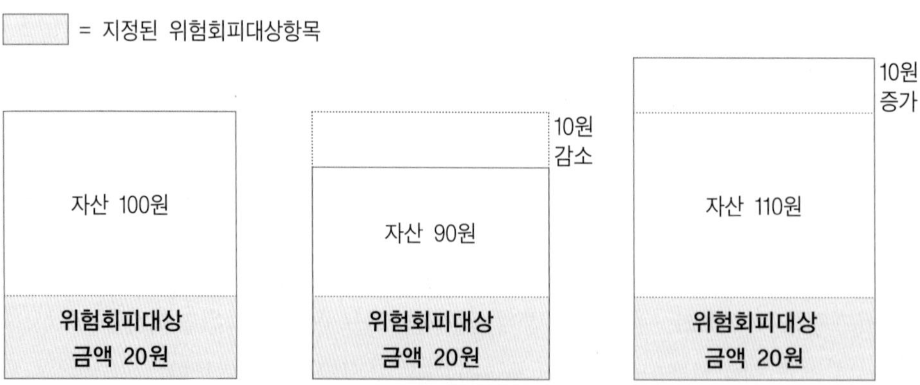

① 최초 기대　② 자산 10원이 예상보다 빨리 중도상환된 경우　③ 자산 10원이 예상보다 늦게 중도상환된 경우

[그림 8-3] 상부층 접근방법에서 중도상환금액 변동 효과의 예시

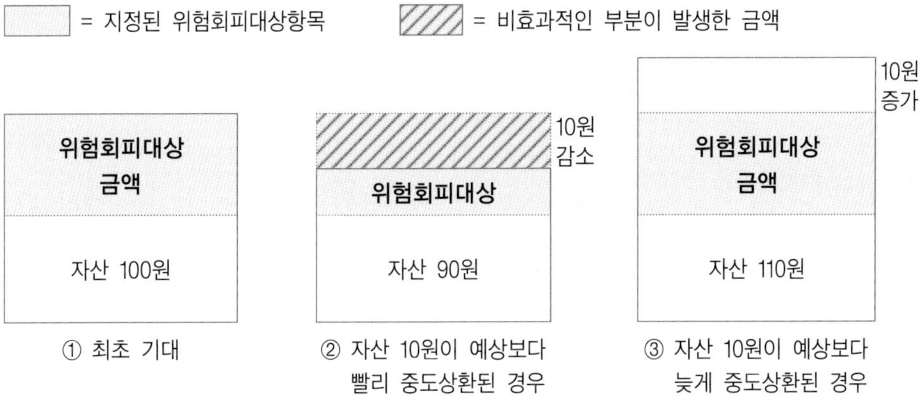

결론적으로, 일부 자산이 예상보다 늦게 중도상환되어 기업이 재조정기간에 포함된 자산금액의 추정치를 증가시키는 경우에는(예: 100원에서 110원으로 수정, [그림 8-2]의 ③과 [그림 8-3]의 ③ 참조), 위험회피층인 20원은 변동 없이 위험회피대상으로 지정되었던 금액 그대로이므로 위험회피층이 어떻게 지정되었는지에 관계없이 비효과적인 부분은 발생하지 않는다.

(2) 비율접근법

비율접근법(percentage approach)에서는 재조정기간에 포함된 자산(또는 부채)의 일정 비율을 위험회피대상항목으로 지정한다([그림 8-4] 참조). 비율접근법에 의할 경우, 위 포트폴리오의 예에서는 재조정기간에 포함된 자산 100원의 20%가 위험회피대상항목으로 지정된다([그림 8-4]의 ① 참조). 그 결과, 일부 자산이 예상보다 빨리 중도상환되어 기업이 재조정기간에 포함된 자산금액의 추정치를 감소시킨다면(예: 100원에서 90원으로 수정, [그림 8-4]의 ② 참조), 감소금액의 20%에서 비효과적인 부분이 발생한다(이 경우 비효과적인 부분은 2원에서 발생한다). 이와 유사하게, 일부 자산이 예상보다 늦게 중도상환되어 기업이 재조정기간에 포함된 자산금액의 추정치를 증가시킨다면(예: 100원에서 110원으로 수정, [그림 8-4]의 ③ 참조), 증가금액의 20%에서 비효과적인 부분이 발생한다(이 경우 비효과적인 부분은 2원에서 발생한다).

[그림 8-4] 자산 금액의 비율을 위험회피대상항목으로 지정하는 예시

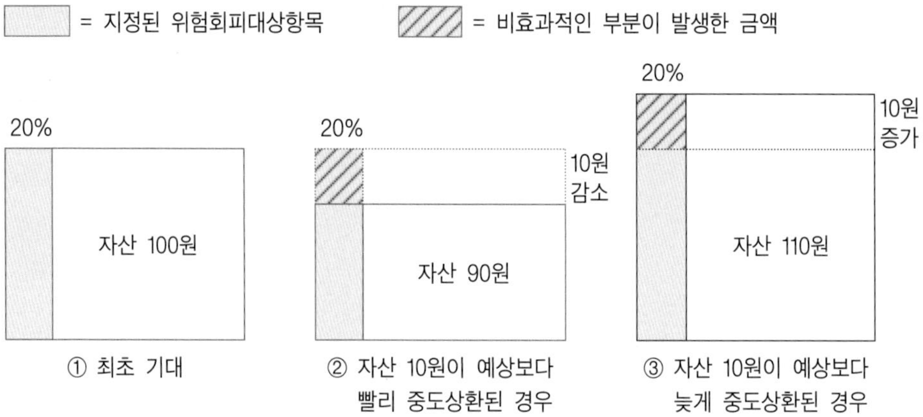

층화접근법에 찬성하는 주장은 다음과 같다.

① 하부층을 지정하는 것은 IAS39 실무적용지침 F.6.1과 F.6.2에 대한 답변과 일관된다. 이들 실무적용지침에 따르면, 현금흐름위험회피의 경우 자산회수액의 재투자분 중 '하부' 부분은 위험회피대상항목으로 지정할 수 있다.

② 기업은 중도상환위험보다는 이자율위험을 회피하고 있다. 중도상환금액의 변동으로 인한 포트폴리오의 변동은 위험회피가 이자율위험을 완화시키는데 있어 얼마나 효과적이었는지를 결정하는 데 영향을 미치지 않는다.

③ 층화접근법은 위험회피대상 부분에서 비효과적인 부분을 모두 인식한다. 층화접급법을 이용할 경우 최소한 하부층 접근방법에서는 처음 발생하는 잠재적 비효과적인 부분은 위험회피대상이 아닌 부분과 관련된 것으로 간주하여 위험회피대상부분을 정의할 수 있다.

④ 중도상환 추정금액의 변동으로 더 많은 자산이 재조정기간에 속하는 것으로 기간구분된다면 비효과적인 부분이 전혀 발생하지 않는 것이 옳다. 위험회피층과 동일한 크기의 자산금액이 남아 있는 한, 비효과적인 부분은 없으며, 재조정기간에 포함되는 금액을 증가시키는 수정은 위험회피층에 영향을 미치지 않는다.

⑤ 중도상환가능항목은 중도상환할 수 없는 항목과 중도상환옵션의 결합으로 볼 수 있다. 하부층을 지정한다는 것은 중도상환할 수 없는 항목의 일부 기간은

위험회피하고 중도상환옵션에 대해서는 전혀 위험회피하지 않는 것이라고 볼 수 있다. 예를 들면, 25년 만기 중도상환가능 주택담보대여금은 (가) 중도상환불능 25년 고정만기 주택담보대여금과 (나) 차입자가 주택담보대여금을 조기에 상환할 수 있는 중도상환옵션을 매도한 것의 결합으로 볼 수 있다. 기업이 이 자산을 5년 만기 파생상품으로 위험회피한다면, 이는 구성요소 (가)의 처음 5년을 위험회피한 것과 동일하다. 위험회피 포지션을 이렇게 볼 경우, (중도상환옵션이 행사되어 그 자산이 중도상환된 경우가 아니라면) 이자율의 변동으로 중도상환옵션의 가치가 변경되더라도 중도상환옵션이 위험회피된 것이 아니기 때문에 비효과적인 부분은 전혀 발생하지 않는다.

층화접근법에 반대하는 주장은 다음과 같다.

① 공정가치위험회피에 적용할 고려사항은 현금흐름위험회피회계에 적용할 고려사항과 다르다. 현금흐름위험회피에서 위험회피대상은 발생가능성이 높은 미래 회수액의 재투자와 관련된 현금흐름이며 공정가치위험회피에서 위험회피대상은 현재 존재하는 자산의 공정가치이다.

② 재조정기간에 포함된 금액이 증가한 것으로 재추정하는 경우(기업이 위험회피대상항목을 더 적은 위험회피수단으로 위험회피하는 효과를 갖게 되는 경우), 비효과적인 부분이 전혀 인식되지 않는다는 사실은 IAS39와 부합하지 않는다. IAS39에 의하면, 기업이 과대위험회피할 때(즉, 파생상품이 위험회피대상항목을 초과할 때)와 기업이 과소위험회피할 때(즉, 파생상품이 위험회피대상항목보다 작을 때) 공정가치위험회피에서는 비효과적인 부분을 모두 인식해야 한다.

③ 중도상환가능항목은 중도상환불능항목과 중도상환옵션의 결합으로 볼 수 있다(IAS39 BC200(5) 참조). 이자율이 변동할 때, 이 두 가지 구성요소의 공정가치는 변동한다.

④ (개별자산이나 개별부채가 아닌) 금액으로 지정된 위험회피대상항목에 공정가치위험회피회계를 적용하는 목적은 개별자산이나 개별부채를 위험회피대상항목으로 지정하였더라면 얻을 수 있었을 회계처리 결과를 얻는 데 있다. 중도상환이 가능한 개별자산을 위험회피대상항목으로 지정하였더라면, 이자율이 증

가할 때나 감소할 때 모두 위 ③에서 언급한 두 구성요소의 회피대상위험으로 인한 변동은 당기손익으로 인식될 것이다. 따라서 위험회피대상자산의 공정가치 변동은 (파생상품이 동일한 중도상환옵션을 포함하지 않는다면) 위험회피수단인 파생상품의 공정가치 변동과 다를 것이며 그 차이는 비효과적인 부분으로 인식될 것이다. 위험회피대상항목을 금액으로 지정하는 단순화된 접근방법에서도 비효과적인 부분은 유사하게 발생되어야 한다.

⑤ 재조정기간에 포함된 중도상환가능 자산의 특정 층뿐만 아니라 그 기간의 모든 중도상환가능 자산은 이자율의 변동에 따라 공정가치가 변동되는 중도상환옵션을 포함한다. 따라서 이자율이 변동할 때, (공정가치가 변동하는 중도상환옵션을 포함하는) 위험회피대상자산의 공정가치는 (통상 중도상환옵션을 포함하지 않는) 위험회피수단인 파생상품의 공정가치와 다른 금액으로 변동할 것이며, 비효과적인 부분이 발생할 것이다. 이 효과는 이자율이 증가하거나 감소하는지 여부에 관계없이, 즉 중도상환을 재추정함에 따라 재조정기간에 포함되는 금액이 증가하거나 감소하는지 여부에 관계없이 발생한다.

⑥ 이자율위험(interest rate risk)과 중도상환위험(prepayment risk)은 서로 밀접하게 관련되어 있으므로 두 구성요소(중도상환불능항목과 중도상환옵션)를 분리하여 둘 중 하나(또는 그 중 하나의 일부)만을 위험회피대상항목으로 지정하는 것은 적절하지 않다. 흔히 중도상환율 변동의 가장 큰 원인은 이자율변동이다. 이러한 밀접한 관계 때문에 만기보유자산을 이자율위험이나 중도상환위험에 대하여 위험회피대상항목으로 지정하는 것을 허용하지 않는다(IAS39 문단 79). 더욱이 대부분의 기업은 위험관리목적상 두 구성요소를 분리하지 않는다. 오히려, 기대 만기에 따라 금액을 기간 구분하여 중도상환옵션을 반영한다. 기업이 중도상환위험과 이자율위험을 분리하지 않는 위험관리실무관행을 위험회피계목적상 지정의 근거로 사용하기로 선택한 경우, 두 구성요소((중도상환불능항목과 중도상환옵션)를 분리하여 둘 중 하나(또는 그 중 하나의 일부)만을 위험회피대상항목으로 지정하는 것은 적절하지 않다.

⑦ 이자율의 변동이 중도상환가능항목으로 구성된 포트폴리오의 공정가치에 미치는 효과는 다른 조건은 동일하지만 중도상환할 수 없는 항목으로 구성된 포

트폴리오의 공정가치에 미치는 효과와 다를 것이다. 그러나 층화접근법을 사용하면, 이러한 차이는 인식되지 않을 것이다. 즉, 두 포트폴리오가 동일한 정도로 위험회피된다면, 두 포트폴리오의 이자율변동에 따른 효과는 대차대조표에 동일한 금액으로 인식될 것이다.

IASB는 층화접근법에 대한 반대주장이 더 설득력이 있다고 판단하여 층화접근법을 기각하였다. 특히, IASB는 기업이 재조정기간 내에 상환되거나 만기가 될 것이라고 예상하는 항목에 대한 추정을 (최근 중도상환 경험 등에 따라) 변경한다면, 비효과적인 부분이 발생되도록 위험회피대상항목을 지정해야 한다고 결정하였다. 또한 추정되는 중도상환금액이 감소하여 특정 재조정기간에 더 많은 자산이 포함될 때와 추정되는 중도상환금액이 증가하여 특정 재조정기간에 더 적은 자산이 포함될 때, 모두 비효과적인 부분이 발생해야 한다고 결정하였다.

(3) 제3의 접근방법(위험회피대상항목 전체의 공정가치 변동을 직접 측정)

IASB는 다음과 같은 공개초안에 대한 외부검토의견도 고려하였다.

① 일부 기업은 예상되는 중도상환일에 대해서는 이자율스왑(interest rate swap)을 이용하여 위험회피하고, 예상되는 중도상환일의 변동은 스왑션(swaption)을 이용하여 위험회피하는 방식으로 중도상환위험과 이자율위험을 구분하여 위험회피한다.

② 중도상환가능 자산 중 일부는 내재파생상품에 관한 규정에 따라 (중도상환옵션을 분리하여 측정할 수 없어 전체자산을 단기매매항목(IAS39 문단39와 문단AG30(7))으로 회계처리하는 경우가 아니라면) 중도상환옵션과 중도상환불능주계약(IAS39 문단12)으로 분리해야 한다. 이는 포트폴리오 위험회피 목적상 이 두 위험을 분리하는 것이 실질적으로 불가능하다는 공개초안의 입장과 상충되는 것으로 본다.

IASB는 이러한 주장을 검토하면서 비율접근법이 이자율 변동으로 인한 (내재중도상환옵션을 포함하는) 전체 자산(또는 부채)의 공정가치 변동을 측정하는 대리변수가 된다고 보았다. 그 이유는 ① 대부분의 기업이 위험관리목적상 이자율위험과 중도상환위험을 분리하지 않으며, 따라서 ② 회피대상 이자율의 변동으로 인한 (내재중도상환옵션을 포함하는) 전체 자산의 공정가치 변동을 평가할 수 없었다고 파악했기 때문이다. 그러나 외부검토의견에 의하면, 기업들은 이러한 공정가치의 변동을 직접 측정하는 경우도 있는 것으로 알려지고 있다. IASB는 그러한 직접측정법이 IAS39 문단AG126(2)에서 기술한 대안보다 개념적으로 더 우수하다고 보고, 명시적으로 직접측정법을 인정하기로 결정하였다. 예를 들면, 이자율스왑과 스왑션을 결합하여 중도상환가능자산을 위험회피하는 기업이 전체 자산의 공정가치 변동을 직접 측정할 수 있다면, 스왑과 스왑션의 가치변동과 회피대상 이자율의 변동으로 인한 (내재중도상환옵션의 가치 변동을 포함하는) 전체 자산의 공정가치 변동을 비교하여 위험회피효과를 측정할 수 있을 것이다. 그러나 IASB는 전체 자산의 공정가치 변동을 직접 측정할 수 없는 기업의 경우에는 비율접근법도 허용하기로 결정하였다.

(4) 시스템 측면에 대한 고려사항[6)]

IASB는 어떤 접근방법이든 재조정기간에 포함된 금액을 여러 기간 동안 추적하도록 요구하지 않아야 시스템적으로 실행할 수 있다는 것을 파악하였다. 따라서 IASB는 위험회피효과의 측정일과 다음 측정일 사이의 재조정기간에 포함된 추정금액의 변동을 측정함으로써 비효과적인 부분을 산정해야 한다고 결정하였다. 이에 따라 기업은 두 위험회피효과 측정일 사이의 각 재조정기간에 포함된 금액의 변동 중 얼마가 추정의 변경으로 인한 금액이며, 얼마가 신규자산(또는 부채)의 발생으로 인한 금액인지를 추적하여야 한다. 그러나 일단 비효과적인 부분을 위에서 설명한 대로 결정한 이후에는 모든 것을 다시 시작한다. 즉, 기업은 각 재조정기간에 신규금액(마지막으로 위험회피효과를 평가한 날 이후에 발생한 신규항목 포함)이 포함되도록 설정하고, 신규 위험회피대상항목을 지정한 후 다음 위험회피효과 평가일에는 비효과적인 부분을 결정하는 절차를 반복한다. 따라서 위험회피효과 측정일과 다음 측정일 사이의 변동만 추적하면 되고,

---

6) IAS39 BC205-206 참조

여러 재조정기간을 추적할 필요는 없다. 그러나 기업은 ① 각 재조정기간의 금액을 대차대조표상 두 별도 항목의 총액과 일치시키고(IAS39 문단AG114(6) 참조) ② 두 별도 항목의 금액이 그 별도 항목과 관련된 재조정기간이 종료되기 이전에 제거되는지를 확인하기 위하여 각 재조정기간에 관한 기록을 유지할 필요는 있을 것이다.

또한 IASB는 비율접근법에 의하여 추적이 요구되는 금액은 층화접근법에서 요구하는 금액과 다르지 않다고 보았다. 따라서 IASB는 어떤 접근방법도 시스템 측면에서 명백히 더 나은 것은 아니라고 결론 내렸다.

2.3 현금흐름위험회피의 문서화

회계문제 (3): 이자율의 변동에 기인하는 현금흐름의 변동과 관련하여 현금흐름위험회피관계를 지정하는 경우, 다음 사항들이 문서화에 포함되어야 한다(IAS39 문단88(1)).

(1) 위험회피관계(hedging relationship)

순액기준의 현금흐름 불일치(cash flow mismatches)에 대한 위험 노출정도를 결정하기 위해 위험관리 목적으로 사용되는 만기별 현금흐름(maturity schedule of cash flows)이 위험회피관계의 문서화에 포함되어야 한다.

(2) 위험관리목적과 전략(risk management objectives and strategies)

이자율변동위험을 회피하기 위한 기업의 전반적인 위험회피목적과 전략이 문서화에 포함되어야 한다.

(3) 위험회피의 유형(type of hedge)

현금흐름위험회피라고 문서에 명시한다.

(4) 위험회피대상항목(hedged item)

미래의 특정 기간(예: 월단위로 구분된 기간)에 발생할 가능성이 매우 높을 것으로 예상되는 예상거래(이자현금흐름)의 집합을 위험회피대상항목으로 문서화한다. 위험회피대상항목에는 현금유입액의 재투자로 발생되는 이자현금흐름, 자산의 이자율 재설정에 따른 이자현금흐름, 현금유출액의 재차입으로 발생되는 이자현금흐름 그리고 부채의 이자율 재설정 및 금융부채의 만기연장에 따른 이자현금흐름이 포함될 수 있다. 미래의 특정 기간에 발생가능성이 매우 높은 현금흐름이 위험회피대상으로 지정된 금액(총액기준)을 초과할 정도로 충분한 수준이라면, 예상거래의 발생가능성과 관련된 조건을 충족하는 것으로 본다(회계문제 (5) 참조).

(5) 회피대상위험(hedged risk)

특정 시장이자율의 변동에 노출된 위험 중 일부를 회피대상 위험으로 지정하여 문서화한다. 특정 시장이자율은 무위험이자율이나 은행간 이자율과 같이 포트폴리오내 모든 항목에 공통된 것이어야 한다. 회피대상위험으로 지정된 이자율위험부분이 위험회피수단인 파생상품과 동일한 수익률곡선(yield curve)[7]에 기초하는 것으로 문서화된다면, 위험회피의 개시시점과 그 후에 위험회피가 효과적이라는 확신을 가지는 데 도움이 될 것이다.

(6) 위험회피수단(hedging instrument)

미래 특정기간에 발생할 위험회피대상항목인 예상거래에 대응하도록 각 파생상품을 미래 특정기간의 특정금액에 대한 위험회피수단으로 문서화한다.

(7) 위험회피효과 평가방법(method of assessing effectiveness)

위험회피수단으로 지정된 기간에 배정된 파생상품의 현금흐름의 변동을 위험회피대상항목인 예상거래의 현금흐름 변동과 비교하여 위험회피효과를 평가하는 방식으로 문서화한다. 현금흐름 변동은 파생상품과 위험회피대상항목에 대하여 적용 가능한 수익률곡선에 기초하여 측정한다.

---

7) 수익률곡선에 대해서는 [예시6-5]를 참조하기 바란다.

2.4 현금흐름위험회피회계의 적용요건

(1) 현금흐름위험회피의 적용요건 충족

회계문제 (4): 현금흐름위험회피관계를 지정한 경우, 현금흐름의 변동을 상쇄하는 데 있어 높은 위험회피효과(hedge effectiveness)를 기대할 수 있어야 한다는 적용요건(IAS39 문단88(2))을 어떻게 충족시키는가?

위험회피효과에 대한 기대가 높다는 것을 보여주기 위해서는 회피대상위험으로 지정된 이자율위험과 위험회피수단의 이자율위험간의 높은 상관관계를 보여주는 과거의 자료나 미래의 예상치에 대한 분석이 필요하다. 기존 파생상품계약을 설정하기 위하여 사용된 위험회피비율(hedge ratio)과 관련된 문서가 있다면 높은 위험회피효과를 기대할 수 있음을 제시하는 근거로 사용될 수 있다.

(2) 예상거래의 발생가능성

회계문제 (5): 현금흐름위험회피관계를 지정한 경우, 예상거래의 발생가능성이 매우 높다는 것(high probability of the forecast transactions, IAS39 문단 88(3))을 어떻게 보여줄 수 있는가?

자산 또는 부채의 이자율 재설정 효과를 포함하는 충분한 수준의 예상현금흐름의 총액이 존재한다는 것을 보여주기 위해서는 만기별 현금흐름표(cash flow maturity schedule)을 작성하는 것이 좋다. 만기별현금흐름표를 작성함으로써 위험회피대상으로 지정된 예상거래가 발생할 가능성이 매우 높다는 것을 입증할 수 있다. 이러한 만기별 현금흐름표는 현금유입액을 재투자하고 현금유출액을 재차입해 온 과거의 실무관행과 경영진의 의도를 문서의 비치로 뒷받침한다는 점에서 중요한 역할을 할 수 있다.

예를 들어, 가까운 미래의 특정 기간에 100원의 현금유입액과 90원의 현금유출액이 발생할 것으로 예상되며, 현금유입액 10원의 예상 재투자를 그 기간의 위험회피대상항목으로 지정하려는 경우, 10원 이상의 예상 현금유입액이 계약에 의하여 명시되고 신용위험이 낮다면, 현금유입액 10원의 발생가능성이 매우 높다고 판단할 수 있다. 또한, 이 경우 현금흐름의 예상 재투자를 재투자기간의 특정 기간 동안 위험회피대상항목으로 지정할 수 있는 근거를 제시하게 된다. 한편, 다른 상황 하에서도 예상거래의 발생가능성이 매우 높다는 근거를 찾을 수도 있다.

(3) 위험회피효과의 평가와 측정

회계문제 (6): 현금흐름위험회피관계를 지정한 경우, 위험회피효과의 평가와 측정(assessment and measurement of effectiveness)을 어떻게 할 것인가 (IAS39 문단88(4)와 88(5))?

위험회피관계를 지정한 기업은 최소한 연차재무제표 또는 중간재무제표를 작성하는 시점에 위험회피효과를 측정해야 한다. 그러나 매월말 또는 적용 가능한 다른 적절한 주기 마다 더 빈번하게 위험회피효과를 측정할 수도 있다. 또 위험회피수단으로 지정된 파생상품의 포지션이 변동되었거나 위험회피가 종결되었을 때마다 위험회피효과를 측정해야 한다. 위험회피효과의 측정은 위험회피대상인 자산과 부채의 공정가치 변동을 당기손익으로 인식하는 것과 현금흐름위험회피수단으로 지정된 파생상품의 공정가치 변동을 인식하는 것이 적절한 지를 확인하는 수단이 된다.

위험회피수단인 파생상품의 현금흐름 변동액을 산출하여, 그 파생상품이 위험회피수단으로 지정된 해당 기간에 배분하고, 위험회피 대상인 예상거래의 현금흐름 변동액으로 산출금액과 비교해야 한다. 현금흐름 변동액의 산출은 위험회피대상항목과 위험회피수단인 파생상품에 적용 가능한 수익률곡선과 위험회피대상기간의 적절한 이자율에 기초하여 이루어져야 한다.

위험회피효과를 결정하기 위해 사용된 기간별 집계표를 계속 유지하여, 최초 기타포괄손익으로 인식한 위험회피수단의 손익을 자본에서 재분류해 당기손익으로 인식하는 기간을 결정하기 위한 기초로 사용할 수 있다.

(4) 위험회피회계의 회계처리

회계문제 (7): 현금흐름위험회피관계를 지정한 경우, 어떻게 회계처리할 것인가?

현금흐름위험회피관계는 다음과 같이 회계처리한다(IAS39 문단95와 100).

(가) 위험회피수단인 파생상품의 손익 중 위험회피에 효과적인 부분은 위험회피효과 측정시마다 기타포괄손익(OCI)으로 인식한다.

(나) 위험회피수단인 파생상품의 손익 중 비효과적인 부분은 당기손익(profit or loss)으로 인식한다.

기타포괄손익으로 인식한 금액은 위험회피대상항목이 당기손익에 영향을 미치는 회계기간에 자본에서 당기손익으로 재분류되어야 한다(IAS39 문단100). 따라서 위험회피대상인 예상거래가 발생하여 당기손익에 반영될 때, 이전에 기타포괄손익으로인식한 금액은 자본에서 당기손익으로 재분류된다. 예를 들어, 이자율스왑이 일련의 예상 현금흐름에 대한 위험회피수단으로 지정된 경우, 스왑의 현금흐름 변동액은 예상 현금흐름과 스왑의 현금흐름이 상쇄되는 기간에 자본에서 당기손익으로 재분류된다.

(5) 현금흐름위험회피요건을 더 이상 충족하지 못하는 경우의 기타포괄손익의 처리

회계문제 (8): 위험회피관계를 현금흐름위험회피로 지정하였으나 위험회피수단이 조기에 종결되거나, 위험회피회계의 적용요건을 더 이상 충족하지 못하거나, 위험회피대상항목인 예상거래가 더 이상 발생하지 않을 것으로 예상되는 경우가 있다. 이 때 기타포괄손익으로 인식한 누적손익은 어떻게 회계처리하는가?

예상거래의 발생가능성이 매우 높다고 더 이상 예상할 수 없거나 위험회피수단이 조기에 종결되는 경우에는 위험회피회계의 적용요건을 더 이상 충족하지 못할 수 있다. 이 때 위험회피수단인 파생상품의 손익 중 위험회피에 효과적인 부분이어서 기타포괄손익으로 인식한 누적손익은 예상거래의 발생가능성에 따라 자본에서 당기손익으로 재분류하는 시점이 달라진다. 즉, 예상거래가 발생할 가능성이 (매우 높지는 않더라도) 있다면 당기손익으로 재분류하지 않고 예상거래가 발생될 때까지 기타포괄손익으로 유지한다(IAS39 문단101(1)과 101(2)). 그러나 위험회피대상항목인 예상거래가 더 이상 발생될 것으로 예상되지 않는 경우에는 누적손익을 기타포괄손익에서 당기손익으로 재분류한다(IAS39 문단101(3)).

2.5 현금흐름위험회피회계와 관련한 기타 개별적 회계문제

회계문제 (9)~(12)에서는 현금흐름위험회피회계와 관련한 기타 개별적인 회계문제를 다룬다.

(1) 위험회피효과가 없는 경우 위험회피수단의 재지정

회계문제 (9): 위험회피수단의 잔여 만기 중 일부 기간에 대하여서만 위험회피관계를 지정할 수는 없다(IAS39 문단75). 현금흐름위험회피관계를 지정하였으나 후속적으로 매우 높은 위험회피효과를 기대할 수 없는 경우, 위험회피수단의 재지정이 가능한가?

위험회피효과가 없는 경우 기존 위험회피관계를 청산하고 새로운 위험회피관계를 지정한다면 위험회피수단의 재지정은 가능하다. 파생상품의 잔여 만기 중 일부 기간에 대하여서만 위험회피수단으로 지정할 수 없도록 되어 있는데(IAS39 문단75), 이때 만기는 원래만기(original period to maturity)를 의미하는 것은 아니다. 위험회피효과(hedge effectiveness의 요건을 충족시키지 못하면, 파생상품의 손익 중 비효과적인 부분은 즉시 당기손익으로 인식하고(IAS39 문단95(2)), 기존에 지정한 위험회피관계에 기초한 위험회피회계는 중단해야 한다(IAS39 문단101). 이러한 경우, 새로운 위험회피관계가 위험회피회계의 적용요건을 충족한다면, 당해 파생상품을 전진적으로 새로운 위험회피관계의 위험회피수단으로 재지정할 수 있다. 파생상품은 잔여 만기 전체 기간에 대하여 위험회피수단으로 재지정되어야 한다.

(2) 위험회피대상항목이 예상거래인 경우 기타포괄손익으로 인식한 위험회피수단의 손익의 회계처리

회계문제 (10): 현금흐름위험회피에서, 이자율위험에 대한 순노출(net exposure to interest rate risk)을 관리하기 위하여 사용되는 파생상품을 총액기준의 예상이자현금흐름의 전체 또는 일부에 대한 위험회피수단으로 지정한 경우, 위험회피대상항목인 예상거래의 발생 시 자산 또는 부채를 인식하며, 기타포괄손익으로 인식한 위험회피수단의 손익의 일부분을 자본에 그대로 인식하는가?

그렇지 않다. 이자율 위험에 대한 순노출을 관리하기 위한 위험회피관계에서, 위험회피대상항목은 미래 특정기간의 이자현금흐름으로 구성된 예상거래의 집합이다. 위험회피대상항목인 예상거래는 발생하기 전까지는 자산이나 부채의 인식을 수반하지 아니하며, 위험회피대상으로 지정된 이자율의 변동효과는 예상거래가 발생되는 시기에 당기손익으로 인식한다. 파생상품이 미래의 금융자산의 취득이나 금융부채의 발행에 대하여 위험회피수단으로 지정된 경우, 기타포괄손익으로 인식한 관련손익은 위험회피대상 예상현금흐름이 당기손익에 영향을 미치는 회계기간(예를 들면, 이자비용을 인식하는 시기)에 자본에서 당기손익으로 재분류한다. 그러나 기타포괄손익으로 인식한 순손실의 전부 또는 일부가 미래기간에 회복되지 않을 것으로 예상된다면, 회복되지 않을 것으로 예상되는 금액의 손익을 자본에서 당기손익으로 즉시 재분류해야 한다.

(3) 현금흐름변동위험에 노출된 현금흐름의 일부분을 위험회피대상으로 지정

회계문제 (11): IAS39에 따르면 현금흐름변동위험에 노출되어 있는 현금흐름의 일부분을 위험회피대상항목으로 지정하는 것이 가능한가?

가능하다. IAS39는 현금흐름변동위험에 노출되어 있는 예상거래 현금흐름의 일부분을 위험회피하는 것에 대하여 특별히 언급하고 있지 않다. 그러나 위험회피효과를 측정할 수 있는 경우, 금융자산이나 금융부채는 당해 현금흐름 또는 공정가치의 일부에만 관련되는 위험에 대하여 위험회피대상항목이 될 수 있다(IAS39 문단81). 자산과 부채의 이자율을 재설정함에 따라 현금흐름변동위험에 노출되는 일부분을 위험회피할 수 있다는 것은 현금유입액의 예상 재투자 또는 금융부채의 재차입이나 만기연장으로 인하여 발생하는 현금흐름변동위험에 노출되게 되는 일부분을 위험회피할 수 있다는 것을 의미한다. 위험에 노출된 일부를 위험회피대상항목으로 지정할 수 있는지의 여부는 위험회피효과의 측정가능 여부에 따라 달라진다. 이것이 타당한 이유는 금융자산이나 비금융부채는 전체 위험이나 외화위험에 대해서만 위험회피대상항목으로 지정할 수 있으며 기타 다른 위험 중 일부의 위험에 대해서는 지정할 수 없기 때문이다(IAS39 문단 82). 이는 현금흐름이나 공정가치의 변동에서 특정 위험으로 인한 변동부분을 구분하여 측정하는 것이 어렵기 때문이다. 따라서 위험회피효과를 측정할 수 있다면, 변동금리부 자산이나 변동금리부 부채에 대한 이자율의 재설정 등과 관련하여 현금흐름변동위험에 노출되게 되는 예상거래의 일부분을 위험회피대상항목으로 지정할 수 있다.

(4) 상이한 조건의 예상거래가 위험회피대상항목의 집합이 될 수 있는 요건

회계문제 (12): 예상거래의 집합(a group of forecast transactions)을 위험회피대상항목으로 문서화함에 있어서 각각의 예상거래는 발생 시 신용위험, 만기, 옵션의 성격 등에서 서로 다른 조건을 포함할 수 있는데, 위험회피대상항목의 집합이 유사한 위험특성을 가져야 한다는 조건(IAS39 문단78과 83)을 어떻게 충족할 수 있는가?

유사한 위험의 특성을 갖는 자산, 부채, 확정계약 또는 예상거래의 집합에 대한 위험회피회계를 적용할 수 있다(IAS39 문단78). 또한, 두 가지 조건이 충족된다면 포트폴리오 위험회피가 가능하다고 규정하고 있다(IAS39 문단83). 첫째 조건은, 포트폴리오에 포함된 개별 항목은 지정된 회피대상위험과 동일한 위험(same risk)에 노출되어 있어야 한다는 것이며, 둘째 조건은 집합에 포함된 개별 항목의 회피대상위험으로 인한 공정가치 변동은 집합 전체의 공정가치 변동에 거의 비례(proportional change)해야 한다는 것이다.

파생상품을 위험에 노출된 총액에 대한 위험회피수단으로 지정하는 경우, 일반적으로 위험회피대상항목은 예상거래의 집합이 된다. 예상거래의 집합과 관련된 현금흐름변동위험을 회피하는 경우, 예상거래의 전반적인 위험은 재조정되는 자산 또는 부채가 갖고 있는 위험과 매우 다를 수 있다. 예상거래로 인해 노출되는 위험은 신용위험, 만기, 옵션, 기타 요소 등과 관련되는 조건에 따라 달라질 수 있다. 위험에 전반적으로 노출된 정도가 집합에 포함된 개별 항목별로 다르더라도, 집합에 포함된 각 개별항목에 내재된 특정위험(예컨대 신용위험)을 위험회피대상으로 지정할 수 있다.

위험회피대상으로 지정되는 동일한 위험을 공유한다면, 포트폴리오에 포함된 개별 항목들이 반드시 위험에 동일하게 노출되어 있을 필요는 없다. 금융상품으로 구성된 포트폴리오가 일반적으로 공유하는 공통위험(common risk)은 무위험이자율(risk-free interest rate) 또는 지표금리 또는 기준금리(benchmark interest rate)의 변동에 따른 위험이다. 또한 포트폴리오에서 최상의 신용등급을 가지는 금융상품(예: 신용위험이 가장 낮은 금융상품)과 동등한 신용위험을 가지는 특정 이자율의 변동에 따른 위험도 공통위험이 될 수 있다. 환언하면, 공통위험은 시장전반적인 위험이며 일반적인 위험이라고 할 수 있다. 포트폴리오에 포함된 금융상품별로 신용위험에 노출된 정도가 서로 다르다면, 이러한 금융상품들은 노출된 위험의 일부분에 대하여 집단적으로 위험회피할 수 있다. 위험회피대상으로 지정되는 집단의 공통위험은 포트폴리오에 포함된 최상의 신용등급을 가지는 금융상품의 이자율변동에 따른 위험이다. 이러한 경우 집합에 포함된 개별항목의 회피대상위험으로 인한 공정가치 변동은 집합 전체의 회피대상위험으로 인한 공정가치 변동에 거의 비례할 것으로 기대된다고 확신할 수 있다. 위험회피관계가 위험회피수단 전체에 대하여 지정된다(IAS39 문단74). 따라서 위험회피수단의 신용상태가 위험회피대상이 되는 최상의 신용등급을 가지는 금융상품의 신용상태보다 낮은 경우에는 위험회피에 있어서 비효과적인 부분이 발생될 수 있다. 예를 들어, 자산의 포트폴리오가 A, BB 및 B 등급의 자산으로 구성되고, 이러한 자산에 대한 현행 시장이자율이 각각 LIBOR+0.20%, LIBOR+0.40%, LIBOR+0.60%이라고 하자. 이 경우 변동금리에 대한 현금흐름위험을 회피하기 위하여 고정금리를 수취하고, LIBOR에 기초한 변동금리를 지급하는 스왑을 위험회피수단으로 사용할 수 있다. 회피대상위험으로 LIBOR를 지정한다면, 위험회피대상항목의 LIBOR에 가산되는 신용차이는 위험회피관계와 위험회피효과의 평가에서 제외된다.

[예시8-2] 이자율변동 위험관리[8)]

이 예시는 이자율위험을 전사적으로 관리하는 금융기관이 위험회피 포지션을 설정하고, 감독하고, 조정하는 과정과 위험회피회계의 접근법에 따라 현금흐름위험회피회계의 적용요건을 충족시키는 과정을 예시하고 있다. 이러한 목적을 위하여 이 사례는 기존의 위험관리시스템에 대한 불필요한 변경, 거래기록 및 추적을 피하면서 기존의 시스템을 그대로 활용하여 위험회피회계를 가능하게 하는 방법론을 제시하고 있다.

여기에 예시된 접근방법은 위험회피회계를 적용하기 위하여 사용할 수 있는 위험관리절차 중의 일부에 불과하며, 이와 다른 위험관리절차를 사용할 수 없다거나 사용하여서는 안 된다는 것을 의미하는 것은 아니다. 예시된 접근방법은 만기연장되는 기업어음에 대한 위험회피와 같이 그 밖의 상황(예: 일반 기업의 현금흐름위험회피)에도 적용될 수 있다.

1) 현금흐름변동위험에 노출된 정도의 식별, 평가 및 축소

특정 통화로 표시된 예상현금흐름을 전사적으로 분석함으로써 이자율위험을 관리하는 금융기관의 위험관리활동에 초점을 맞추어 논의하고 예시하기로 한다. 금융기관이 이자율위험을 식별하고, 동 위험을 관리하기 위하여 위험회피거래를 체결하며, 위험관리활동의 위험회피효과를 평가하여 현금흐름위험회피회계의 적용가능성을 검토하고 실제 적용하기 위하여 현금흐름의 분석은 그 기초가 된다.

이 예시에서 제0기의 기초 현재 A은행은 다음과 같은 미래 예상현금흐름순액과 특정 통화로 표시된 이자율스왑으로 구성되는 위험회피 포지션을 가지고 있다고 가정한다. 이러한 현금흐름은 기간말에 발생하며, 현금유입액의 재투자나 재조정, 현금유출액의 재차입이나 재조정의 결과로 다음 기간의 이자율 변동에 따른 현금흐름변동위험을 발생시키는 것으로 예상한다.

또한 이 예시에서 A은행은 이자율위험을 지속적으로 관리하는 프로그램을 가지고 있다고 가정한다. 〈표 8-1〉은 제0기의 기초 현재 존재하였던 예상현금흐름과 위험회피포지션을 보여준다. 〈표 8-1〉은 분석의 출발점을 제공할 목적으로 제시되며, 제2기의 기초 시점에 이루어지는 평가와 관련하여 기존의 위험회피를 검토할 기본자료가 된다.

---

8) IAS39 실무적용지침F.6.3 참조

〈표 8-1〉 기말: 예상현금흐름 및 위험회피 포지션 (단위:원)

분 기	0기	1기	2기	3기	4기	5기	...n
예상현금흐름순액		1,100	1,500	1,200	1,400	1,500	x,xxx
이자율스왑:							
고정수취, 변동지급(명목금액)	2,000	2,000	2,000	1,200	1,200	1,200	x,xxx
고정지급, 변동수취(명목금액)	(1,000)	(1,000)	(1,000)	(500)	(500)	(500)	x,xxx
이자율스왑 고려 후 순노출		100	500	500	700	800	x,xxx

〈표 8-1〉은 5개 분기를 보여주고 있으나, 실제 분석에서는 더 장기 기간으로 확장될 수 있다. 전사적으로 이자율위험을 관리하는 금융기관은 주기적으로 위험에 노출된 현금흐름을 재평가하는데 평가주기는 회사의 위험관리정책에 따라 달라질 수 있다.

이 예시에서 A은행은 제0기 말에 위험에 노출된 현금흐름을 재평가한다. 평가의 1단계로서 단기자산과 단기부채의 만기연장을 포함하는 기존 이자부자산과 이자부부채에서 발생되는 예상 현금흐름의 위험에 대한 노출정도를 순액으로 산출한다. 〈표 8-2〉는 이러한 위험에 노출된 순액의 현금흐름에 대한 예상치를 예시하고 있다. 위험관리목적상 이자율위험에 대한 노출정도를 평가하는 일반적인 기법은 시기별로 이자율에 민감한 자산과 이자율에 민감한 부채사이의 차이를 분석하는 이자율민감도차이분석(interest rate sensitivity gap analysis)이다. 이러한 분석을 통하여 위험회피회계를 적용할 '이자율위험에 따른 현금흐름변동위험에 노출된 정도'를 식별할 수 있다.

〈표 8-2〉 예상 순현금흐름 및 재조정위험 노출액 (단위:원)

분 기	주석	1기	2기	3기	4기	5기	...n
현금유입 및 재조정 노출액: 자산							
원금 및 이자의 수취:							
장기고정금리	①	2,400	3,000	3,000	1,000	1,200	x,xxx
단기(만기연장)	①②	1,575	1,579	1,582	1,586	1,591	x,xxx
변동금리: 원금수취	①	2,000	1,000	-	500	500	x,xxx
변동금리: 추정이자	②	125	110	105	114	118	x,xxx
예상 현금유입 합계		*6,100*	*5,689*	*4,687*	*3,200*	*3,409*	*x,xxx*
변동금리부자산	③	8,000	7,000	7,000	6,500	6,000	x,xxx
현금유입 및 재조정	④	***14,100***	***12,689***	***11,687***	***9,700***	***9,409***	***x,xxx***

분 기	주석	1기	2기	3기	4기	5기	. . .n
현금유출 및 재조정 노출액: 부채							
원금 및 이자의 지급:							
장기고정금리	①	2,100	400	500	500	301	x,xxx
단기(만기연장)	①②	735	737	738	740	742	x,xxx
변동금리: 원금지급	①	-	-	2,000	-	1,000	x,xxx
변동금리: 추정이자	②	100	110	120	98	109	x,xxx
예상 현금유출 합계		2,935	1,247	3,358	1,338	2,152	x,xxx
변동금리부부채	③	8,000	8,000	6,000	6,000	5,000	x,xxx
현금유출 및 재조정	④	***10,935***	***9,247***	***9,358***	***7,338***	***7,152***	***x,xxx***
순노출액	*⑤*	*3,165*	*3,442*	*2,329*	*2,362*	*2,257*	*x,xxx*

주석사항:

① 경영진의 의도와 시장요소에 기초한 가정 및 계약상의 조건들을 사용하여 현금흐름을 추정한다. 단기자산과 단기부채는 후속기간에 계속해서 만기가 연장되는 것으로 가정한다. 중도상환 및 채무불이행에 대한 가정과 예금의 인출은 시장에 관한 자료와 과거 경험 자료에 기초하여 산출한다. 원금과 이자의 현금유입과 현금유출은 각 기간 말 당시의 현행 시장이자율로 각각 재투자되거나 재차입될 것이며, 노출된 지표금리(benchmark interest rates)의 위험을 공유하는 것으로 가정한다.

② 변동금리부 금융상품의 이자를 추정하고 만기연장되는 단기자산과 단기부채의 금액을 추정하기 위하여 〈표 8-6〉의 선도금리(forward interest rates)를 사용한다. 모든 예상 현금흐름은 해당 현금흐름이 발생할 것으로 기대되는 특정기간(3개월, 6개월, 9개월, 12개월)에 배정한다. 비록 실제 재투자되는 금액은 순이자 해당액이더라도 재투자, 재차입, 재조정으로 인한 이자현금흐름을 총액으로 표시하여 이자현금흐름정보가 누락되지 않도록 한다. 일부 기업의 경우 위험관리목적상 이자현금흐름 예상액을 무시할 수도 있다. 왜냐하면 예상 이자현금흐름이 영업비용으로 사용되기도 하고, 그 나머지 금액은 위험관리를 위한 의사결정에 유의적인 영향을 주지 않을 것이기 때문이다.

③ 변동금리부자산과 변동금리부부채의 잔액이 재조정되는 각 기간에 해당 변동금리부자산과 변동금리부부채의 잔액이 포함되도록 예상현금흐름을 조정한다. 이들 변동금리부자산과 변동금리부부채의 원금이 실제 수수되는 현금흐름은 아니지만, 이자는 원금에 각 기간의 현행 시장이자율을 적용하여 계산되므로, 원금이 재투자되거나 재차입되는 경우와 동일하게 기업은 당해 원금으로 인하여 이자율 위험에 노출된다.

④ 현금흐름변동위험과 재조정위험에 노출된 각 기간별 예상현금흐름은 당해 예상거래가 발생되는 시점에 유효한 시장이자율로 재투자되거나 재조정될 현금유입 원금과 재차입되거나 재조정될 현금유출 원금을 의미한다.

⑤ 현금흐름변동위험과 재조정위험에 노출된 순현금흐름은 자산에서 발생하는 현금유입액의 변동위험 및 재조정위험에 노출된 현금흐름과 부채에서 발생하는 현금유출액의 변동위험 및 재조정위험에 노출된 현금흐름의 차이이다. 예시에서 A은행은 이자율이 하락할 위험에 노출되어 있다. 왜냐하면, 자산으로부터 발생되는 위험에 대한 노출정도가 부채로부터 발생되는 위험에 대한 노출정도를 초과하며(순자산상태이며), 동 초과액은 현금유출액의 재차입이나 재조정으로 상쇄되지 아니하고, 현행 시장이자율로 재투자되거나 재조정될 것이기 때문이다.

일부 은행들은 무이자부 요구불예금의 일부를 경제적으로는 장기성부채와 동등하다고 간주하지만, 이러한 예금은 이자율에 따른 현금흐름변동위험을 발생시키지 않으므로, 회계목적상 이 분석에서는 이러한 예금을 제외하였다.

〈표 8-2〉 '예상 순현금흐름 및 재조정위험 노출액'은 이자율에 따른 현금흐름변동위험을 평가하고 위험회피 포지션을 조정하기 위한 출발점에 지나지 않는다. 완전하게 분석하기 위하여 〈표 8-3〉 '예상 순노출액과 위험회피 포지션의 분석'에서 보는 바와 같이 미결제 위험회피 포지션을 추가해야 한다. 〈표 8-3〉에서 각 기간별로 위험에 노출된 순액의 예상 현금흐름(〈표 8-2〉 참조)과 기존 위험회피 포지션(〈표 8-1〉 참조)을 비교하고 위험회피관계에 조정이 필요한지를 고려하게 된다.

〈표 8-3〉 예상 순노출액과 위험회피 포지션의 분석 (단위:원)

분 기	1기	2기	3기	4기	5기	...n
현금흐름 및 재조정관련 순노출액(〈표 8-2〉)	3,165	3,442	2,329	2,362	2,257	x,xxx
이자율스왑(〈표 8-1〉):						
고정수취, 변동지급(명목금액)	2,000	2,000	1,200	1,200	1,200	x,xxx
고정지급, 변동수취(명목금액)	(1,000)	(1,000)	(500)	(500)	(500)	x,xxx
기존 스왑 고려후 순노출액	*2,165*	*2,442*	*1,629*	*1,662*	*1,557*	*x,xxx*
미결제 위험회피 포지션을 조정하기 위한 추가 스왑거래:						
고정수취, 변동지급 스왑1 (명목금액, 10년 만기)	2,000	2,000	2,000	2,000	2,000	x,xxx
고정지급, 변동수취 스왑2 (명목금액, 3년 만기)			(1,000)	(1,000)	(1,000)	x,xxx
기타스왑						x,xxx
위험회피되지 않은 현금흐름 및 재조정 노출액	*165*	*442*	*629*	*662*	*557*	*x,xxx*

〈표 8-3〉의 숫자들 및 거래에 대해서 간략하게 정리하면 다음과 같다.

〈표 8-2〉의 요약인 변동이자를 수취하는 순자산 상태이기 때문에 이자율변동에 따라 현금유입이 감소할 위험에 노출되어 있다. 〈표 8-1〉에 따르면 이자율스왑을 이용하여 이를 일부 회피할 수 있도록 위험회피관계를 지정하였다. 예컨대, 제1기에는 3,165원이 순노출액인데 기존 이자율스왑(순액 1,000원)을 이용하여 현금흐름을 일부 회피하고 있다. 따라서 기존 스왑을 고려한 후에도 노출된 위험이 2,165원이 있기 때문에 고정금리를 수취하고 변동금리를 지급하는 스왑1(2,000원)을 추가로 이용하여 현금흐름위험회피를 한다. 그 결과 위험회피되지 않은 노출액은 허용가능한 범위(tolerable limit) 내인 165원으로 줄어든다.

분석기준일 현재 보유 중인 이자율스왑의 명목금액을 매 기간에 포함시킴으로써 이자율스왑이 위험에 노출된 현금흐름에 미치는 영향을 파악할 수 있게 된다. 이로서 매 기간별로 명목금액에 대한 이자가 산출되며, 보유 중인 스왑의 변동금리부분 역시 분기마다 현행 시장이자율로 재조정된다. 이자율스왑의 명목금액도 이자율에 따라 현금흐름이 변동하는 위험을 발생시키는데, 이는 변동금리부자산의 원금잔액과 변동금리부부채의 원금잔액이 이자율위험에 노출되어 있는 것과 비슷하다.

이때 기존 위험회피 포지션을 고려한 후에도 잔존하는 위험노출금액은, 기존 위험회피 포지션의 조정이 필요한 정도를 결정하기 위하여 평가된다. 〈표 8-3〉의 마지막 행은 제1기의 기초시점에서 위험에 대한 순노출정도를 기업의 위험관리정책에 따라 설정된 허용범위 이내로 감소시키기 위하여 이자율스왑거래를 활용한 후의 순노출액을 보여주고 있다.

현금흐름변동위험 전체가 제거되지 않은 본 예시에서 보는 바와 같이, 대부분의 금융기관들은 위험을 모두 제거하는 것이 아니라 일정한 허용가능수준 이내로 감소시킨다.

예상순현금흐름표(〈표 8-3〉 참조)에서 식별된 이자율위험에 따른 현금흐름변동위험을 관리하기 위해서는 다양한 종류의 파생상품이 사용될 수 있으나, 본 예시에서는 모든 위험회피활동에 이자율스왑을 사용하는 것으로 가정한다. 또 이자율스왑을 감소시킬 필요가 있는 기간에 대하여, 보유 중인 이자율스왑의 일부 포지션을 종료시키는 대신, 반대의 수익 구조를 가지는 새로운 스왑을 스왑포트폴리오에 추가하는 것으로 가정한다.

〈표 8-3〉의 예시에서 제1기와 제2기의 위험에 노출된 순액을 감소시키기 위하여

고정금리를 수취하고 변동금리를 지급하는 스왑1이 사용되었다. 스왑1의 만기는 10년이기 때문에 표에는 나타나지 않는 기간 동안에 위험에 노출된 부분을 감소시키게 된다. 그러나 제3기~제5기에는 초과 위험회피하는 결과를 초래한다. 이 경우 제3기에 개시하는 고정금리를 지급하고 변동금리를 수취하는 스왑2를 사용하여 제3기~제5기 동안의 고정금리를 수취하고 변동금리를 지급하는 이자율스왑의 명목금액을 감소시킨다. 이렇게 함으로써 초과 위험회피 포지션을 감소시킬 수 있다.

많은 경우에 아무런 조정을 하지 않거나 미결제 위험회피 포지션에 대한 1회의 조정을 통하여 노출된 위험을 허용가능범위 이내로 관리할 수 있으나, 기업의 위험관리 정책상 위험에 대한 허용범위가 매우 낮게 설정되는 경우에는 잔존하는 위험을 추가적으로 감소시키기 위하여 미래기간에 위험회피 포지션을 자주 조정해야 하는 경우도 있다.

일부 이자율스왑이 위험회피를 목적으로 체결된 다른 이자율스왑에 의하여 완전히 상쇄되는 경우에는 위험회피회계를 위해 지정된 위험회피관계에 이 이자율스왑들을 계속하여 포함시킬 필요는 없다. 상쇄되는 포지션을 가지는 스왑들을 함께 위험회피수단의 지정에서 제외할 수 있으며, 이들 스왑을 회계목적상 위험회피 포트폴리오에서 단기매매 포트폴리오로 재분류할 수 있다. 다만, 이러한 절차는 회계목적상 위험회피관계의 지정과 추적이 가능한 스왑계약으로 한정된다. 이 예시에서는 제1기의 기초 및 제1기~제5기의 기간 중 고정금리를 지급하고 변동금리를 수취하는 명목금액 500원의 스왑과 고정금리를 수취하고 변동금리를 지급하는 명목금액 500원의 스왑이 완전히 상쇄되기 때문에 위험회피수단의 지정을 해제하고, 단기매매목적으로 재분류하고 있다고 가정한다.

〈표 8-3〉의 이자율스왑 포지션에서 상쇄되는 포지션을 반영한 후에 잔존하는 총이자율스왑의 포지션은 〈표 8-4〉와 같다.

〈표 8-4〉 위험회피수단으로 지정된 이자율스왑 (단위:원)

분 기	1기	2기	3기	4기	5기	...n
고정수취, 변동지급(명목금액)	3,500	3,500	2,700	2,700	2,700	x,xxx
고정지급, 변동수취(명목금액)	(500)	(500)	(1,000)	(1,000)	(1,000)	x,xxx
미결제스왑의 순포지션	*3,000*	*3,000*	*1,700*	*1,700*	*1,700*	*x,xxx*

여기에서 고정금리를 수취하고 변동금리를 지급하는 스왑의 제1기 금액은 기존에 있던 2,000원과 추가로 체결한 스왑1의 명목금액 합계 4,000원에서 상쇄되는 부분 500원을 차감하면 3,500원이 된다. 마찬가지로 고정금리를 지급하고 변동금리를 수취하는 스왑의 제1기 금액은 기존에 있던 1,000원에서 상쇄되는 부분 500원을 차감하면 500원이 된다. 따라서 제1기의 미결제스왑의 순포지션은 3,500원에서 500원을 차감한 3,000원이 된다.

한편, 이 예시에서 스왑2는 제1기 초에 체결되었으며 이미 위험회피수단으로 회계처리하고 있는 다른 스왑을 단지 부분적으로만 상쇄할 뿐이기 때문에 위험회피수단으로 계속 지정하는 것으로 가정한다.

2) 위험회피회계에 대한 고려사항

① 위험회피관계 지정의 예시

현재까지의 논의 및 예시에서는 미래 기간의 위험을 식별하고, 이러한 위험을 조정하기 위하여 이자율스왑을 이용하는 경우의 경제적 고려사항 및 위험관리상 고려사항을 주로 다루었으며, 이는 회계목적상 위험회피관계를 지정하는 근거가 된다.

IAS39에서의 예시에서는 주로 하나의 위험회피대상항목과 하나의 위험회피수단으로 이루어지는 위험회피관계를 다루고 있으며, 위험을 집중시켜 관리하는 경우에 현금흐름위험회피를 위한 포트폴리오 위험회피관계에 대한 논의와 실무지침은 거의 없다. 이 예시에서는 복수의 거래 또는 포지션으로 인하여 복수의 위험을 갖는 포트폴리오의 위험 중 하나의 위험요소와 관련된 위험회피관계에 일반 원칙을 적용한다.

위험회피회계를 적용하려면 위험회피관계를 지정하는 과정이 필요하다. 위험회피관계 지정이 이루어지는 방식은 위험회피관계가 회계목적상 효과적인지의 정도를 판단하는 데 영향을 미친다. 또한 위험회피관계 지정은 회계목적상 위험회피활동을 추적하기 위해 기존 위험관리시스템을 수정하여야 한다면 그 범위를 어디까지로 할 것인지에도 영향을 미친다. 따라서 기업은 불필요한 회계기록과 추적을 피하고, 위험관리시스템으로부터 이미 생성된 정보를 활용함으로서 시스템을 불필요하게 변경하는 것을 피하는 방식으로 위험회피관계를 지정하는 것을 선호할 수 있다. 다른 방식으로 지정할 경우 회계목적상 인식할 것으로 기대되는 비효과적인 부분의 정도를 고려하여 위험회피관계를 지정할 수도 있다.

위험회피관계를 지정하는 경우 많은 요소들을 구체적으로 정하여야 한다. 여기에서는 현금유입과 관련된 이자율위험에 대한 위험회피 관점에서 요소들을 검토한다. 이러한 지침은 현금유출과 관련된 이자율위험에 대한 위험회피에도 적용될 수 있다. 현금유입액과 관련하여 위험에 노출된 총액을 모두 이자율스왑에 의하여 위험회피할 수 있는 것은 아니다. 〈표 8-5〉 '일반적인 위험회피관계'에서는 〈표 8-2〉에서 식별된 재투자위험에 노출된 총액 중 일부를 이자율스왑에 의하여 의 회피하는 것을 예시로 들고 있다.

〈표 8-5〉 일반적인 위험회피관계 (단위:원)

분 기	1기	2기	3기	4기	5기	. . .n
현금유입 및 재조정 노출액(〈표 8-2〉)	14,100	12,689	11,687	9,700	9,409	x,xxx
고정수취, 변동지급 스왑(〈표 8-4〉)	3,500	3,500	2,700	2,700	2,700	x,xxx
위험회피비율	*24.8%*	*27.6%*	*23.1%*	*27.8%*	*28.7%*	*xx.x%*

위험회피비율(hedged exposure percentage, hedge ratio)은 고정금리를 수취하고 변동금리를 지급하는 미결제 스왑의 명목금액을 위험에 노출된 총액으로 나누어 산출한다. 〈표 8-5〉에서 매 기간별 예상 재투자액은 고정금리를 수취하고 변동금리를 지급하는 스왑의 명목금액 이상을 상쇄할 만큼 충분한 수준이며, 예상거래의 발생가능성이 매우 높아야 한다는 위험회피회계의 적용요건을 충족시킨다.

그러나 구체적으로 이자율스왑과 위험회피대상으로 지정된 이자율에 따른 현금흐름변동위험이 어떻게 관련되는지, 이자율스왑이 위험을 감소시키는데 얼마나 효과적인지를 명확하게 보여주지는 못한다. 더 구체적인 지정은 〈표 8-6〉 '구체적인 위험회피관계'에서 예시하고 있다. 〈표 8-6〉은 향후 이자율의 변동과 관련되는 현금흐름의 변동성을 제거하는 위험회피의 목적과, 그리고 위험회피 개시시점에 존재하는 이자율의 기간구조(term structure)에 내재된 고정금리와 일치하는 이자율을 확보하는 위험회피의 목적에 초점을 둠으로써 위험회피의 지정에 대한 좀 더 복잡한 서술을 구체적으로 보여주는 의미 있는 방법을 제시한다.

현금유입액의 재투자와 자산의 재조정에 따른 이자예상액은 위험에 노출된 총액에 해당 기간의 선도금리(forward rate)를 곱하여 산출한다. 예를 들어, 제2기의 경우 위험에 노출된 총액인 14,100원에 제2기부터 제5기의 기간에 해당하는 5.50%, 6.00%, 6.50% 및 7.25%의 선도금리를 각각 곱하는 방식으로 이자율의 현행 기간구조에 기초한 분기별 이자예상액을 산출한다. 위험회피대상이 되는 이자예상액은 각 3개월의 기간에 해당하는 이자예상액에 위험회피비율을 곱하여 산출한다.

〈표 8-6〉 구체적인 위험회피관계 (단위:원)

분 기			이자율의 기간구조					
			1기	2기	3기	4기	5기	. . .n
현물금리			5.00%	5.25%	5.50%	5.75%	6.05%	x.xx%
선도금리[(*)]			5.00%	5.50%	6.00%	6.50%	7.25%	x.xx%
현금흐름 노출액과 예상 이자금액								
재조정 기간	예상거래 발생시기	노출총액	예상 이자금액					
2	3 개월	14,100	→	**194**	212	229	256	
3	6 개월	12,689			**190**	206	230	xxx
4	9 개월	11,687				**190**	212	xxx
5	12 개월	9,700					**176**	xxx
6	15 개월	9,409						**xxx**
전분기의 위험회피비율(〈표 8-5〉)				24.8%	27.6%	23.1%	27.8%	xx.x%
위험회피대상 예상 이자금액				48	52	44	49	xx

(*) 현물금리로부터 산출되는 선도금리와 실제 계산된 선도금리를 이용하여 산출되는 예상 이자금액은 반올림하여 표시한다.

〈표 8-6〉에서 예컨대 제2기의 예상 이자금액은 제2기의 노출총액에 선도금리를 곱한 금액인 '14,100원 × 0.055 × 1/4 = 194원'으로 산출된다. 한편 위험회피대상 예상 이자금액은 예상 이자금액에 위험회피비율은 곱하여 '194원 × 0.248 = 48원'으로 산출된다.

선도금리의 변동위험에 노출된 금액은 동일하기 때문에, 위험에 노출된 총액을 고정금리부 장기 채무상품에 재투자하든, 변동금리부 장기 채무상품에 재투자하든 또는 후속되는 매 기간에 만기가 연장되는 단기 채무상품에 재투자하든 재투자의 방식은 중요하지 않다. 예를 들어, 14,100원을 제2기의 기초에 고정금리로 6개월간 재투자하는 경우 5.75%로 재투자하게 된다고 하자. 예상 이자는 제2기와 제3기의 선도금리인 5.50%와 6.00%의 평균으로 산출되며 제2기에서의 다음 6개월간의 현물금리인 5.75%[(1.055 × 1.060)1/2]와 동일하다.

그러나 예상거래가 발생한 이후 최초 3개월 동안의 현금유입액의 재투자 또는 총금액의 재조정에 따른 예상 이자만이 위험회피대상으로 지정된 부분이다. 위험회피대상인 예상 이자는 〈표 8-6〉에서 강조체로 표시되어 있다. 이후 기간에서 위험에 노출된 부분은 위험회피하지 않았다. 이 예시에서 이자율위험에 노출되어 위험회피대상이 된 부분은 제2기의 선도금리 5.50%이다. 지속적으로 위험회피효과를 평가하고, 실제 위험회피의 비효과적인 부분을 계산하기 위하여, 기업은 위험회피대상인 〈표 8-6〉의 이자현금유입액에 관한 정보를 사용해 새로 추정된 예상 이자현금유입액과 비교할 수 있다. 예를 들어 〈표 8-2〉와 유사한 방식을 사용할 수 있다. 예상되는 이자현금유입액이 위험회피대상으로 지정된 이자현금유입액을 초과한다면, 위험회피대상으로 지정된 현금유입액의 공정가치 누적변동분을 위험회피수단의 공정가치 누적변동분과 비교하여 위험회피의 실제 효과를 산출할 수 있다. 만약 예상되는 이자현금유입액이 충분하지 않은 경우에는 위험회피에 비효과적인 부분이 존재할 것이다. 이때 예상되는 이자현금흐름 중 위험회피대상으로 지정된 현금흐름에 미달하는 부분의 공정가치 누적변동분을 위험회피수단의 공정가치 누적변동액과 비교하여 위험회피에 비효과적인 부분을 측정할 수 있다.

3) 위험회피관계의 지정에 대한 문서화

위험회피관계를 지정하는 경우에는 다양한 사항들을 구체적으로 정하여 이를 문서화해야 한다. 이러한 위험회피관계의 지정은 복잡하지만, 회계목적상 인식해야 하는 비효과적인 부분의 한도를 정하고, 불필요한 시스템의 변경이나 회계기록을 회피하기 위하여 필요하다. 다음의 예시에서 위험회피회계지정과 관련하여 상기 예시에서 명시하지 아니한 추가적인 사항을 식별하여 보다 충분하게 설명하고 있다.

지정(예시)
위험회피 목적: 위험회피대상기간의 이자율 변동위험을 제거하는 것을 목적으로 한다. 위험회피대상기간과 동일한 만기를 가지는 이자율스왑을 통하여 실질적으로 이자율스왑의 고정이자와 동일한 고정이자를 수취한다.

위험회피의 종류:

현금흐름위험회피

위험회피수단:

이자율위험에 따른 현금흐름변동위험을 회피하기 위하여 고정금리를 수취하고 변동금리를 지급하는 스왑을 위험회피수단으로 지정한다.

다음에서 발생되는 이자현금유입액의 3개월 해당액을 위험회피하기 위하여 각 스왑을 재조정한다.

- 〈표 8-5〉 상의 원금의 예상 재투자 또는 재조정
- 스왑 만기까지의 기간 중 재조정일 이후에 발생하는 관련되지 않은 투자 또는 재조정으로서 다른 차입자 또는 대여자와 관련되는 투자 또는 재조정

위험회피대상항목: 개요

위험회피대상항목은 〈표 8-5〉에서 각 기간에 발생할 것으로 식별된 현금흐름의 재투자나 재조정으로부터 발생할 총이자현금유입액 중 일부이다. 위험회피의 대상이 되는 이자현금유입액의 일부분은 다음의 세 가지 요소로 구성된다.

- 이자현금유입액을 발생시키는 원금요소와 이자현금유입이 발생하는 시기
- 이자율 요소
- 위험회피되는 시간 요소 또는 기간

위험회피대상항목: 원금요소

위험회피대상이 되는 이자현금유입액의 일부분은 각 기간에 투자되거나 재조정되는 원금에서 최초로 발생하는 금액으로서 다음과 같은 성격을 가진다.

- 재투자 또는 재조정되는 기간 중 미결제상태인 이자율스왑으로서, 위험회피수단으로 지정된 고정금리를 수취하고 변동금리를 지급하는 이자율스왑의 명목 금액의 합계와 일치한다.
- 이자율스왑의 재조정시점 이후에 투자되거나 재조정되는 현금흐름변동위험에 노출된 최초 원금에 해당한다.

위험회피대상항목: 이자율 요소

이자율 변동에 대해 위험회피대상이 되는 부분은 다음 두 항목 모두의 변동이다.

- 투자되거나 재조정되는 원금에 대하여 적용되는 이자율의 신용 요소(credit component). 이는 이자율스왑에 내재하는 신용위험과 동일하다. 신용 요소는 투자에 대한 이자율로서 이자율스왑의 이자지수(interest index)와 같다.
- 이자율의 수익률곡선 요소(yield curve component). 이는 위험회피수단으로 지정된 이자율스왑의 재조정 기간에 의해 영향을 받는다.[9)]

위험회피대상항목: 위험회피기간

위험회피대상인 현금흐름변동위험에 노출된 부분이 이자율변동위험에 노출된 기간은 다음과 같다.

- 지정일부터 이자율스왑의 재조정시점까지의 기간. 이 경우 이자율스왑의 재조정시점은 예상거래가 발생되는(예상거래가 발생되기 전은 아님) 분기 내에 발생된다.
- 예상거래가 발생된 이후 기간에 대한 효과는 이자율스왑의 재조정간격과 동일한 기간

스왑이 하나의 투자에 대하여 그 투자의 전체 기간에 걸친 현금흐름 변동위험을 회피하기 위한 것이 아니라는 것을 인식할 필요가 있다. 스왑은 스왑의 전체기간에 걸쳐 각 재조정기간에 발생되는 다양한 원금 투자와 재조정으로 인한 현금흐름의 변동위험을 회피하기 위하여 지정된 것이다. 이러한 스왑으로는 재투자 이후 첫 기간에 발생하는 이자만을 위험회피하는 것이다. 이러한 스왑을 통하여 스왑의 재조정시점까지의 이자율 변동에 따른 현금흐름의 영향을 위험회피하는 것이다. 스왑의 재조정시점부터 위험회피된 현금유입액의 재투자시점이나 변동금리부 자산의 재조정시점까지의 기간 동안의 이자율변동위험에 노출된 부분을 위험회피하는 것은 아니다. 스왑이 재조정될 때, 스왑의 이자율은 차기 재조정시점까지 확정되며, 차액결제될 스왑의 금

9) 수익률곡선은 투자자산의 보유기간이 길어질수록 수익률이 높아진다는 개념에 근거하고 있다. 즉, 단기예금보다는 정기예금이 수익률이 높아지는데 보유기간이 길어질수록 높아지는 불확실성에 대한 대가로 더 높은 수익률을 요구하기 때문이다. 또한 수익률곡선은 기간구조에 따라 처음에는 급격히 상승하다가 나중에는 원만하게 상승하여 평평해지는 특성을 갖는 것이 일반적이다. 따라서 이자율스왑의 재조정기간이 수익률곡선에 영향을 미치게 된다.

액도 결정된다. 이자현금유입액에 영향을 주는, 재조정시점 이후의 이자율 변동은 회계목적상 더 이상 위험회피되지 않는 것으로 본다.

4) 위험회피관계의 지정 목적

① 시스템 고려사항

예상되는 현금유입액을 재투자(reinvestment)하거나 변동금리부 자산을 재조정(repricing)하면 현금흐름 변동위험이 발생한다. 이러한 현금흐름위험에 대하여 관련자산의 총 투자기간을 일부분씩의 기간으로 쪼개어 이에 상응하게 재조정되는 각각의 이자율스왑을 위험회피수단으로 지정할 수 있다. 이와 같이 부분적 기간에 대해 위험회피관계를 지정하면 위험회피관계를 추적하고 회계적으로 기록하는데 필요한 노력을 많이 절감할 수 있다. 그러나 이러한 현금흐름변동위험과 관련된 자산의 전체 만기에 걸쳐 이자율스왑을 위험회피수단으로 지정한다면, 해당되는 위험회피관계를 추적하고 회계상으로 기록하는 것이 번잡하고 비용이 많이 발생할 수 있다.

이와 같이 편의상 현금흐름변동위험과 관련된 자산의 만기를 일부분씩 쪼개어 위험회피관계를 지정한 경우 예상거래(현금유입액의 재투자 또는 변동금리부자산의 재조정)가 발생된 이후에는 기타포괄손익(OCI)으로 인식한 손익을 추적할 필요가 없다(IAS39 문단97과 문단98 참조). 그 이유는 위험회피대상이 되는 현금흐름변동위험 부분은 예상거래가 발생되는 기간에 자본에서 당기손익으로 재분류될 부분이기 때문이다. 이 때 자본에서 당기손익으로 재분류되는 시기는 스왑의 주기적인 순현금결제시기와 일치한다. 한편, 취득하는 자산의 전체 만기에 걸쳐 위험을 회피하고자 한다면, 위험회피대상인 자산과 위험회피수단인 특정 이자율스왑을 연계시켜야 한다. 예상거래가 고정금리부 금융자산(공정가치위험회피대상)의 취득이라고 하자. 이 경우 해당 예상거래의 위험회피를 위한 스왑(위험회피수단)의 공정가치는, 고정금리부 금융자산(위험회피대상 자산)에 대한 이자수익이 인식되는 시기에 해당 자산의 이자수익을 조정하기 위하여, 자본에서 당기손익으로 재분류되어야한다. 그리고 이자율스왑(위험회피수단)의 위험회피관계는 종결시키거나 다른 위험회피관계로 재지정되어야 할 것이다. 예상거래가 변동금리부 자산의 취득이라면 위험회피관계는 지속될 것이다. 그러나 이 경우 기타포괄손익으로 인식한 이자율스왑(위험회피수단)의 공정가치를 관련자산이 나중에 매각시기에 당기손익으로 인식하기 위하여 취득한 자산을 추적할 필요가 있다.

이렇게 위험회피대상자산의 만기를 쪼개어 부분적으로 위험회피관계를 지정하면, 기타포괄손익으로 인식한 스왑의 공정가치 부분을 변동금리부 자산에 연계시킬 필요가 없게 된다. 따라서 예상거래의 발생시점 또는 변동금리부 자산의 매각시점에 기타포괄손익으로 인식한 스왑의 공정가치부분을 자본에서 당기손익으로 재분류할 필요가 없다.

이러한 부분적 위험회피관계 지정방식을 통하여 현금흐름이 발생되는 경우 어떻게 재투자할 것인지 유연하게 결정할 수 있게 된다. 회피대상위험이, 위험회피수단으로 지정된 이자율스왑의 재조정기간에 상응하는 하나의 기간에만 관련되기 때문에, 지정시점에 현금흐름을 고정금리부 자산에 재투자할 것인지 변동금리부 자산에 재투자할 것인지를 결정할 필요가 없으며 취득하는 자산의 만기를 특정할 필요도 없다.

② 위험회피효과에 대한 고려사항

현금흐름변동위험의 특정 부분을 회피대상위험으로 지정하면 위험회피의 비효과적인 부분은 대폭 감소된다.

위험회피수단인 이자율스왑과 위험회피대상인 예상현금흐름간의 신용차이(credit difference)에 기인하는 위험회피의 비효과적인 부분은 회피대상위험인 현금흐름변동위험을 스왑 내재이자율(예: AA등급의 수익률곡선)의 변동에 따른 위험으로 지정하면 제거된다. 이러한 형태로 위험회피관계를 지정하면 신용가산금리(credit spread)의 변동으로 인한 변동부분을 위험회피의 비효과적인 부분으로 취급하지 않는다.

위험회피수단인 이자율스왑과 위험회피대상 예상현금흐름간의 만기차이(duration difference)에 기인하는 비효과적인 부분은 회피대상 이자율위험을, 이자율스왑의 변동금리현금흐름부분(variable rate leg)[10]이 재조정되는 기간에 상응하는 수익률곡선 부분의 변동과 관련되는 위험으로 지정하면 제거된다.

이자율스왑의 재조정시점과 예상거래일 사이의 이자율 변동(interest rate change)에 기인하는 비효과적인 부분은 그 기간을 위험회피대상기간에서 제외시키기만 하면 제거된다. 스왑이 재조정되고, 이러한 스왑의 재조정 직후의 기간에 예상거래가 발생되고 그 이후의 기간은 위험회피기간에 포함되지 않는다. 따라서 이러한 기간의 차이는 비효과적인 부분을 초래하지 않는다.

---

10) 스왑은 변동금리와 고정금리를 교환하는 거래이기 때문에 변동금리현금흐름부분과 고정금리현금흐름부분을 구분하기 위하여 스왑에 고유한 전문용어로서 leg(현금흐름부분)라는 용어를 사용한다.

5) 회계처리 고려사항

여기에서 기술된 방법론을 사용하는 경우 위험회피회계의 적용요건을 충족하는지는 IAS39의 관련규정에서 기술하는 요건에 기초하여 판단하여야 한다. 일부 요건은 실무적용지침F.6.2(순액기준으로 이자율위험을 관리하는 경우, 위험회피회계의 적용을 위한 고려사항)에서 기술되고 있으며, 다음에 기술하는 추가적이고 보충적인 규정이나 해석을 참조할 수 있다.

① 노출된 위험 중 일부분에 대한 위험회피

예상되는 현금흐름유입의 재투자 또는 변동금리부 금융자산의 재조정으로 인하여 현금흐름변동위험에 노출되어 있는 현금흐름의 일부분만을 식별하여 위험회피할 수 있는지에 대하여는 IAS39 문단81과 실무적용지침F.6.2의 회계문제 (11) 및 F.2.17(부분기간에 대한 위험회피)을 참조한다.

② 단일 금융상품으로 복수의 위험에 대한 위험회피

스왑의 전 기간에 걸친 다양한 현금유입액의 재투자 및 변동금리부 자산의 재조정으로 인하여 발생되는 이자율에 따른 현금흐름변동위험을 회피하기 위하여 하나의 이자율스왑을 위험회피수단으로 지정할 수 있는지에 대하여는 IAS39 문단76과 실무적용지침F.1.12(복수의 위험에 대한 위험회피)를 참조한다.

③ 포트폴리오내의 유사한 위험에 대한 위험회피

지정시점에 금융상품의 예상만기 및 금융상품의 이자성격(고정 또는 변동)이 확정되지 아니한 상태에서 이자를 발생시키는 투자기간 중 일정 기간 동안 이자율에 따른 현금흐름변동위험에 노출된 현금흐름의 일부분을 위험회피대상 예상거래로 특정할 수 있는 지에 대하여는 실무적용지침F.6.2의 회계문제 (11)을 참조한다. 실무적용지침F.6.2의 회계문제 (11)에서는 포트폴리오에 포함된 개별 항목은 전체적인 위험에 동일하게 노출되지 않더라도, 지정된 회피대상위험과 동일한 위험에 노출되어 있다면, 포트폴리오의 항목이 될 수 있음을 언급하고 있다.

④ 위험회피의 종결

예상거래(스왑의 재조정일 이후 발생되는 재조정 또는 투자로 인한 현금흐름변동위험에 노출된 현금흐름)를 위험회피대상항목의 지정제외(de-designation)할 수 있는지에 대해서는 위험회피의 종결을 규정(IAS39 문단101)을 참조한다. 예상거래의 일부가 더 이상 위험회피대상항목이 아닌 경우에도 이자율스왑의 지정이 제외되는 것은 아니며, 아직 발생되지 아니한 일련의 예상거래에 대한 위험회피수단으로 유지된다. 3분기에 걸쳐 발생이 예상되는 현금유입의 재투자로 인한 현금흐름을 위험회피하기 위하여 잔존 만기가 1년인 이자율스왑을 위험회피수단으로 지정한 경우를 예를 들어 보자. 3개월 후면 다음 예상현금흐름의 재투자가 발생할 것이다. 3개월 후에 당시의 현행 변동금리로 이자율스왑이 재조정되어 이자율스왑의 고정금리와 변동금리가 결정되면, 다음 3개월에 대해서는 더 이상 위험회피수단으로서의 역할을 수행하지 못하게 된다. 다음 예상거래가 3개월 10일 만에 발생된다면, 이자율스왑이 재조정된 이후의 기간인 10일에 대해서는 위험이 회피되지 않는다.

제9장 내재파생상품

제1절 내재파생상품의 의의

내재파생상품(embedded derivatives)은 비파생주계약(non-derivative host contract)을 포함하는 복합계약(hybrid contract)의 한 구성요소이며, 복합계약의 현금흐름 중 일부가 독립적인 파생상품(stand-alone derivatives)의 경우와 유사하게 변동하는 효과를 갖는다. 내재파생상품은 내재파생상품이 포함되지 않았을 경우에 발생할 현금흐름의 전부나 일부를 이자율, 금융상품가격, 일반상품(commodity)가격, 환율, 가격 또는 요율의 지수, 신용등급이나 신용지수 및 기타 변수에 따라 변경시킨다. 이 때 당해 변수가 비금융변수인 경우는 계약의 당사자에게 국한된 것이 아니어야 한다. 파생상품이 특정 금융상품에 첨부되어 있더라도, 계약상 당해 금융상품과는 독립적으로 양도할 수 있거나 당해 금융상품과는 다른 거래상대방이 있는 파생상품은 내재파생상품이 아니며, 별도의 금융상품이다(IAS39 문단10).

내재파생상품과 관련된 회계기준의 기본 원리는 기업이 비파생금융상품 또는 기타계약에 파생상품을 포함시켜(예: 채무상품에 내재된 일반상품선도계약) 파생상품의 인식과 측정에 관한 회계규정을 우회할 수 있도록 해서는 안 된다는 데 있다. 그러한 내재파생상품에 대한 회계처리에 일관성을 유지하기 위하여 공정가치로 측정하여 관련 손익을 당기손익으로 인식하지 않는 금융상품에 내재된 모든 파생상품은 분리하여 파생상품으로 회계처리해야 한다. 다만, 실무적인 편의를 위하여 내재파생상품이 주계약과 밀접하게 관련된 것으로 간주되는 경우에는 내재파생상품을 분리할 필요가 없다. 예를 들어, 대여금의 이자율에 대한 이자율 상한(cap) 또는 이자율 하한(floor)과 같이 내재파생상품이 주계약과 밀접한 경제적 관련성이 있는 경우에는 파생상품이 의도된 회계처리 결과를 얻기 위하여 내재되었을 가능성이 높지 않다.

IAS39에서는 가격이 외화로 표시되는 공급계약과 같이 비금융 주계약에 외화파생상품이 내재되어 실질적인 계약 당사자의 주요 경제 환경에서 사용되는 통화(기능통화)또는 국제 상거래에서 매매되는 재화나 용역의 가격을 일반적으로 표시하는 통화(원유 거래의 경우 미국 달러)로 지급을 요구하는 외화내재파생상품(embedded foreign currency derivatives)은 분리하지 않았다. 그와 같은 외화파생상품은 주계약과 밀접한 경제적 관련성이 있는 것으로 간주되어 분리할 필요가 없다.

계약을 외화로 체결하는 것이 일반적인 경제 환경에서 사업을 운영하는 기업은 내재외화파생상품을 분리하는 것이 부담될 수 있다. 예를 들면, 소규모 국가에서 영업을 하는 기업의 경우 다른 소규모 국가에서 영업을 하는 기업과 국제적으로 유동성이 높은 통화(예: 미국달러화, 유로화, 엔화)로 표시되는 계약을 맺는 것이 거래 당사자의 지역통화로 계약을 맺는 것보다는 편리할 수 있다. 또한, 초인플레이션 경제 환경에서 영업하는 기업(예: 초인플레이션 경제 환경에서 해외영업을 하면서 지배기업의 기능통화로 계약을 표시하는 기업)은 물가상승에 따른 손실을 막기 위하여 경화(hard currency)[1]로 된 가격표를 사용할 수 있다.

IASB는 위와 같은 상황 하에서 내재외화파생상품이 계약의 중요한 부분일 수 있다고 보았다. 따라서 IASB는 비금융상품거래가 발생하는 환경에서 비금융상품거래에 일반적으로 사용되는 통화로 표시되는 계약에 내재된 외화파생금융상품은 분리할 필요가 없다고 결정하였다. 통화가 지역거래에서 일반적으로 사용

---

1) 경화란 가치의 변동성이 심하지 않은 기축통화(key currency, reserve currency)를 의미한다.

되는 경우, 예를 들면, 지역의 일반 대중이 화폐금액을 지역통화가 아닌 비교적 안정적인 외화로 환산하여 인식하고, 가격이 그러한 외화로 호가될 수 있는 경우에 외화파생상품은 주계약과 밀접하게 관련이 있다고 볼 수 있다(IAS29 참조).

[예시9-1] 외화 매매계약[2)]

공급계약에 따라서, 다음 중 어느 것에도 해당되지 아니하는 통화에 의하여 결제되는 경우 IAS39에 따라 내재파생상품을 분리해야 하는가?

(1) 계약당사자의 기능통화

(2) 국제 상거래에서 재화의 가격을 일반적으로 표시하는 통화

(3) 거래가 발생하는 경제환경에서 비금융항목을 매입하거나 매도하는 계약에 일반적으로 사용되는 통화

[해석]

분리해야 한다. 사우디아라비아 기업이 한국 기업에게 원유를 공급하는 계약을 체결한 경우를 예로 들어보자. 원유 계약은 국제 상거래에서 통상 미국 달러화로 표시되는 것이 일반적이지만 이 계약에서는 Euro가 사용된다고 하자. 두 기업은 Euro로 중요한 활동을 수행하지 않는다고 하자. 이러한 경우 사우디아라비아 기업에게는 공급계약이 주계약이 되며, 주계약 속에 Euro를 매입하는 통화선도계약이 내재된 것으로 본다. 한편, 한국 기업은 매입계약이 주계약으로서 여기에 Euro를 매도하는 통화선도계약이 내재된 것으로 본다. 보고기업이 통화선도계약을 현금흐름위험회피수단으로 지정한 경우를 제외하고는 당해 선도환(currency forward)의 공정가치 변동을 당기손익에 반영하여야 한다.

2) IAS39 실무적용지침C.7 참조

제2절 내재파생상품의 회계처리

2.1 회계처리기준

내재파생상품은 다음을 모두 충족하는 경우에만 주계약과 분리하여 파생상품으로 회계처리한다(IAS39 문단11).

(1) 내재파생상품의 경제적 특성 및 위험이 주계약의 경제적 특성 및 위험과 밀접하게 관련되어 있지 않다.

(2) 내재파생상품과 동일한 조건을 가진 별도의 금융상품 등이 파생상품의 정의를 충족한다.

(3) 복합계약의 공정가치 변동이 당기손익으로 인식되지 아니한다(즉, 당기손익인식금융자산 또는 당기손익인식금융부채에 내재된 파생상품은 분리하지 아니한다).

(4) 주계약이 IFRS9의 범주에 속하지 않는다.

특정의 경우를 제외하고 하나 이상의 내재파생상품을 포함하는 계약의 경우, 복합계약 전체를 당기손익인식금융자산이나 당기손익인식금융부채로 지정할 수 있다.

내재파생상품을 분리한 이후, 주계약이 금융상품인 경우에는 주계약을 IAS39에 따라 회계처리하고, 주계약이 금융상품이 아닌 경우에는 다른 적절한 국제회계기준서에 따라 회계처리한다. IAS39에서는 내재파생상품을 재무상태표에 별도로 표시하여야 하는지에 대하여는 다루지 않고 있다.

[예시9-2] 주식염가매입권[3]

벤처캐피털이 차입자에게 후순위대여금(subordinated loans)을 제공하면서 차입자가 주식을 증권거래소에 상장한다면, 그 때에 이자와 원금 회수에 추가하여 차입기업의 주식을 대가없이 수취하거나 매우 낮은 가격으로 수취하기로 하는 경우가 있다.

3) IAS39 실무적용지침C.4 참조

이와 같은 권리를 'equity kicker(주식염가매입권)'라고 부른다. 이러한 권리가 부여된 후순위대여금의 이자율은 일반 대여금의 이자율보다 낮아지게 된다. 이러한 후순위대여금이 당기손익인식금융상품으로 분류되지 않는다고(IAS39 문단11(3)) 전제하는 경우 차입기업의 미래 상장을 조건으로 주식을 수취할 수 있도록 하는 equity kicker는 내재파생상품의 정의를 충족하는가?

[해석]

Equity kicker는 내재파생상품의 정의를 충족한다. 주식수익률(equity return)의 경제적 특성 및 위험이 주계약인 채무증권의 경제적 특성 및 위험과 밀접하게 관련되어 있지 않다(IAS39 문단11(1)). 또, equity kicker의 가치는 차입기업 주식 가치의 변동에 연동되고, 최초 계약시 순투자금액을 필요로 하지 않거나 시장요소의 변동에 유사한 영향을 받을 것으로 기대되는 다른 유형의 계약보다 적은 순투자금액을 필요로 하며, 미래에 결제된다는 점에서 파생상품의 요건을 충족한다(IAS39 문단11(2)와 9(1)). Equity kicker는 차입기업의 향후 상장이 주식을 수령할 권리에 영향을 미친다고 하더라도 파생상품의 정의를 충족한다. 파생상품은 명목금액(notional amount)과 관계없는 미래 사건의 결과에 따른 지급이 발생할 수 있다(IAS39 문단AG9). Equity kicker가 확정된 금액을 지급받을 권리를 부여하지는 않으나 미래 사건이 발생하면 옵션을 행사할 권리를 부여한다는 점에서 파생상품의 정의를 충족한다.

IAS39 문단11의 규정에 불구하고 하나 이상의 내재파생상품을 포함하는 계약의 경우, 복합계약 전체를 당기손익인식금융자산 또는 당기손익인식금융부채로 지정할 수 있다. 다만, 다음의 경우를 제외한다(IAS39 문단11A).

(1) 내재파생상품으로 인해 변경되는 복합계약의 현금흐름의 변동이 중요하지 않은 경우

(2) 유사한 복합계약을 고려할 때, 별도로 상세하게 분석하지 않아도 내재파생상품의 분리가 금지된 것을 명백하게 알 수 있는 경우. 이러한 복합계약의 예로는 차입자가 상각후원가에 근사한 금액으로 중도상환할 수 있는 권리가 내재된 대출채권을 들 수 있다.

IAS39에 따라 주계약과 분리되어야 하는 내재파생상품이 취득시점이나 후속 재무보고기간말에 주계약과 분리하여 측정될 수 없는 경우에는 복합계약 전체를 당기손익인식항목으로 지정한다. 이와 유사하게, 복합계약을 당기손익인식항목의 범주에서 다른 범주로 재분류하는 경우 분리되어야 하는 내재파생상품을 별도로 측정할 수 없다면, 재분류해서는 안 된다. 이러한 상황에서는 복합계약 전체를 당기손익인식항목으로 계속 분류한다(IAS39 문단12).[4)]

[예시9-3] 내재파생상품: 신뢰성 있는 공정가치 결정[5)]

공정가치를 신뢰성 있게 측정할 수 없어서 공시가격이 없는 지분상품으로 결제되기 때문에 원래는 분리하여 회계처리해야 하는 내재파생상품의 공정가치를 신뢰성 있게 측정할 수 없다면 당해 내재파생상품은 원가로 측정하는가?

[해석]

원가로 측정하지 않는다. 이러한 경우 전체 복합상품을 단기매매금융자산으로 취급한다(IAS39 문단12). 복합상품의 공정가치를 신뢰성 있게 측정할 수 있는 경우 복합상품 전체를 공정가치로 측정한다. 그러나 기업은 복합상품의 지분요소가 차지하는 비중이 아주 커서 전체 복합상품의 공정가치를 신뢰성 있게 측정할 필요가 없을 정도라고 결정할 수도 있다. 이러한 경우, 복합상품은 손상을 차감한 원가로 측정한다.

계약조건에 기초하여 내재파생상품의 공정가치를 신뢰성 있게 결정할 수 없는 경우에는 복합계약의 공정가치와 주계약의 공정가치가 결정될 수 있다면 그 차이를 내재파생상품의 공정가치로 결정한다. 이러한 방법으로 내재파생상품의

4) 따라서 분리되어야 하는 내재파생상품의 공정가치를 별도로 측정할 수 없는 경우, 복합금융자산 전체를 당기손익인식항목의 범주에 남겨두어야 한다. 이렇게 하면, 재무보고일 사이에 복합금융자산을 당기손익인식항목의 범주에서 다른 범주로 재분류할 수 없다. 따라서 보고기간 말에 복합금융자산을 다시 당기손익인식항목의 범주로 재분류하는 요구사항을 둘 필요가 없다(2009년 3월 개정).

5) IAS39 실무적용지침C.11 참조

공정가치를 결정할 수 없는 경우에는 복합계약 전체를 당기손익인식항목으로 지정한다(IAS39 문단13).

2.2 내재파생상품에 대한 실무적용지침

2.2.1 내재파생상품을 분리하는 경우

주계약에 만기가 명시 또는 예정되어 있지 않고, 주계약이 순자산에 대한 잔여지분을 나타낸다면, 당해 주계약의 경제적 특성과 위험은 지분상품의 경제적 특성과 위험이 되었다고 볼 수 있다. 이 경우 내재파생상품이 주계약과 밀접하게 관련되어 있는 것으로 보기 위해서는 당해 내재파생상품이 동일한 기업에 관련된 지분특성을 보유하여야 한다. 주계약이 지분상품은 아니지만 금융상품의 조건을 충족한다면, 당해 주계약의 경제적 특성과 위험은 채무상품의 경제적 특성과 위험이 된다(IAS39 문단AG27).

[예시9-4] 채무상품 주계약 또는 지분상품 주계약6)

A사는 B사가 발행한 C사 주가와 연계된 채무증권(5년 만기, 원금 1백만원)을 매입하였다. A사는 만기에 B사로부터 C사 주식 10,000주의 공정가치 변동을 원금에 가감한 금액을 수령하도록 되어 있고, B사로부터 별도의 이자지급은 없다. C사 주식의 현재 주가는 110원이고, 당해 채무증권의 취득원가는 1백만원이다. A사는 당해 채무증권을 매도가능금융자산으로 분류하고, 이 채무증권의 만기금액이 주가에 연계되어 있으므로 내재파생상품이 포함된 복합상품이라고 판단하고 있다. 내재파생상품의 분리 목적상 주계약을 지분상품으로 보아야 하는가? 아니면 채무상품으로 보아야 하는가?

[해석]

이 복합상품은 만기(maturity)가 있기 때문에 지분상품의 정의(IAS32의 문단11과 문단16)를 충족하지 못한다. 이 복합상품의 주계약은 채무상품이며, 무이표채무상품(zero coupon debt instrument)으로 보아 회계처리해야 한다. 따라서 A사는 주계약

6) IAS39 실무적용지침C.5 참조

에 대한 회계처리 시 최초 인식시점에 적용가능한 시장이자율을 사용하여 1백만원에 대한 5년간의 이자를 산출하고, 비옵션형 내재파생상품은 최초 인식시점의 공정가치가 영(0)이 되도록 분리한다.[7)]

비옵션형 내재파생상품(예: 내재된 선도계약이나 스왑)은 명시적이거나 암묵적인 실질조건에 기초하여 최초인식시점의 공정가치가 영(0)이 되도록 주계약에서 분리한다. 옵션에 기초하는 내재파생상품(예: 내재된 풋, 콜, 캡, 플로어 또는 스왑션)은 옵션특성의 명시적인 조건에 기초하여 주계약에서 분리한다. 주계약의 최초 장부금액은 내재파생상품을 분리한 후의 잔여금액이다(IAS39 문단 AG28).

[예시9-5] 내재옵션의 분리[8)]

복합상품에 포함된 비옵션형 내재파생상품(embedded non-option derivative)의 조건은 최초 계약시점에 비옵션형 내재파생상품의 공정가치가 영(0)이 되도록 결정하여야 한다. 옵션형 내재파생상품(embedded option-based derivative)이 분리되는 경우에도 복합상품의 최초 계약시점에 옵션형 내재파생상품의 공정가치가 영(0)이 되거나 내재가치(intrinsic value)가 영(0)이 되도록(즉, 등가격조건으로) 내재옵션의 조건을 결정해야 하는가?

[해석]

그렇지 않다. 옵션형 내재파생상품을 가진 복합상품의 경제적 실질은 당해 옵션의 행사가격(strike price) 또는 행사율(strike rate)에 따라 달라지므로, 풋(put), 콜(call), 캡(cap), 플로어(floor), 캡션(caption), 플로션(floortion) 또는 스왑션(swaption) 등과 같은 옵션형 내재파생상품은 복합상품에 명시된 옵션의 조건에 따라 분리한다. 따라서 복합상품의 최초인식시점에 옵션형 내재파생상품의 공정가치 또는 내재가치가 영(0)이 아닐 수 있다.

7) IAS39 실무적용지침C.1 참조

8) IAS39 실무적용지침C.2 참조

만약 옵션형 내재파생상품의 공정가치가 영(0)이 되도록 조건을 식별하여야 한다면, 일반적으로 옵션의 행사가격(또는 행사율)은 옵션이 무한정하게 외가격(out of the money)의 형태가 되도록 결정되어야 할 것이다. 이는 옵션이 행사될 가능성이 전혀 없는 상태를 의미하게 된다. 그러나 일반적으로 복합상품에 포함된 옵션의 행사 가능성은 영(0)이 아니기 때문에, 옵션형 내재파생상품의 공정가치를 영(0)으로 가정하는 것은 복합상품의 경제적 실질에 부합하지 않는다. 마찬가지로 옵션형 내재파생상품의 내재가치가 영(0)이 되도록 옵션형 내재파생상품의 조건을 식별하여야 한다면, 행사가격(또는 행사율)이 복합상품을 최초 인식하는 시점의 기초변수(underlying variable)의 가격(또는 요율)과 동일하다고 가정해야 한다. 이 경우의 옵션의 공정가치는 시간가치(time value)로만 구성된다. 그러나 복합상품의 최초 인식시점의 기초변수의 가격과 합의된 행사가격이 실제로 일치하지 않는다면, 이러한 가정은 옵션의 행사가능성을 포함하는 복합상품의 경제적 실질에 부합하지 않는다.

옵션형(option-based) 내재파생상품과 선도형(forward-based) 내재파생상품(선도 또는 스왑 등)은 경제적인 실질이 근본적으로 다르다. 선도거래의 경우 특정일의 선도가격(forward price)과 기초변수의 가격(the price of the underlying)의 차이에 기초하여 결제된다. 이에 반해, 옵션의 경우에는 특정일 혹은 미래의 일정 시점에 합의된 행사가격(agreed strike price)과 기초변수의 가격 사이의 관계에 따라 기초변수의 가격과 옵션행사가격의 차이에 근거하여 결제가 이루어질 수도 있고 이루어지지 않을 수도 있다. 따라서 옵션형 내재파생상품의 행사가격을 조정하게 되면, 복합상품의 성격 자체가 바뀌게 된다. 한편, 주계약인 채무상품에 포함된 비옵션형 내재파생상품의 조건을 복합금융상품의 최초인식시점에 비옵션형 내재파생상품의 공정가치가 영(0)이 되도록 결정하지 않는 경우 당해 금액은 실질적인 차입 또는 대여를 의미하게 된다. 따라서 최초 인식시점에 복합상품에 포함된 비옵션형 내재파생상품을 공정가치가 영(0)이 아닌 다른 금액이 되도록 분리하는 것은 적절하지 않다.

일반적으로 하나의 주계약에 포함된 복수의 내재파생상품은 하나의 복합내재파생상품(compound embedded derivative)으로 처리한다. 그러나 자본으로 분류되는 내재파생상품(IAS32 참조)은 자산이나 부채로 분류되는 내재파생상품과 분리하여 회계처리한다. 또한 하나의 주계약에 포함된 둘 이상의 내재파생상품

이 서로 다른 위험에 노출되어 있으며, 각각 용이하게 분리할 수 있고 서로 독립적인 경우에는 각각의 내재파생상품을 분리하여 회계처리한다(IAS39 문단 AG29).

[예시9-6] 내재파생상품: 주계약채무상품의 분리[9)]

비옵션형 내재파생상품(embedded non-option derivative)을 주계약채무상품(host debt instrument)과 분리하는 경우 주계약채무상품과 내재파생상품의 개별 조건을 어떻게 식별하는가? 예를 들어, 주계약채무상품은 고정금리부 채무상품(fixed rate instument), 변동금리부 채무상품(variable rate instrument) 또는 무이표채 채무상품(zero coupon instrument) 중 어느 것에 해당한다고 보아야 하는가?

[해석]

주계약인 채무상품의 조건은 복합상품에 명시된 조건 또는 함축된 실질적인 조건을 반영한다. 명시 또는 함축된 조건이 없는 경우에는 기업이 조건을 판단한다. 그러나 기업은 명기되지 않는 요소를 식별하거나 복합상품에 명백히 존재하지 않는 내재파생상품을 분리하는 방식 즉, 존재하지 않는 현금흐름을 창출하는 방식으로 주계약인 채무상품의 조건을 설정할 수는 없다. 예를 들어, 매년 40,000원의 고정금리를 지급하고, 만기시 1,000,000원에 주가지수의 변동을 곱한 금액을 상환하는 5년 만기 채무상품의 경우 주계약을 고정금리부 채무상품으로 식별하지 아니하고, 변동금리부 주계약과 변동금리를 상쇄시키는 내재 지분스왑으로 식별하는 것은 적절치 않다. 이 경우 복합상품에는 변동이자의 현금흐름이 없기 때문에, 주계약은 매년 40,000원을 지급하는 고정금리부 채무상품이 된다.

또한, 복합상품에 포함된 선도(forward) 또는 스왑(swap)과 같은 비옵션형 내재파생상품의 조건은 최초 계약시점에 내재파생상품의 공정가치가 영(0)이 되도록 결정하여야 한다. 만약 이와 다른 조건으로 비옵션형 내재파생상품을 분리하는 것을 허용한다면, 하나의 복합상품은 무수히 많은 조합의 주계약인 채무상품과 내재파생상품으로 분리될 수 있을 것이다. 예를 들어, 복합상품에는 존재하지 않았던 레버리지나 비대칭 또는 기타 위험을 창출하는 조건을 갖도록 내재파생상품을 분리한다면, 이러한 다양

9) IAS39 실무적용지침C.1 참조

한 조합방식이 가능하게 된다. 따라서 복합상품의 최초 계약시점에 비옵션형 내재파생상품의 공정가치를 영(0)이 아닌 조건으로 분리하는 것은 적절하지 않다. 내재파생상품의 조건은 복합상품이 발행되었던 시점에 존재하는 조건에 기초하여 결정되어야 한다.

내재파생상품의 경제적 특성과 위험이 주계약과 밀접하게 관련되어 있지 않은 예는 다음과 같다(IAS39 문단11(1) 참조). 이러한 예가 IAS39 문단11(2)와 (3)의 조건[10]을 충족한다면 내재파생상품은 주계약과 분리하여 회계처리한다(IAS39 문단AG30).

(1) 금융상품의 보유자가 발행자에게 지분이나 일반상품의 가격 또는 지수의 변동에 기초하여 변동되는 금액에 해당하는 현금 등 금융자산으로 당해 금융상품을 재매입하도록 요구할 수 있는 내재풋옵션(embedded put option)은 주계약인 채무상품과 밀접하게 관련되어 있지 아니하다.

(2) 지분상품의 발행자가 특정가격으로 당해 지분상품을 재매입할 수 있는 내재콜옵션(embedded call option)은 보유자의 입장에서는 주계약인 지분상품과 밀접하게 관련되어 있지 아니하다(발행자의 입장에서는 콜옵션이 IAS32에 따라 지분상품 분류의 조건을 충족하는 경우 당해 콜옵션은 지분상품이며, 이러한 콜옵션은 IAS39의 적용범위에서 제외된다).

(3) 채무상품의 만기를 연장할 수 있는 옵션이나 자동연장조항은 주계약인 채무상품과 밀접하게 관련되어 있지 아니하다. 다만, 만기를 연장하는 시점에 현행 시장이자율에 따라 이자율을 동시에 조정하는 경우에는 주계약인 채무상품과 밀접하게 관련되어 있다. 채무상품을 발행하고 당해 채무상품의 보유자가 그 채무상품을 기초자산으로 하는 콜옵션을 제3자에게 발행하는 경우, 콜옵션의 행사로 채무상품의 발행자에게 당해 채무상품의 재판매에 참여하거나 재판매를 용이하게 하도록 요구할 수 있다면, 채무상품의 발행자는 당해 콜옵션을 만기연장 콜옵션으로 본다.

10) 11(2) 내재파생상품과 동일한 조건을 가진 별도의 금융상품 등이 파생상품의 정의를 충족한다. 11(3) 복합계약의 공정가치 변동이 당기손익으로 인식되지 아니한다.

(4) 주계약인 채무상품이나 보험계약에 내재된 지분연계(equity-indexed) 이자 또는 원금 지급계약은 이자나 원금이 지분상품의 가치에 연계되어 결정되는 계약으로서, 주계약과 내재파생상품에 내재된 위험이 상이하기 때문에 당해 내재파생상품은 주계약과 밀접하게 관련되어 있지 아니하다.

(5) 주계약인 채무상품이나 보험계약에 내재된 일반상품연계(commodity-indexed) 이자 또는 원금 지급계약은 이자나 원금이 일반상품(예: 금)가격에 연계되어 결정되는 계약으로서, 주계약과 내재파생상품에 내재된 위험이 상이하기 때문에 당해 내재파생상품은 주계약과 밀접하게 관련되어 있지 아니하다.

(6) 전환채무상품(convertible debt instrument)에 내재된 지분전환특성은 채무상품의 보유자 입장에서 주계약인 채무상품과 밀접하게 관련되어 있지 아니하다(발행자의 입장에서는 지분전환옵션이 IAS32에 따라 지분상품 분류의 조건을 충족하는 경우 당해 지분전환옵션은 지분상품이며, 이러한 지분전환옵션은 IAS39의 적용범위에서 제외된다).

[예시9-7] 전환사채[11]

만기 이전에 발행기업의 주식으로 전환하거나 다른 기업의 주식으로 교환할 수 있는 사채(금융상품)에 투자한 경우 회계처리는?

[해석]

이러한 전환사채의 경우 만기 이전에 지분증권으로 전환하는 권리인 전환권 특성에 대해 대가를 지급하기 때문에 일반적으로 전환사채를 만기보유(상각후원가측정)금융상품으로 분류할 수 없다.

단기매매목적으로 취득하지 않은 경우 전환사채는 매도가능금융상품으로 분류된다. 지분전환옵션은 내재파생상품이다

이러한 사채가 매도가능금융상품으로 분류되어 매각되기 전까지의 공정가치의 변동을 기타포괄손익에서 직접 인식한다면, 전환권은 옵션이기 때문에 내재파생상품으로 보아 사채에서 분리되어야 한다. 사채에 대하여 지급한 금액은 전환권이 포함되지

11) IAS39 실무적용지침C.3 참조

않은 채무상품과 전환권으로 구분된다. 전환권이 현금흐름위험회피수단으로 지정된 경우가 아니라면 전환권의 공정가치 변동은 당기손익으로 인식한다.

전환사채가 당기손익인식금융자산으로서 공정가치로 측정되는 경우 주계약과 내재파생상품(전환권)의 분리는 금지된다.

---

(7) 주계약인 채무상품이나 보험계약에 내재된 콜, 풋, 중도상환옵션은 주계약과 밀접하게 관련되어 있지 아니하다. 다만, 다음의 경우는 제외한다.

(가) 옵션의 행사가격이 옵션 행사일 현재 주계약인 채무상품의 상각후원가나 주계약인 보험계약의 장부금액과 거의 동일하다.

(나) 중도상환옵션의 행사가격이 주계약의 잔여기간에 해당하는 상실이자의 현재가치에 근사한 금액으로 대여자에게 보상하는 금액이다. 상실이자는 이자율 차이에 중도상환한 원금을 곱한 금액이다. 이자율 차이는 중도상환된 원금을 주계약의 잔여 기간에 유사한 계약에 재투자했다면 중도상환일에 수취하게 될 유효이자율을 초과하는 주계약의 유효이자율 부분이다. IAS32에 따라 전환채무상품의 자본요소를 분리하기 전에 내재된 콜옵션이나 풋옵션이 주채무계약과 밀접하게 관련되어 있는지를 평가한다.[12)]

(8) 주계약인 채무상품에 내재되어 있고, 당사자 중 일방('수익자')이 특정 준거자산의 소유여부와 관계없이 당해 준거자산의 신용위험을 제3자('보증자')에게 이전하는 신용파생상품(credit derivative)은 주계약과 밀접하게 관련되어 있지 아니하다. 이러한 신용파생상품으로 인해 준거자산을 직접 소유하지 않는 보증자도 당해 준거자산의 신용위험을 부담할 수 있다.

---

12) IASB는 IAS39의 실무적용지침에 비일관성이 있다는 것을 확인하였다. 내재 중도상환옵션의 행사가격이 대여금의 조기상환(즉 중도상환)에 대한 위약금을 나타내는 경우에 일관성이 없는 것으로 파악되었다. IASB는 IAS39 문단AG30(7)을 개정하여 비일관성을 제거하기로 하였다. 개정내용은 주계약과 밀접하게 관련되어 있지 않은 내재파생상품에 대한 IAS39 문단AG30(7)의 예에 예외를 두는 것이다. 즉, 중도상환옵션과 관련된 예외를 두되, 그러한 옵션의 행사가격은 대여금의 중도상환으로 인한 이자수익의 손실을 보상하는 성격이라는 것이다. 이때 이러한 예외는 행사가격이 재투자위험으로 인한 경제적 손실을 줄임으로써 대여자에게 이자 손실을 보상해주는 성격으로 본다.

복합상품의 예로 주가지수나 일반상품가격지수의 변동에 기초하여 변동되는 금액에 해당하는 현금 등 금융자산으로 당해 금융상품을 발행자에게 재매입하도록 요구할 수 있는 권리를 보유자에게 부여하는 금융상품('풋가능 금융상품')을 들 수 있다. 발행자가 최초인식시 풋가능 금융상품을 당기손익인식금융부채로 지정하지 아니하면, 주계약은 채무상품이고(IAS39 문단AG27), 지수연계원금지급약정은 주계약인 채무상품과 밀접하게 관련되어 있지 않으므로(IAS39 문단AG30(1)), 내재파생상품인 지수연계원금지급약정은 분리하여야 한다. 원금지급액이 증가하거나 감소할 수 있으므로, 당해 내재파생상품은 기초변수에 연계되어 가치가 변동하는 비옵션 파생상품(non-option derivative)이다(IAS39 문단AG31).

순자산가치 중 비례적인 지분상당액의 현금으로 언제든지 재매입을 요구할 수 있는 풋가능 금융상품(예: 개방형 뮤추얼펀드, 단위연계투자상품 등)의 경우, 내재파생상품을 분리하여 각 구성요소별로 회계처리한다면, 보유자가 당해 금융상품을 발행자에게 재매입하도록 요구할 수 있는 권리를 행사하는 경우 보고기간말에 상환받을 금액으로 복합상품을 측정하는 효과가 있다(IAS39 문단AG32).

2.2.2 내재파생상품을 분리하지 않는 경우

내재파생상품의 경제적 특성과 위험이 주계약과 밀접하게 관련되어 있는 예는 다음과 같다. 이 경우 내재파생상품을 주계약과 분리하여 회계처리하지 아니한다(IAS39 문단AG33).

(1) 주계약인 이자부 채무상품이나 보험계약에 따라 지급하거나 수령할 이자금액을 변동시킬 수 있는 이자율이나 이자율지수가 기초변수인 내재파생상품은 주계약과 밀접하게 관련되어 있다. 다만, 다음 각 경우에는 주계약과 밀접하게 관련되어 있지 아니하다.

(가) 복합상품이 보유자가 인식한 투자금액의 대부분을 회수하지 못할 방법으로 결제될 수 있는 경우

(나) 내재파생상품으로 인하여 복합상품의 수익률이 주계약의 최초 수익률의 최소 두 배가 될 수 있고 동시에 주계약과 동일한 조건을 가진 계약의 시장수익률의 최소한 두 배가 될 수 있는 경우

[예시9-8] 합성금융상품13)

A사는 B사가 발행한 5년 만기 변동금리부 채무상품을 취득하는 동시에, C사와 5년 동안 변동금리를 지급하고, 고정금리를 수취하는 스왑계약을 체결하였다. A사는 채무상품과 스왑의 조합을 합성 고정금리부 채무상품으로 간주하고, 만기까지 보유할 적극적인 의도와 능력이 있다고 판단하여 만기보유금융자산으로 분류하였다. 주계약인 채무상품에 대하여 지급하거나 수취할 이자금액을 변동시킬 수 있는 이자율에 연계된 파생상품의 경우, 주계약에서 내재파생상품을 분리하지 않는다는 IAS39 문단AG33(1)에 근거하여, 이러한 스왑을 분리하여 회계처리하는 것이 적절하지 않다는 A사의 주장은 올바른 것인가?

[해석]

옳지 않다. 내재파생상품은 비파생상품인 주계약에 포함되어 있는 조건을 의미한다. 둘 이상의 별개의 금융상품을 조합하여 합성된 하나의 금융상품으로 회계처리하는 것('합성금융상품' 회계('synthetic instrument' accounting))은 일반적으로 IAS39를 적절하게 적용하는 것이 아니다. 각각의 금융상품에는 각각 고유한 조건들이 있으며, 개별적으로 양도되거나 결제될 수 있다. 따라서 채무상품과 스왑은 별개로 취급되어야 한다.

[예시9-9] 내재파생상품: 인식한 투자금액의 대부분을 회수하지는 못할 방법으로 보유자가 결제를 선택할 수 있으나 의무는 아닌 경우14)

인식한 투자금액의 대부분을 회수하지 못하는 결과를 초래하는 방식으로 복합상품(combined instrument)을 결제하는 것이 보유자의 선택에 의하여 허용되지만, 발행자는 이러한 결제를 요구할 권리(예: 풋가능채무상품)가 없는 복합상품의 계약은 보유자가 인식한 투자금액의 대부분을 회수하지 못하는 경우를 언급한 IAS39 문단AG33(1)의 조건을 충족하는가?

---

13) IAS39 실무적용지침C.6 참조

14) IAS39 실무적용지침C.10 참조

[해석]

충족하지 않는다. 인식한 투자금액의 대부분을 회수하지 못하는 결과를 초래하는 방식으로 복합상품을 결제하는 것이 투자자의 선택에 의하여 허용되지만, 발행자가 이러한 결제를 투자자에게 요구할 권리가 없는 복합상품의 경우 '보유자가 인식한 투자금액의 대부분을 회수할 수 없다'는 조건은 충족되지 않는다. 따라서 이러한 조건의 금리 관련 내재파생상품은 이자부 채무상품인 주계약과 밀접하게 관련된 것으로 보아야 한다. '보유자가 인식한 투자금액의 대부분을 회수할 수 없다'는 조건은 보유자가 인식한 투자금액의 대부분을 회수하지 못하는 금액으로 결제하는 것을 강요당할 수 있는 경우에 적용된다.

---

(2) 복합상품을 발행할 때 이자율캡(interest rate cap)이 시장이자율 이상이고 이자율플로어(interest rate floor)가 시장이자율 이하이며, 이자율캡이나 플로어가 주계약과 레버리지[15]되지 않았다면, 채무상품이나 보험계약에 내재된 이자율캡이나 이자율플로어는 주계약과 밀접하게 관련되어 있다. 마찬가지로, 일반상품과 같은 자산을 매입하거나 매도하는 계약에 포함된 조항으로서 당해 자산에 대하여 지급하거나 수취할 가격에 대한 캡(상한)이나 플로어(하한)가 설정된 경우, 가격에 대한 캡이나 플로어가 계약시점에 외가격 상태이며 레버리지되지 않았다면, 가격에 대한 당해 캡이나 플로어는 주계약과 밀접하게 관련되어 있다.

(3) 주계약인 채무상품(예: 이중통화 회사채)에 포함된 내재외화파생상품(embedded foreign currency derivative)으로서 외화로 표시된 일련의 원금이나 이자를 지급하는 경우, 당해 내재외화파생상품은 주계약과 밀접하게 관련되어 있다. IAS21에 따라 화폐성항목의 외환손익은 당기손익으로 반영되므로, 이러한 내재파생상품은 주계약과 분리하지 아니한다.

(4) 내재외화파생상품이 레버리지되지 아니하고, 옵션의 특성을 포함하지 아

15) 레버리지는 한 변수가 변화함에 따라 영향을 받는 변수의 변화율은 배가된다는 의미로 사용된다. 따라서 여기에서 레버리지되었다는 것은 주계약의 기초변수 변화보다 파생상품에 더 강한 변화를 가져오는 것을 조건으로 하고 있다는 의미로 사용되고 있다.

니하며, 지급하는 통화가 다음 중 하나인 경우, 주계약인 보험계약이나 비금융상품(예: 가격이 외화로 표시되는 비금융항목을 매입하거나 매도하는 계약)에 포함된 내재외화파생상품은 주계약과 밀접하게 관련되어 있다.

(가) 실질적인 계약당사자의 기능통화

(나) 국제 상거래에서 매입하거나 매도하는 재화나 용역의 가격을 일반적으로 표시하는 통화(예: 원유 거래의 경우 미국 달러)

(다) 거래가 발생하는 경제환경에서 비금융항목을 매입하거나 매도하는 계약에 일반적으로 사용되는 통화. 예를 들면, 국내외 거래에서 일반적으로 사용되는 상대적으로 안정되고 유동성이 있는 통화

[예시9-10] 내재외화파생상품: 무관한 환차조정조항16)

재무제표 작성목적으로 기능통화인 원화를 사용하는 A사가, 기능통화가 Euro인 B사와 6개월 후 원유를 USD1,000에 매입하는 계약을 체결하였다. 주계약인 원유거래계약은 예상되는 비금융항목의 매입, 매도, 사용에 따라 비금융항목을 인도할 목적으로 체결되어 계속 유지되고 있는 계약에 해당하므로 IAS39가 적용되지 않는다(IAS39 문단5와 문단AG10). 동 계약에는 원유의 공급 및 이에 대한 지급과 관련된 거래조건 더하여 미국 달러화에 대한 Euro의 환율 변동을 명목금액 USD100,000에 적용하여 산출한 금액을 교환하는 추가조항이 포함되어 있다. 이러한 내재파생상품(추가 환차조정조항)이 IAS39 문단11에 따라 주계약인 원유거래계약에 밀접하게 관련된 것으로 볼 수 있는가?

[해석]

볼 수 없다. 이러한 내재파생상품(추가 환차조정조항)은 주계약인 원유거래계약과 밀접하게 관련되지 않으므로, 주계약인 원유거래계약과 분리해야 한다(IAS39 문단 AG33(4)).

A사와 B사의 기능통화가 미국 달러화가 아니므로, USD1,000 상당의 원유거래계약의 지급조항을 통화관련 파생상품으로 볼 수 있지만, 미국 달러화로 결제하는 원유거

16) IAS39 실무적용지침C.8 참조

래계약은 통화관련 파생상품이 내재된 주계약으로 보지 않는 규정(IAS39 문단AG33(4))에 따라 분리하지 않는다.

미국 달러화에 대한 Euro의 환율 변동을 명목금액 USD100,000에 적용하여 산출한 금액을 교환하는 추가 환차조정조항이 원유거래계약에 부가되어 있다. 이 경우 추가 환차조정조항은 주계약인 원유거래계약과 관련되지 않으므로 내재파생상품으로 분리하여 회계처리해야 한다(IAS39 문단11).

[예시9-11] 내재외화파생상품: 국제무역 통화[17]

IAS39 문단AG33(4)에서 언급하고 있는 '국제 상거래에서 재화나 용역의 가격을 통상적으로 표시하는 통화'에 실질적인 계약당사자 일방의 지역 내에서 이루어지는 상거래에서 해당 재화 또는 용역에 대하여 사용되는 통화도 포함될 수 있는가?

[해석]

포함될 수 없다. '국제 상거래에서 재화나 용역의 가격을 일반적으로 표시하는 통화'는 유사한 거래에 대하여 어느 특정 지역만이 아니라 전세계적으로 사용되어지는 통화에 국한된다. 예를 들어, 북미 국가들 사이의 천연가스거래에는 통상적으로 미국 달러화가 사용되며, 유럽지역의 천연가스거래에는 통상적으로 유로화가 사용되지만, 이러한 경우 미국달러화나 유로가 국제 상거래에서 재화 또는 용역의 가격을 통상적으로 표시하는 통화는 아니다. 즉, 이 사례의 경우 미국 달러화나 유로는 일부 지역에서 사용되는 것이지 통상적으로 사용되는 것은 아니라는 것이다.

(5) 이자스트립(interest-only strip)[18]이나 원금스트립(principal-only strip)에 내재된 중도상환옵션(embedded prepayment option)은 다음의 조건을 모두 충족하는 주계약과 밀접하게 관련되어 있다.

17) IAS39 실무적용지침C.9 참조

18) 만기일이 같고 행사가격이 동일한 콜옵션 1단위와 풋옵션2단위를 결합한 옵션을 strip이라고 하고, 풋옵션1단위와 콜옵션2단위를 결합한 옵션을 strap이라고 한다.

(가) 원래 내재파생상품이 불포함된 금융상품에서 발생하는 계약상 현금흐름을 수취할 권리를 분리함에 따라 주계약이 최초로 발생한다.

(나) 원래주채무계약(original host debt contract)에 존재하지 아니한 어떠한 조건도 주계약에 포함되지 아니한다.

(6) 리스계약에 내재된 파생상품은 다음 중 하나에 해당하는 경우에 주계약과 밀접하게 관련되어 있다.

(가) 내재파생상품이 소비자물가지수에 리스료를 연계하는 등의 인플레이션 관련 지수인 경우

(나) 내재파생상품이 관련 매출액에 따른 조정리스료인 경우

(다) 내재파생상품이 변동이자율에 따른 조정리스료인 경우

(7) 단위당 지급금액을 펀드자산의 공정가치를 반영하는 현재의 단위당 가치로 측정한다면 주계약인 금융상품이나 보험계약에 내재된 단위연계특성은 주계약과 밀접하게 관련되어 있다. 단위연계특성(unit-linking feature)은 내부투자펀드나 외부투자펀드의 단위로 지급금액이 표시되는 계약조건이다.

(8) 내재파생상품과 주계약인 보험계약이 상호의존적이어서 내재파생상품을 분리하여(즉, 주계약을 고려하지 않고) 측정할 수 없다면, 주계약인 보험계약에 내재된 파생상품은 주계약과 밀접하게 관련되어 있다.

2.2.3 내재파생상품을 포함하는 금융상품

하나 이상의 내재파생상품을 포함하는 복합상품의 거래당사자가 되는 경우, 이러한 내재파생상품을 식별하고 주계약에서 분리하는 것이 필요한지를 평가해야 한다. 그리고 이 경우 분리대상 내재파생상품은 최초인식시점과 그 이후 기간에 공정가치로 측정한다. 개별 분리대상 내재파생상품을 공정가치로 측정하면 전체 상품을 공정가치로 측정하여 당기손익으로 인식하는 것보다 더 복잡하거나 신뢰성이 더 낮은 측정치를 초래할 수 있다. 따라서 당해 복합상품 전체를 당기손익인식금융상품으로 지정하는 것을 허용하고 있다(IAS39 문단AG33A).

복합상품 전체를 당기손익인식금융상품으로의 지정은 주계약과 분리해야 하는 내재파생상품이나 분리할 수 없는 내재파생상품 모두에 대하여 적용할 수 있다. 그러나 IAS39 문단11A(1)과 (2)[19]에 해당하는 경우는 당기손익인식금융상품으로 지정하는 것이 복잡성을 감소시키거나 신뢰성을 증가시키는 것이 아니므로, 복합상품을 당기손익인식금융상품으로 지정할 수 없다(IAS39 문단AG33B).

19) 11A(1) 내재파생상품으로 인해 변경되는 복합계약의 현금흐름의 변동이 중요하지 않은 경우, (2) 유사한 복합계약을 고려할 때, 별도로 상세하게 분석하지 않아도 내재파생상품의 분리가 금지된 것을 명백하게 알 수 있는 경우.

*참고문헌

김석진 · 김태혁 · 차명준 · 정성창 · 김민호 · 김희호, 글로벌시대 파생상품의 이해, 도서출판 청람, 2007.

Cormac Butler, Accounting for Financial Instruments, Wiley, 2009Financial Accounting Standards Board, SFAS133, Accounting for Derivative Instruments and Hedging Activities, 1998.

Financial Accounting Standards Board, SFAS138, Accounting for Certain Derivative Instruments and Certain Hedging Activities, 2000.

Financial Accounting Standards Board, SFAS155, Accounting for Certain Hybrid Financial Instruments, 2006.

International Accounting Standards Board, IAS1, Presentation of Financial Statements, 1997.

International Accounting Standards Board, IAS2, Inventories, 1993.

International Accounting Standards Board, IAS7, Statement of Cash Flows, 1992.

International Accounting Standards Board, IAS21, The Effects of Changes in Foreign Exchange Rates, 1993.

International Accounting Standards Board, IAS27, Consolidated and Separate Financial Statements, 2003.

International Accounting Standards Board, IAS38, Intangible Assets, 1998.

International Accounting Standards Board, IAS32, Financial Instruments: Presentation, 1995.

International Accounting Standards Board, IAS39, Financial Instruments: Recognition and Measurement, 1999.

✍ **저자소개**

윤순석

전남대학교 상과대학 무역학과 학사
서울대학교 대학원 경영학과 석사
위스컨신주립대학교 대학원 박사(회계학)
한국회계학회장(2005-2006)
한국회계기준위원(2005-2009)

주요저서 :
KIFRS중급재무회계(3인공저 신영사)
KIRFS재무회계(2인공저, 신영사)
KIFRS Principles of Accounting with Key Words in Korean (2인공저, 신영사) 등

주요논문 :
A Comparison of Earnings Management between KSE Firms and KOSDAQ Firms(2005) 등 50여 편

위험회피회계

인쇄 | 2010년 12월 20일
발행 | 2010년 12월 30일

저 자 | 윤순석
발행인 | 김윤수
발행처 | 전남대학교출판부

등록 | 1981. 5. 21. 제53호
주소 | 500-757 광주광역시 북구 용봉로 77
전화 | (062) 530-0571~3
팩스 | (062) 530-0579
홈페이지 | http://altair.chonnam.ac.kr/~cnup

값 15,000원

ISBN 978-89-7598-872-1 (93320)

이 도서의 국립중앙도서관 출판시도서목록(CIP)은 e-CIP홈페이지(http://www.nl.go.kr/ecip)에서 이용하실 수 있습니다. **(CIP제어번호 : CIP2010004668)**